무역클레임중재실무론

김 석 철

청목출판사

발간사

한국은 1962년에 시작된 경제개발계획에 의거 무역입국으로 국력을 집중시켜 세계 7위의 무역국가로 성장하게 되었다.

국가간의 거래는 고의성이 있든 없든 간에 무역당사자간에는 분쟁을 동반하게 된다. 또한, 분쟁 해결에 대한 장치가 없이는 국제간의 투자나 거래는 활성화될 수가 없다.

무역클레임중재는 그동안 전담기관인 대한상사중재원이나 전국의 대학에서 주요과목으로 강의가 되고 발전되어 왔다. 저자는 지난날 대한상사중재원에서 1979년부터 근무하면서 무역클레임중재와 인연을 맺게 되었다. 무역클레임중재에 대한 연구와 대학 강의 등을 해오면서 보다 현장 실무에 적합한 교재발간에 대한 고민을 해왔다.

본서의 제1편에서는 무역클레임의 이론과 실무, 제2편에서는 중재에 대한 기초이론을 정리하였다. 그리고 제3편에서는 한국의 중재실무와 무역 1위 국가로 무역량이 가장 많은 중국의 중재발전과정과 중재실무를 중국과의 중재에서 활용할 수 있게 하였다. 그리고 제4편에서는 주요국제기구인 국제상업회의소(International Chamber of Commerce)와 워싱턴협약에 의한 국제투자분쟁해결(ISD)제도에 대해서도 정리하면서 점차 증가하고 있는 국제기구에 의한 분쟁해결에 대응할 수 있도록 하였다.

본서는 저자가 30년 이상의 중재실무에 대한 직접체험과 대학에서의 강의, 학회활동을 통한 연구 등에서 느낀 점을 반영하여 발간하는 책으로 무역클레임중재의 이론정립이나 실무에 유용하게 활용되기를 기대한다. 그러나 정리를 하고보니 부족하고 미흡한 부분도 많이 있는 것 같아 앞으로 계속 보완하면서 발전시켜 나가겠다.

본서 발간을 위해 지원해 주신 청목출판사 유성열 사장님과 관계자에게 감사드린다. 그리고 올해 나와 같이 회갑을 맞이하는 평생친구 아내와 본서를 쓰면서 같이 친구가 되어준 8개월 된 귀엽고 예쁜 손녀 연수, 그리고 저를 알고 있는 모든 사람들과 함께 출판의 기쁨을 나누고자 한다.

2013. 3. 1

저자 김석철

차 례

제3편 주요국가의 중재실무

◈ 부 록

제 1 편

무역클레임의 개요와 실무

제 1 장　무역클레임의 개요
제 2 장　무역클레임의 실무

제 1 장

무역클레임의 개요

제 1 절 무역클레임의 정의

1. 무역의 정의

무역은 물품·용역·전자적 형태의 무체물의 수출과 수입을 말한다(대외무역법 제2조).

1) 물품

외국환거래법에서 정하는 지급수단, 증권, 채권을 화체화한 서류 및 토지와 건물을 제외한 동산을 말한다(대외무역법 제2조).

2) 용역

경영상담업자, 법무관련서비스업자, 회계 및 세무관련서비스업자, 엔지니어링서비스업자, 디자인, 컴퓨터시스템설계 및 자문업자, 문화사업업자, 운수업자, 관광사업자 및 전기통신업자, 금융 및 보험업자, 임대업자, 광고업자, 사업시설유지관리업자, 교육서비스업자, 보건업자 등의 제공용역과 국내법령 및 소프트웨어 산업진흥법에 따른 소프트웨어, 영화·게임·애니메이션·만화·캐릭터 등의 영상물, 음향·음성물, 전자서적, 데이터베이스 제공 등을 말한다(대외무역법시행령 제3조 및 동법관리규정 제3조 제3항).

3) 전자적 형태의 무체물

조약 등에서 보호되는 특허권, 실용신안권, 디자인권, 상표권, 저작권, 저작인접권, 프로그램저작권, 반도체집적회로의 배치설계권의 양도, 전용실시권의 설정, 통상실시권의 허락을 말한다(대외무역법시행령 제4조 및 동법관리규정 제4조).

4) 수출

① 매매, 교환, 임대차, 사용대차(使用貸借), 증여 등을 원인으로 국내에서 외국으로 물품이 이동하는 것(우리나라의 선박으로 외국에서 채취한 광물(鑛物) 또는 포획한 수산물을 외국에 매도(賣渡)하는 것을 포함한다)

② 유상(有償)으로 외국에서 외국으로 물품을 인도(引導)하는 것으로서 지식경제부장관이 정하여 고시하는 기준에 해당하는 것

③ 「외국환거래법」에 따른 거주자가 같은 법에 따른 비거주자에게 지식경제부장관이 정하여 고시하는 방법으로 용역을 제공하는 것

④ 거주자가 비거주자에게 정보통신망을 통한 전송과 그 밖에 지식경제부장관이 정하여 고시하는 방법으로 전자적 형태의 무체물(無體物)을 인도하는 것(대외무역법시행령 제2조 제3호)

5) 수입

① 매매, 교환, 임대차, 사용대차, 증여 등을 원인으로 외국으로부터 국내로 물품이 이동하는 것

② 유상으로 외국에서 외국으로 물품을 인수하는 것으로서 지식경제부장관이 정하여 고시하는 기준에 해당하는 것

③ 비거주자가 거주자에게 지식경제부장관이 정하여 고시하는 방법으로 용역을 제공하는 것

④ 비거주자가 거주자에게 정보통신망을 통한 전송과 그 밖에 지식경제부장관이 정하여 고시하는 방법으로 전자적 형태의 무체물을 인도하는 것(대외무역법시행령 제2조 제4호)

2. 클레임의 정의

클레임(Claim)은 계약이나 거래당사자인 Seller와 Buyer간에 제기되는 분쟁에 따른 청구로, 당사자의 일방(Seller or Buyer)이 무역계약의 불이행이거나 위반이행으로 인하여 발생한 손해를 타방 당사자가 불만해소나 계약이행촉구 손해배상 등을 계약위반당사자에게 청구하는 행위를 말한다.

무역클레임은 매도인이 매수인에게 매수인의 의무를 다하지 않았을 때 제기하는 매도인의 클레임(Seller's Claim)과 반대로 매도인의 의무 불이행에 대한 매수인의 클레임(Buyer's Claim)이 있다.

무역클레임과 관련하여 통상클레임으로 사용되고 있는 용어는 불평불만(Complaint)과 분쟁(Dispute)이다.

불평불만(Complaint)은 피해 감정에 입각한 불평 불만으로서 객관성의 입증보다는 주관적일 수도 있으며, 클레임의 이전단계로 타방의 불평불만 해소나 제기자의 이해로 당사자 간에 해결될 수 있다. Complaint의 정도가 심해 상대방에게 객관적인 측면에서 구체적인 요구나 청구 의사를 표시한 것이 Claim에 해당된다.

분쟁(Dispute)은 일방당사자의 클레임 청구에 대해 당사자간에 원만히 해결에 합의에 도달하지 못하고 다투는 경우를 말한다. 상대당사자에게 아무런 다툼이 없이 받아들여져 해결된다면 분쟁이라 할 수는 없으며 다툼이 있으면 분쟁(Dispute)으로 확대된다. 이와 같이 'Complain, Claim, Dispute' 현저한 차이가 있음에도 일상에서 클레

임으로 사용하는 경우가 많다.1)

3. 무역클레임의 정의

무역클레임이란 대외지급수단·증권·채권 등을 화체화한 서류와 토지·건물을 제외한 동산의 물품과 경영상담업자, 보관업자, 소프트웨어, 영상물 등의 용역제공, 특허권, 상표권 등의 전자적 형태의 무체물을 내국에서 외국으로의 매도하거나 유상으로 외국에서 외국으로 인도하거나 거주자가 비거주자에게 제공하는 용역 등의 수출이나 이와 반대의 수입의 계약이나 거래에서 일방이 계약을 불이행하거나 위반할 경우 상대방에게 이행이나 손해배상을 청구하는 것을 클레임이라 한다.

제 2 절 무역클레임의 발생원인

1. 국가간의 무역환경의 차이와 불가항력적 원인2)

1) 국가간의 언어, 관습, 문화 등의 차이

일국내에서도 기후, 문화, 언어, 식생활, 사회발전수준, 소비자 기호, 상관습에 많은 차이가 있다. 국가간에는 그 차이가 더욱 크다. 동일 언어국가에 있어서도 지역간의 의미 차이는 상호 예측할 수 없을 정도로 오해가 생기기도 한다. 그리고 국방색도 중동은 모래색으로 한국과는 차이가 난다. attractive girl이라는 용어가 매력적인 소녀의 의미보다는 성관계를 갖고 싶은 소녀로 널리 사용되고 있는 것도 하나의 예다.

---

1) 김석철, 『무역계약론』, 도서출판 두남, 2011. 9. p. 169.
2) 상게서, pp. 169-171.

2) 국가간의 법률의 차이

지구상에는 대륙법계, 영미법계, 사회주의법계 등의 차이뿐만 아니라 같은 대륙법국가라 하더라도 개별법에서는 차이가 난다. 무역당사자들은 상대국법률보다는 자기국가의 법률에 따라 계약을 하고 행위를 하는 것이 일반적이다. 이에 따른 분쟁도 발생하고 있다.

3) 도량형이나 규격의 국가간 차이

동양의 도량형과 서양의 도량형은 전통적으로 차이가 있었다. 요즘에도 한국은 한근, 한말, 한홉, 한가마니 및 미터나 킬로그램을 쓴다. 그러나 미국은 인치나 파운드를 쓰고 있다. 국가마다 도량형 자체의 차이의 경우와 도량형끼리의 환산의 차이에 의한 분쟁도 있다. 같은 도량형이라 하더라도 차이가 있는 경우도 있다. 1톤이라고 할 때, 한국은 1,000kg이나 영국은 1,016kg이고 미국은 907kg으로 매우 차이가 크기도 하다.

4) 무역관계자의 과실

수출상이나 수입상의 과오가 아닌 선박회사, 보험회사, 은행 등의 과실로 클레임이 발생하기도 한다. 운송사고와 대금미회수 등에 대해서는 해상보험, 수출보험 등에 가입함으로써 사고에 대비할 수 있으나 선박회사의 선정, 적정포장, 보험회사의 재정상태, 은행의 신용 등도 중요한 점검 사항이다.

5) 불가항력

화재, 지진, 폭풍, 전쟁, 내란, 수출입중단, 항만봉쇄, 선박재탈 등 거래 당사자가 어떻게 할 수 없는 불가항력적 사건과 동 사건으로 인하여 발생한 파생적 사고 등의 직·간접적인 사고로 계약을 이행할 수 없거나 지체할 수밖에 없는 경우에도 분쟁이 발생한다. 이런 경우는 불가항력 사건에 대한 면책을 약정해야 한다.

2. 무역관련 지식과 경험부족 등의 원인[3)]

1) 무역계약관련법에 대한 무지

무역계약도 일반계약법의 근거하여 이루어져야 한다. 계약상담시의 청약, 예비적 교섭, 승낙 등에 대한 법률적 효력, 계약의 요건, 효력발생·유지·종료, 계약해지와 취소 등에 대한 계약관련법의 기초지식이 일반무역업자에게는 무지하거나 부족한 경우가 많아 분쟁이 발생하는 경우가 있다.

2) 상대국법규, 국제상관습, 국제조약에 대한 무지

국제거래는 한국, 상대국, 제3국 등에서 행위가 이루어지므로 이들 국가의 법들도 알아야 한다. 그리고 무역대금 결제, 국제운송, 국제무역 조건, 무역중재 등과 국제 민간 기구가 중심이 되어 제정한 인코텀스와 신용장 통일 규칙과 같은 각종 규칙, UN에서 제정한 외국중재판정의 승인과 집행에 관한 UN협약과 국제물품 매매계약에 관한 UN 협약 등 국제조약 등에 의해 이루어지고 있으므로 이에 대한 지식 부족으로 무역클레임이 발생하고 있다.

3) 계약에 대한 인식부족과 계약조건의 불명확

한국 사람은 전통적 단일민족국가로 관계와 신뢰를 바탕으로 거래를 해왔기 때문에 계약에 대한 인식이 부족하다. 그러나 무역계약은 관습, 언어, 법률 등의 차이가 있는 외국과의 계약이기 때문에 계약내용을 충분하고도 확실하게 해야 한다. 그리고 계약조건을 충분하게 하는 것은 상호간의 권리와 의무 등 당사자간의 책임소재를 명확하게 하기 때문에 클레임예방을 위해서도 매우 중요할 뿐 아니라 분쟁발생 후에도 신속하게 해결할 수 있다. 또한 계약 내용에 애매모호한 것도

---

3) 상게서, pp. 169-171.

클레임의 원인이 되므로 분명하고 확실히 해야 한다.

4) 무역실무지식, 관리기술부족

국제무역을 하는 실무자가 악의나 고의성이 없으면서도 무역실무에 대한 지식과 관리 및 경험 부족으로 클레임이 발생하는 경우가 있다. 한국의 경우도 1970년대까지는 이로 인한 클레임이 가장 많았으며, 대응방안으로 무역사제도, 무역업허가제도 등을 실시하기도 하였다. 무역후진국과의 교역에서 유의해야 할 사항이다.

5) 신용조사의 불충분

국가간의 거래에서는 상대방에 대한 신용파악이 쉽지 않다. 그러나 각종 신용조사 방법을 활용하여 거래상대방에 대한 재정, 규모, 신뢰도, 사장의 경영능력 및 현지시장 상황에 대한 충분한 신용조사 부족이 원인이 되는 클레임이 있다.

3. 악덕 및 고의적 클레임과 불가항력적 원인

1) 악덕사기범

국가간의 장애를 이용한 사기를 목적으로 무역을 하는 경우가 있다. 은행의 실체가 없는 허위가짜 신용장발행, 유령회사 설립 등 악덕사기업자에 의한 무역사고 클레임이 발생하고 있다.

2) 마켓상황 악화

선의적으로 무역을 시작하였으나 국제무역환경의 갑작스런 변화 즉, 오일쇼크에 의한 원자재가격파동, 금융위기에 의한 환율변동, 국제입찰 등에서의 지나친 경쟁에 의한 가격희생 등의 사건이 발생할 때 이의 손실을 막기 위하여 클레임발생을 제기하는 경우가 있다.

3) 무역관련업자의 사고

수출상이나 수입상의 직접당사자가 아닌 하청생산업자, 운송업자, 보험회사, 원자재공급업자 등이 계약을 어기거나 파산 등의 사고가 원인이 되어 발생되는 클레임이 있다.

제 3 절 무역클레임의 청구유형

1. 손해배상 클레임 청구 유형

1) 대금지급 요청 클레임

후불송금거래(credit payment, deferred payment) 신용장조건불일치 서류에 의한 서류인수거절 및 대금지급거절(unpaid), D/P거래에 의한 서류인수거절과 대금지급거절, D/A거래에 의한 대금지급거절 등의 사고에 대한 물품대금과 이자 등의 대금지급요청 클레임이 있다.

2) 수출계약불이행에 의한 손해배상청구 클레임

시장변동에 의한 수출상의 계약불이행으로 수입상의 수입준비비용, 예상이익 등을 청구하는 클레임이 있다.

3) 계약이행의 위반에 대한 손해배상청구 클레임

수출품의 품질불량, 수량부족, 포장불량, 선적지연 등의 계약위반이행에 따른 손해를 청구하는 클레임으로 후진국이나 경험이 부족한 무역회사에서 많이 발생한다.

4) 보증금 청구 클레임

입찰보증, 금융보증, 거래보증거래에서 보증에 따른 계약이나 대금

결재, 거래가 이루어지지 않았을 때 보증계약에 따라 대금청구를 요청하는 클레임이 있다.

5) 수입상의 계약불이행에 따른 손해배상 청구 클레임

수입상의 신용장미개설, 지연개설, 대금지급지연 등의 계약위반에 대한 예상이익, 지연이자 등을 청구하는 클레임이 있다.

2. 타협안 제시에 의한 거래지속 청구 유형

1) 수출상의 계약이행 청구 유형

원자재가격상승, 환율상승, 국가의 특정품 수출금지 등에 의한 선적불가의 경우에는 수입상은 가격일부인상 제안과 수출중단해금시의 수출이행 등을 청구하는 클레임으로 시장변동상황을 일부 인정하면서 거래지속을 제안하는 클레임유형이다.

2) 수입상의 계약이행 청구 유형

시장변동에 의하여 수입상이 신용장개설거절, 계약불이행통보 등에 의한 수입계약불이행의 경우에도 수입이행시 손해액통보 등으로 현실상황의 타협안제시를 통한 클레임 청구 유형

3) 선적품 인수거절 유형

신용장조건위반에 의한 서류인수거절을 통한 선적품인수거절이나, D/A, D/P 계약의 경우 선적서류거절 등의 클레임유형으로 수출상의 타협안 제안에 의한 해결이나 전매수출, 반송, 폐기 등으로 해결하고 있다.

4) 선적품의 품질불량, 수량부족 클레임 유형

불량에 해당하는 수량이나 부족한 수량만큼의 수량에 대한 추가선

적요구 클레임이 있다.

5) 분할선적 등의 잔여품의 해약이나 선적독촉 유형

분할선적이나 할부선적의 경우 일부선적후 선적을 불이행하거나 선적품이 불량할 때는 선적을 독촉하거나 잔여품에 대한 계약의 해지를 요구하는 클레임유형 등이 있다.

제 4 절 클레임의 예방[4)]

1. 무역관련 실무, 법률, 상관습, 조약 등의 숙지

무역클레임예방을 위하여 가장 선결되어야 할 것은 무역과 관련된 실무로서 수출입절차, 대외무역법, 관세법, 외환관리법, 수출입검사 등의 한국과 거래상대국의 법률, 인코텀스(INCOTERMS®2010Rules), 신용장통일규칙(Uniform Customs and Practice for Documentary Credit, ICC Publication) 등의 국제규칙, 뉴욕협약(Convention on Recognition and Enforcement of Foreign Arbitral Awards, 1958), 비엔나협약(United Nations Convention on Contracts for the International Sale of Goods, 1980) 등과 같은 국제조약 등에 대한 전문적인 교육이 필요하다.

2. 국제시장 파악과 계약의 명확화

국제오일파동, 외환파동, 유럽의 경제위기, 세계경기변화 등과 같은 국제시장상황에 대한 관심을 가지고 체크해야 하며 이러한 위험이 예

4) 상게서, pp. 169-171.

측될 때에는 현금거래 등 이에 대응하는 거래방식 채택이 필요하다.

무역계약의 성립요건, 무역이행에 필요한 충분한 조건, 계약이행가능성, 계약조건해석의 명확성을 갖춘 계약에 필요하다.

3. 악덕 및 무능력자에 대한 신용조사 철저

사기꾼에 의한 고의적 클레임이나 이행 및 지급능력이 없는 무능력자에 의한 클레임을 예방하는 데는 거래상대방에 대한 Capital, Capacity, Character, Country, Currency 등에 대한 철저한 신용조사가 필요하며 한국의 국내 및 해외 신용조사의뢰기관은 무역투자진흥공사(KOTRA), 한국무역협회, 신용보증기금, 무역보험공사, 각 은행 등이 있다.

주요외국 신용조사의뢰기관은 미국은 미국의 각종 경제단체와 은행, Dun & Bradstreet Inc, Foreign Credit Insurance Ass, Trade Service International Inc. 등이 있으며, 일본은 일본의 각종 경제단체와 은행, The Tokyo Sboko Koshinsho, Ltd, United of Omaha 등이 있다. 또한, 홍콩의 T.M Associates, Hongkong Export Credit Insurance Corp, 영국의 Amaigamated Trade Promotection Ltd. 스위스의 Novirgorm Ag. The Federal Insurance Co., Ltd. 서독의 Verband der Vereine Creditreform Auskunfter Bürgel Centrale GmbH, 프랑스의 SCRL-France, Wrs Muller & Cie, 스페인의 CESCE, Fernando Galligo Compania De Credito & Caucion 등이 있다.5)

4. 불가항력 사고에 대한 계약

불가항력의 종류, 불가항력시의 통지방법, 불가항력의 입증방법, 해결방법 등을 계약으로 확실하게 할 필요가 있다. 일반적으로 불가항력

5) 정기인, 『상사중재론』, 무역경영사, 1984. 6. pp. 408-411.

발생시 1차에 한해서 책임없이 계약의 연장이 허용되나 그 이후에는 상대방에게 계약을 해지할 권한을 부여하고 있다. 불가항력 발생시에는 신속하게 사건발생을 통지하고 객관적인 자료로 입증해야 한다.

5. 클레임 통지조항 규정

클레임사유발생시의 통지기한, 통지방법, 입증서류, 검정기관, 미통지나 지연 통지시의 법률효과 등을 규정함으로써 악덕클레임을 예방할 수 있다.

가) 통지기한

통상적으로 도착 후 즉시검사, 즉시통지와 가장 신속한 통신, 방법의 통지 방법을 요구한다. 기계제품, 섬유·의류제품, 식품·농산물 등과 같이 제품의 특성에 따라 기한설정이 차이가 날 수 있으며 당사자 계약이 가장 우선된다. 당사자 간에 계약이 없는 경우 주요국가의 법률상의 규정은 다음과 같다.

〈한국상법 제69조〉

목적물을 수령한 때 지체없이 검사하고 하자발견 즉시 매도인에게 통지해야 한다. 단, 숨은 하자는 6개월 이내 발견즉시 통지해야 한다. 일본상법 526조에서의 내용도 한국과 동일하다.

〈미국통일상법전(U.S.A. Uniform Commercial Code) 제2606조 및 2513조〉

합리적인 기간내(within a reasonable time)에 검사할 의무와 합리적인 검사기회(a reasonable opportunity to inspection)와 통지의 무규정을 두고 있다.

〈영국물품매매법(Sale of goods act 1983) 제35조〉

합리적인 검사의 기회(a reasonable opportunity of examination)와 합리적인 기간의 경과 이전(before the lapse of a reasonable)에

검사할 권리와 통지의무를 규정하고 있다.

〈국제 물품 매매 계약에 관한 유엔 협약〉

(United Nation Convention on contract for the International Sale of Goods 1980, 제38조, 제39조)

실행 가능한 단기간 내에 계약 목적물을 검사하거나 타인에게 검사하게 하여야 한다. 계약목적물의 불일치를 발견하였거나 발견했어야 할 시간 이후 합리적인 기간 이내(within a reasonable time)에 불일치 내용을 통지하지 않으며 불일치를 주장할 권리를 상실한다. 여아한 경우에도 물품이 인도된 날로부터 늦어도 2년 이내에 불일치 내용을 통지해야 하며 통지하지 않으면 불일치 주장 권리를 상실한다.

상기에서 지체없이 즉시, 합리적인 기간이라는 표현은 법률적인 해석에서는 검사와 통지가 가능한 가장 빠른 신속한 기간으로 해석되고 있다.

나) 검정기관

품질이나 수량부족 등의 클레임의 경우 상기 클레임통지기한 내에 통지한 후 선적품의 포장을 유지하거나 냉동품의 경우 냉동보관 유지 상태에서 검사기관에 의뢰하여 검사증을 발급받아 제시함으로써 객관성을 인정받을 수 있다. 주요검정기관으로는, GAICO(극동검정주식회사), INCOK(한국검정주식회사), HYOPSUNG SHIPPING CORP (협성해운검정부), INTECO(국제검정공사주식회사), KASCO(한국검사검정공사주식회사), KOMSA(대한해사사정검정공사주식회사), KOSUCO(고려검정공사주식회사), OMIC(해외검정공사주식회사) 등이다.[6]

검정기관을 선택할 때 수입상은 1차로 수출상에게 통보한 후 수출상에게 검정할 기회나 검정기관지정기한을 주고 이에 대한 반응이 없거나 지체하는 경우에는 통보를 하고 검정기관을 지정하는 것이 검정

6) 상게서, p. 424.

기관 지정에 대한 객관성을 높일 수 있다.

〈클레임 통지조항 예문〉

Any claim and complaint arising this contract shall be made in E-mail immediately after arrival of the cargo in the destination port. Full particular of such claim shall be made in writing and forwarded by air mail to seller within 7days after E-mail. Buyer must submit the INTECO'S survey Report when the quality and or quantity of merchandise is in dispute.[7)]

제 5 절 무역분쟁의 해결유형

1. 청구권포기와 당사자 합의[8)]

1) 청구권 포기

손해나 위반의 정도가 경미한 경우, 상대방과의 관계가 중요한 경우, 악의가 없는 경미한 실수 등의 경우에는 상대방에게 주의를 주거나 차기거래에서 다소의 손해보전을 요청하는 등의 방법으로 청구권을 포기하기도 한다. 뿐만 아니라, 청구의 가능성이 없다고 판단되는 사기사건 같은 경우나 배상의 능력이 없는 경우에는 포기할 수밖에 없다.

2) 당사자간의 합의

일방의 주장에 대해 서로가 입증하고 양보하는 타협을 통하여 당사자간의 협의를 통하여 합의하는 경우로 계속적 거래를 위해서도 바람직한 해결이라 할 수 있다.

---

7) 김석철, 『무역계약론』, 도서출판 두남, 2011. 9. pp. 174-175.
8) 상게서, pp. 172-173.

2. 대외무역법에 의한 알선·조정

1) 알선

무역거래자는 그 상호간이나 교역상대국의 무역거래자와 물품 등의 수출·수입과 관련하여 분쟁이 발생한 경우에는 분쟁의 해결을 지연시켜서는 안 되며, 대한상사중재원은 무역거래자에게 클레임의 해결에 관한 의견을 진술하게 하거나 분쟁관련서류 즉, 무역분쟁의 당사자, 분쟁발생경위 및 내용, 그 밖의 필요한 서류의 제출을 요구할 수 있다. 서류제출을 하지 아니하거나 사실조사를 거부·방해 또는 기피하는 자에게는 2천만원의 과태료를 부과한다고 규정하고 있다. 이러한 구정에 따라 대한상사중재원을 분쟁당사자가 적극적으로 클레임을 해결할 수 있도록 하는 알선업무를 하고 있다.[9)]

2) 조정

대한상사중재원은 사실조사 등의 방법으로 분쟁을 해결하도록 하는 알선을 통하여 해결되지 못하는 경우에는 당사자의 의견을 조정할 수 있으며, 당사자간에 의견이 조정되지 않는 경우에는 중재를 통하여 해결할 수 있도록 중재계약체결을 권고할 수 있다(대외무역법 제44조 제3항 및 제4항).

3. 중재법에 의한 중재나 민사소송법 등에 의한 소송

1) 중재

중재는 당사자간의 합의로 사법상의 분쟁을 법원의 재판에 의하지

9) 대외무역법 제44조(무역거래자간 무역분쟁의 신속한 해결) 법 제59조(과태료), 동법 시행령 제75조(무역분쟁의 통지 등), 시행령 제91조(권한의 위임) 제9항, 동법관리규정 제94조(무역분쟁의 관련서류)

아니하고 중재인의 판정에 의하여 해결하는 절차로 「외국중재판정의 승인과 집행에 관한 UN협약」에 의하여 협약가입국 상호간에는 외국중재판정을 승인하고 집행을 보장받는 국제적 효력이 있어 국제간의 무역거래의 분쟁해결 방법으로 가장 널리 이용되고 있는 제도다. 중재는 단심으로 법원의 확정판결과 동일한 효력이 있다.

2) 소송

국가사법기관인 법원에 분쟁해결을 청구하는 제도로 지방법원, 고등법원, 대법원에서 3번까지 소송을 할 수 있다. 국가권력에 의한 분쟁해결기관이다. 그러나 피고가 외국인 경우에는 승인과 집행이 보장되지 않아 국제적 효력은 중재보다 못하며, 중재는 단심제인 반면에 소송은 삼심제판제도이다.

제 2 장

무역클레임의 실무

제 1 절 무역클레임 처리절차

1. 처리절차도

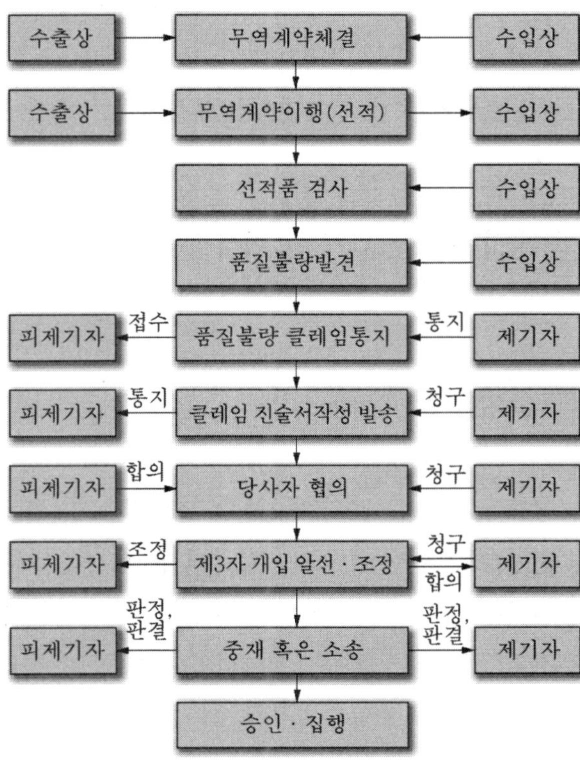

2. 처리절차

수출상과 수입상은 무역계약을 체결하고 수출상은 수입상에게 선적을 한다. 수입상은 도착지에서 수입품을 검사한 결과 품질이 불량함을 발견하고 수출상에게 이를 통지한다. 그리고 수출상은 불량내용, 손해금액, 청구금액을 제시하면서 증빙자료까지 첨부한 진술서를 수출상에게 발송하면서 클레임제기를 하게 된다. 제기자의 청구에 대해 피제기자가 신속한 대응과 협의를 통하여 당사자간에 해결에 합의할 수도 있으나, 의견이 좁혀지지 않는 경우에는 제3의 알선 조정기관인 대한상사중재원에 의뢰하여 대한상사중재원의 알선과 조정으로 보다 객관적이고 적극적인 당사자 의견조정을 통하여 해결에 합의를 한다. 그러나 의견의 차이가 너무 커 합의에 이르지 못하면 중재합의가 될 경우에는 중재판정을 하며 법원의 승인과 집행판결로 강제집행된다. 중재합의가 되지 못하면 제기자는 피제기자의 국가의 사법기관인 법원의 소송으로 판결하며 강제집행이 가능하다.

제 2 절 클레임 처리실무시 유의사항[10)]

1. 계약서에 클레임 통지조항 삽입

무역계약시 클레임통지조항을 삽입하도록 하여야 한다. 클레임통지조항에는 검사장소, 검사시한, 검사방법, 검사자 통지시한, 통지방법, 통지내용 등이 포함되어야 한다. 이러한 계약이 없는 경우에는 각국의 통지기간에서 규정하고 있는 바와 같이 도착즉시 검사하고 하자발견즉

10) 곽영실, 『클레임과 상사중재론』, 도서출판 두남, 2013. pp. 25-27.

시 통지하는 것이 일반적이다.

2. 검사시행과 당사자 확정

무역거래의 선적품검사는 수출지에서 수입상이 검사를 하고 인수하는 방법의 경우에는 수출지의 인수장소에서 검사를 하여야 한다. 수입국의 도착지에서 검사를 하는 조건의 경우에는 수입국도착지에서 계약어서 약정한 대로 검사를 실시하여야 한다. 약정이 없는 경우에는 도착지에서 도착즉시 검사를 해야 하며 제3의 공인검정기관의 검사로 객관성을 높이는 것이 중재나 소송의 경우에 입증력이 높다.

품질불량클레임의 경우 클레임상대는 거래를 알선한 Agent인지 선적품의 생산자, 수출상 중에 누구에게 클레임을 제기해야 할 것인지 생각해 볼 문제다. 일반적인 경우는 수출상이 클레임상대자이나 만약 Agent와 계약을 하고 수출상은 단순수출자인 경우에는 Agent가 대상이 될 수 있다. 또한 생산자와 직접 계약하고 품질은 생산자가 책임을 지기로 계약한 경우에는 생산자가 될 수도 있다. 만약 수출상이 부도가 난 경우에는 생산자나 Agent를 상대로 클레임을 제기할 수 있는지도 검토의 대상이 될 수 있을 것이다.

3. 클레임 진술서 및 증거제시

클레임제기에 필요한 서류는 클레임에 대한 구체적 설명을 하는 진술서, 손실금액에 대한 이자, 검사비 등의 입증서류, 검사증명서와 손해액평가서 등이 필요하다. 만약 견본계약의 경우는 개봉하지 않은 견본과 선적품 등이 필요하며, 수량부족인 경우에는 검량서, 화학제품은 시험성적서, 성능불량인 경우에는 생산량검사 등 성능불량증명서 등을 첨부하여 제기자는 주장사실을 입증하여야 한다.

4. 피제기자의 타당성 검토 및 신속한 회신

피제기자는 제기자의 클레임에 대하여 진술서, 증빙자료 등의 검토나 현지방문확인 등으로 제기자의 주장사실에 대한 신속한 검토와 이에 대한 신속한 회신을 해야 한다. 신용 유지를 통한 거래관계 지속을 위하여 악덕, 고의적이라는 인식을 받아서는 아니된다.

5. 피제기자 답변에 대한 제기자의 신속한 회신

피제기자의 주장이 합리적이라고 생각되면 신속한 배상합의를 통하여 합의 해결해야 한다. 그러나 그 주장이 악의성이 있는 경우에는 설득력 있는 주장으로 반박을 하고 중재합의를 통한 중재로 해결한 것을 제안하거나 상대국정부에 대한 진정이나 형사의 경우에는 형사조치 등으로 처리를 할 수 있다.

6. 중재합의나 당사자합의시 유의사항

중재합의가 되는 경우에는 중재기관에 중재신청을 함으로써 중재절차에 따라 해결하고 중재합의가 되지 않으며 소송으로 해결방안을 찾아야 한다.

클레임 당사자간에 합의로 해결하는 경우에는 현금배상보다는 차기거래를 통한 대금감액 또는 증액, 추가선적 또는 감량선적 등의 방법이 계속적인 거래유지를 유인할 수 있다.

제 2 편

중재의 개념과 기초이론

제 3 장

중재의 개념

제 1 절 중재의 정의와 조건

1. 중재의 정의

중재는 국가의 공권력에 의한 분쟁해결제도에서 벗어나 이해관계자들끼리 분쟁발생시에 자기들 스스로 분쟁을 해결한다는 취지에서 발전한 소송외 분쟁해결(Alternative Dispute Resolution)의 일종으로 국가마다 법률이 다른 외국간의 거래인 무역분쟁의 주요해결방법이다.

중재는 일반적으로 소송외의 제도로 분쟁당사자가 무역계약에서 분쟁발생시에는 중재로 해결하자는 사전합의와 분쟁 발생후에 발생한 분쟁건에 대하여 중재로 해결할 것을 합의한 사후합의의 방식으로 중재합의를 한 후, 당사자의 합의로 분쟁해결 판정인을 합의해서 선정하고, 중재장소·중재절차 등은 당사자가 합의하에 정하며, 판정에 대해서는 당사자가 최종적인 법률적인 효력이 있는 것으로 복종하는 당사자 자치의 분쟁 해결제도이다. 법원의 판결은 당해 국가내에서만 효력이 있으나 중재판정은 뉴욕협약에 의하여 외국에서도 중재판정이 승인되고 집행이 되는 국제적인 효력이 있다.

한국 중재법(제3조 제1호)에서는 중재는 당사자의 합의로 사법상의 분쟁을 법원의 판결에 의하지 아니하고 중재인의 판정에 의하여 해결하는 절차를 말한다. 라고 정의하고 있다.

2. 중재의 조건

1) 사인간의 분쟁

중재의 대상은 국가마다 다소 차이가 있으나 일반적으로는 사인간의 분쟁이 그 대상이며 형사 건등 공법의 대상은 중재의 대상이 아니다.

2) 중재합의

중재는 사건발생 이전의 무역계약의 한 조항이나 사건발생후에 당사자간의 중재합의 등 중재합의가 중재의 전제조건이다. 중재합의가 없으면 중재는 불가능하다.

3) 중재인의 판정

중재는 법원과 같은 사법기관의 판사가 판결하는 것이 아니라 당사자가 합의한 제3의 민간인 중재인이 분쟁에 대해 자율적으로 판단하여 판정을 한다.

4) 법원재판 및 삼심재판 포기

중재는 당사자가 합의한 중재인의 판정에 복종하는 제도로 중재인의 판정은 최종적이며 법원의 확정판결의 효력(중재법 제35조)이 있는 제도로 중재합의를 한 경우는 법원재판과 법원의 3심재판을 받은 권리를 포기한 것이다.

제 2 절 중재의 발전과정

1. 기원전 고대시대

부족장 중심의 부족장시대는 부족내에 발생하는 각종분쟁은 부족장이 해결한다. 부족의 자체적 생활관습에 의해 이루어지기 때문에 오늘날의 조정제도와 가깝다.

부족장시대에 이어 국가가 형성되면서 왕 중심의 국가체계가 형성되었다. 왕은 법이나 관습보다는 왕이나 부족장회의에서 자율적으로 결정된 바에 따라 결정이 되는 오늘날의 다수 혹은 1인 중재인의 판정과 같은 효력이 있는 제도로 오늘날의 사법보다는 왕이나 부족장에 의한 ADR에 가까운 체제였다고 볼 수 있을 것이다.

2. 그리스 · 로마 시대

그리스시대의 제도로는 조정제도와 중재제도가 있다. 조정제도는 조정법원에서 조정인이 일반법률에 의거 조정결정을 하거나 조정결정이 어려운 경우에는 법원에 이관하는 제도로 오늘날의 법원의 조정제도와 유사하다. 또 한편 중재제도는 당사자가 중재인을 선정하고 중재인의 판정은 최종적인 효력이 있는 제도로 오늘날의 중재제도로 절차를 사법적절차에 따른다는 점은 제외하고는 오늘날의 중재제도와 유사한 제도다.

로마시대의 민사소송제도는 합의하여 민간인 재판관을 선정하고 민간인재판관의 판결에 복종하는 제도로 국가가 감독하고 관리하는 제도였다. 국가가 절차를 관리감독하였으나 민간인재판관선정을 사적인 합의로 볼 수 있으며 재판출석도 강제성이 없는 제도였기 때문에 오늘날의 사법보다는 중재에 가깝다고 볼 수 있다.

3. 중세시대

유럽의 중세시대는 왕권과 상인의 정경유착시대라 볼 수 있다. 왕은 통치자금이 필요했고 상인의 권력이 필요했기 때문이다. 중세시대 상인은 크게 3가지 그룹의 큰 세력이 있었다. 국제무역상인, 국내시장상인, 생산자집단이다. 무역상인이 왕권으로부터 독립하여 자기들의 분쟁은 스스로 해결할 목적으로 해사재판소(Court of Admiralty)를 설립하였다. 무역업자들이 자주적인 상관습을 기준이 되는 해사법에 따라 관련당사자가 합의하여 선정한 중재인의 결정에 복종하는 제도로 오늘날의 해사중재의 출발이다.

국왕의 권력에서 분쟁해결의 독자성을 획득한 상인들이 연합하여 만든 자치분쟁해결기구는 시장재판소(Fair Court)이다. 자신들이 선정한 중재인들의 결정에 복종하는 제도로 오늘날의 상사중재제도의 시작이었다.

길드나 쭌프트(Zunft)같은 생산자동업자가 국왕과 봉건영주로부터 독립하여 자율적인 분쟁해결기관으로 만든 것이 상사재판소(Commercial Court)이다. 오늘날의 상사중재제도의 시작이다.

4. 현대 유엔시대

중재의 세계화를 위하여 UN에서 협약과 규칙 및 모델법을 제정하였다. 1958년 채택한 「외국중재판정의 승인과 집행에 관한 UN협약」을 통하여 전세계 대부분의 국가가 동협약에 가입함으로써 중재의 승인과 집행의 세계화를 달성하였으며 1976년 채택한 UNCITRAL ARBITRATION RULE에 의해 국제중재의 절차의 통일화를 이룩

할 수 있었다. 그리고 1985년 제정한 UNCITRAL ARBITRATION MODEL LAW를 통하여 전 세계의 중재법의 통일화추진으로 대부분의 국가가 동법에 일치하는 각국의 중재법을 개정함으로써 중재법의 통일화를 가져와 중재가 전 세계의 통일된 하나의 제도로 발전하게 되었다.

제 3 절 중재의 특징과 종류

1. 중재의 특징

1) 자주적이며 민주적이다.

중재는 중재채택여부가 당사자합의로 결정된다. 당사자합의가 없으면 중재를 할 수 없다. 그리고 분쟁에 대한 결정을 할 판정관인 중재인을 당사자가 합의하여 선정하며 중재장소·중재절차진행도 당사자합의로 결정할 수 있으므로 자주적이라고 할 수 있다.

또한 중재인은 법원의 판사와 다르게 둥근 테이블에 둘러 앉아 자유스럽게 진술하고 중재인도 동등한 입장에서 질문하는 등의 언어와 태도를 취하는 민주적인 방법으로 중재절차를 진행한다.

2) 중재인의 자율적이고 전문적인 판정을 한다.

중재는 법·관습·증거 등에 근거하며 판정을 하나 소송에 비해 중재인의 자율적인 심정에 판단을 할 수 있는 자율성이 높다. 또한 중재인은 소송의 판사는 법률전문가이나 중재는 사건의 전문가가 중재인이 된다. 섬유제품의 품질불량이 다툼이라면 섬유제품전문가가 중재인이 되어 직접 조사하며 판단하기 때문에 전문성이 있다.

3) 국제성이 있다.

중재는 「외국중재판정의 승인과 집행에 관한 유엔협약」에 의거하여 가입국 상호간에는 타국의 중재판정을 자국에서 승인하고 집행도 보장되고 있어 국내에만 효력이 있는 소송보다는 국제성이 높다.

4) 비밀이 보장된다.

중재는 당사자일방이라도 동의가 없으면 비공개가 원칙이다. 공개로 인한 기업의 평판·평가·산업 및 영업비밀등의 보호를 함으로써 기업의 손실을 방지할 수 있다.

2. 중재의 종류

1) 국내중재와 국제중재

중재당사자가 쌍방의 주된 사무소가 국내에 있는 당사자간의 중재는 국내중재라 하며, 관련당사자의 일방의 주된 사무소는 국내에 있으나 타방의 주된 사무소가 외국에 있거나 쌍방 모두의 주된 사무소가 각기 다른 외국에 있는 당사자간의 중재는 국제중재라 한다.

2) 내국판정과 외국판정

국내에서 내려진 중재판정은 내국판정이라 하며 국외에서 내려진 중재판정은 외국중재판정이라 한다. 국내에서 내려진 중재판정이라도 준거법 외국중재기관에 의한 외국중재규칙에 의해 중재장소만 국내인 경우에는 외국판정이라고 할 수 있으며 국내법과 국내중재기관의 중재규칙에 의해 중재장소가 외국인 경우에는 내국판정이라고 할 수 있다.

3) 기관중재와 임의중재

중재기관에서 등 중재기관의 중재규칙에 따라 진행된 중재는 기관중재이며, 중재기관이 아닌 당사자가 합의한 중재인에 의하여 당사자가 합의한 장소와 절차에 따라 진행된 중재는 임의중재(Ad hoc Arbitration)이라고 한다. UNCITRAL모델중재법이나 한국 등은 임의중재를 인정하나 중국은 기관중재만 인정하고 임의중재는 인정하지 않고 있다.

4) 사법적 중재와 민간중재

사법적 중재(Court Arbitration)는 영국의 사법부의 판사가 소액상사·노사분쟁 등을 중재합의로 중재판정으로 신속하게 최종 해결하는 제도와 중재법원에서 경제 및 상거래 분쟁을 중재판정으로 해결하는 러시아의 중재법원제도가 있다. 민간중재(Civil Arbitration)는 당사자가 합의하여 선정한 판사가 아닌 일반민간인중재인에 의한 중재로써 중재라 함은 민간중재를 의미한다.

제 4 장

중재의 기초이론

제 1 절 중재합의

1. 중재합의의 정의와 방법

1) 중재합의의 정의(중재법 제3조 제2호)

중재합의는 계약 혹은 분쟁당사자가 분쟁을 사법부의 법원이 아닌 중재로 해결하기로 합의한 것을 말하며, 중재합의는 중재의 전제조건으로 중재합의가 없으면 중재가 불가능하다. 한국중재법에서 「중재합의란 계약상의 분쟁인지의 여부에 관계없이 일정한 법률관계에 관하여 당사자간에 이미 발생하였거나 장래 발생할 수 있는 분쟁의 전부 또는 일부를 중재에 의하여 해결하는 당사자간의 합의」를 말한다고 규정하고 있다.

2) 중재합의의 방법(한국중재법 제8조)

① 중재합의는 독립된 합의 또는 계약 중 중재조항의 형식으로 할 수 있다. ② 서면으로 중재합의를 하여야 한다. ③ 서면합의는 당사자가 서명한 문서에 중재합의가 포함된 경우, 서신·전보·전신 및 모사전송 기타 통신수단에 의하여 교환된 문서에 중재합의가 포함되어 있는 경우,

일방당사자가 교환된 문서의 내용에 중재합의가 있는 것을 주장하고 상대방 당사자가 이를 다투지 아니하는 경우를 의미한다. ④ 서면으로 작성된 계약에 중재조항이 있는 계약을 인용하고 있는 경우에는 중재합의가 있는 것으로 본다.

〈외국중재판정의 승인과 집행에 관한 UN협약 제 2조 제 2호〉

서면합의란 계약서중의 중재조항 또는 당사자간에 서명되었거나, 교환된 서신이나 전보에 포함되어 있는 중재의 합의라고 규정하고 있다.

〈UNCITRAL 모델중재법 제 7조 제 1항 및 제 2항〉

① 중재합의는 계약상의 중재조항의 형식이나 별도의 합의 형태로 할 수 있다. ② 중재합의는 서면으로 하여야 한다. ③ 중재합의는 당사자가 서명한 서류에 포함되어 있거나 서신·텔렉스·전신 등 기타 중재합의를 기록한 통신 등의 교환에 포함되어 있거나 또는 신청서와 답변서의 교환속에 일방당사자가 중재합의의 존재를 주장하고 상대방이 이를 부인하지 않는 경우는 서면중재합의로 본다. ④ 서면으로 작성된 계약서에 중재조항이 포함되어 있는 계약서를 인용하는 경우에는 중재합의로 본다고 규정하고 있어 한국과 동일하다.

중재합의의 방식은 상기에서처럼 한국의 중재법은 UNCITRAL모델중재법과 동일하다. UN의 권유에 따라 모델법과 동일하게 중재법을 동일화하는 개정을 추진하였기 때문이다. 세계 대부분의 국가도 이에 따라 중재법을 개정하였거나 개정하고 있다.

2. 중재합의의 대상과 범위

〈한국중재법 제 3조 제 1호 및 제 2호〉

중재대상을 사법상의 분쟁으로 계약상의 분쟁인지에 관계없이 일정한 법률관계에 관하여, 이미 발생하였거나 장래 발생할 수 있는 분쟁, 분쟁의 전부 혹은 일부도 중재합의의 범위다.

〈UNCITRAL 모델중재법 제 1조 제 1항 및 제 7조 제 1항〉

동법은 당국과 타국간에 체결된 모든 합의를 따를 것을 조건으로 하는 국제상사중재에 이를 준용한다고 규정하고 있다. 또한 계약에 의하거나 계약에 의하지 아니한 법률관계에 관하여, 당사자간에 이미 발생하였거나 장래 발생할 수 있는 분쟁, 모든 분쟁 또는 특정분쟁이 중재합의의 대상으로 규정하고 있다.

UNCITRAL 모델중재법은 국가간에 발생하는 상사분쟁을 그 대상으로 하는 모델법이다.

〈외국중재판정의 승인과 집행에 관한 UN협약 제 2조 제 1호〉

계약의 성질이 있거나 아니거나를 불문하고, 중재에 의하여 해결이 가능한 사항에 관한 일정한 법률관계, 당사자간에 발생하였거나 또는 장래에 발생할 수 있는 분쟁, 전부 또는 일부의 분쟁이 그 범위다.

동협약에서 중재의 대상을 중재에 의하여 해결이 가능한 사항으로 규정한 것은 각국의 중재대상이 차이가 나기 때문에 이러한 각국의 법에서 정하는 대상을 인정하는 취지의 규정이다.

〈일본과 중국〉

일본은 한국의 사법상의 분쟁대신에 민사상의 분쟁(일본 중재법 제 2조)으로 규정하고 있으며, 중국은 경제적 분쟁(중국중재법 제 1조)으로 계약상의 분쟁 및 재산권 관련 분쟁(중국중재법 제 2조)으로 혼인, 입양, 후견, 부양, 상속관련분쟁과 행정기관의 행정관련분쟁은 제외한다(중국중재법 제 3조)고 규정하고 있다.

한국보다 중재의 대상이 좁다. 그리고 미국은 중재법에서 중재의 대상을 제한하고 있는 조항은 없으며 노동, 상사, 건설, 의류직물, 선거, 가족, 이혼, 의료, 약화, 교통사고, 특허 등 거의 모든 분쟁이 중재의 대상으로써 중재로 해결되고 있다.

3. 중재합의의 독립성과 독립성의 필요성

1) 독립성

무역계약등 주계약에 일반약관 등의 형태로 주계약에 포함된 중재계약은 주계약의 유효기간이 경과하면 주계약의 효력은 상실되나 중재계약조항은 별개의 독립된 계약으로 효력이 계속 지속된다는 학설로 널리 인정되고 있다.

2) 독립성의 필요성

무역분쟁은 주계약의 계약상의 이행이 종료된 후에도 계속 지속되거나 발생할 수 있는 특징이 있다. 주계약과 함께 효력이 종료된다면 거래종료후에 발생되는 분쟁은 해결할 수 없게 될 것이며 주계약의 목적은 달성할 수 없게 될 수 있기 때문에 중재합의의 독립성은 필요하다.

4. 중재지 합의의 방법[11)]

1) 당사자가 합의한 경우

당사자가 중재를 합의할 때 의견차가 큰 경우가 중재지 합의라고 할 수 있다. 당사자 누구나 자기에게 유리한 국가인 자국을 원하고 있기 때문이다. 분쟁 발생시에 언어, 법률 등이 다른 외국보다는 관리등 모든 면에서 자국에서 중재를 하는 것이 제일 편리하고 심적인 안정감이 있기 때문이다. 만약 한국의 대한상사 중재원에서 중재가 합의된 경우라면,

11) 김석철, 『무역계약론』, 도서출판 두남, 2011. 9. pp. 180-181.

〈대한상사중재원의 중재계약 표준조항〉

"All disputes, controversies, or differences which may arise between the parties out of or in relation to or in connection with this contract , or for the breach thereof, shall be finally settled by arbitration in Seoul, Korea in accordance with the Commercial Arbitration Rules of the Korean Commercial Arbitration Board and under the Laws of Korea. The award rendered by the arbitrator(s) shall be finally and binding upon both parties concerned."

"이 계약으로부터 또는 이 계약과 관련하여 또는 이 계역의 불이행으로 말미암아 당사자간에 발생하는 모든 분쟁, 논쟁 또는 의견차이는 대한민국 서울에서 대한상사중재원의 중재규칙 및 대한민국번에 따라 중재에 의하여 최종적으로 해결한다. 중재인(들)에 의하여 내려지는 판정은 최종적인 것으로 당사자 쌍방에 대하여 구속력을 가진다."

2) 신청인 혹은 피신청인 국가 중재합의의 경우

당사자간에 서로 자기 국가를 주장하여 중재국가의 합의가 불가능한 경우에는 상호간에 가장 공평한 것은 신청인 국가나 피신청인 국가에서의 중재합의다. 신청인 국가중재는 중재신청인이 자국의 중재기관에 중재신청을 하는 것이며, 피신청인국가 중재는 중재신청인이 상대국 중재기관에 중재신청을 하는 것으로 중재신청의 난립을 막고 신중한 중재신청을 위해서는 피신청인 국가중재가 바람직한 편이다.

〈신청인 국가에 중재(한,중 기업간의 예)중재조항〉

"All disputes in relation to this contract shall be finally settled by arbitration in the country of the claimant. In case the claimant is (a Korean enterprise), the arbitration shall be held at the Korean Commercial Arbitration Board. In case the claimant is (a Chinese enterprise), the arbitration shall be held at the China International Economic and Trade Arbitration

Commission"
"이 계약과 관련하여 발생하는 모든 분쟁은 신청인의 국가에게 중재로 최종 해결한다. 만일 신청인이(한국기업)일 경우 대한상사중재원에서, 만인 신청인이 (중국기업)일 경우 중국국제경제무역중재위원회에서 진행한다."

〈피신청인 국가에서 중재(한,일 기업간의 예) 중재조항〉

"All disputes related to this contract shall be finally settled by arbitration in the country of the respondent. In case the respondent is (a Korean enterprise), the arbitration shall be held at the Korean Commercial Arbitration Board. In case the respondent is (a Japanese enterprise), the arbitration shall be held at the Japan Commercial Arbitration Association".
"이 계약과 관련하여 발생하는 모든 분쟁은 피신청인의 국가에서 중재로 최종 해결한다. 만일 피신청인이 한국기업일 경우 대한상사중재원에서, 만일 피신청인이 일본기업일 경우 일본국제상사중재협회에서 진행한다."

3) 제3국 중재합의의 경우

신청인과 피신청인은 서로간의 공평성을 기하기 위하여 한국의 경우는 홍콩이나 ICC중재 등 제3국중재에 합의하는 경우도 있다. 대단위 계약의 경우에 많이 이용된다.

〈제3국에서의 중재계약예문〉

"Arbitration shall take place in Hong Kong in accordance with the arbitration Rules of Hong Kong international arbitration center."

제 2 절 중재판정부

1. 중재판정부의 정의

중재판정부란 중재절차를 진행하고 중재판정을 내리는 단독중재인 또는 다수의 중재인으로 구성되는 중재인단을 말한다. 중재판정부는 기관중재의 경우도 중재가 개시되면 중재기관장과는 별도의 독립된 기구로 중재사건의 절차진행과 중재판정을 내리는 법원의 판정부와 같은 기구로 중재판정부가 바로 중재의 핵심이며 절차진행과 판정은 단독 혹은 복수의 중재인이 담당하며 각종기록보관, 중재당사자 및 중재인에 대한 연락, 서류전달 등의 실무는 중재서기가 담당한다.

2. 중재인의 수오 중재인 선정

1) 중재인의 수

〈한국 중재〉

중재인의 수는 당사자합의로 정하며 당사자합의가 없는 경우에는 중재인의 수는 국가마다 차이가 있다. 한국의 경우에는 당사자 합의가 없는 경우에 3인으로 한다. 그러나 당사자간에 신속절차를 합의하거나 신청금액이 2천만원 이하의 신속절차에 해당하는 경우에는 1인 중재인으로 한다. 한국의 국제중재의 경우에는 중재인수의 합의가 없는 경우에는 단독중재인이 선정된다. 다만 당사자가 3인 중재인을 합의하거나 사무국의 금액, 복잡성등을 고려하여 3인 중재인의 심리를 결정할 수 있다.

〈중국 중재〉

중국의 경우는 중재인은 1인 혹은 3인으로 하고 있으며 북경중재위원회는 1인 CIETAC은 3인의 중재인으로 구성하도록 하고 있다.

〈ICC 중재〉

ICC중재의 경우 당사자합의로 1인 혹은 3인으로 구성할 수 있으며 당사자가 합의하지 못한 경우에는 중재법원은 3인 중재선정의 이유가 없는 한 1인 중재인을 선정한다.

〈미국중재협회 중재〉

미국중재협회의 경우에는 당사자의 합의가 없는 경우에는 사무국이 중재건의 복잡성등을 고려하여 중재인수를 정한다.

〈워싱턴협약 중재〉

워싱턴협약에 의한 ISD중재에서는 당사자합의가 없는 경우에는 중재인을 3인으로 하도록 규정하고 있다.

2) 중재인 선정 방법

〈한국 중재〉

중재인은 국적에 상관없이 선정될 수 있으며 당사자가 합의로 선정할 수 있도록 하고 있다. 그러나, 당사자간에 단독중재인의 경우 상대방 당사자가 중재인선정요구를 받은 후 30일내에 중재인 선정의 합의를 보지 못한 경우와 3인 중재의 경우 각 당사자가 1인씩하고 선정된 2인이 나머지 1인을 선정하도록 하고 있으며 이때 각 당사자가 상대방으로부터 중재인선정을 요구받은 후 30일 이내에 선정하지 않거나 당사자가 선정한 2인이 30일내에 나머지 1인을 선정하지 못한 경우에는 법원에 신청하며 선정하도록 규정하고 있다.

한국의 대한상사중재원중재규칙에서는 당사자가 직접선정을 합의한 경우에는 기준일로부터 15일이내에 중재인 취임수락서와 함께 중재인을 선정하여 사무국에 제출해야한다. 중재인 선정 합의기간이나 사무국의 중재인 선정 통지일로부터 15일이내에 달성하지 못하는 경우에는 사무국에서 선정한다. 그러나 당사자 직접선정 합의가 없는 경우에는 사무국에서 쌍방에게 중재인 명부에서 중재인후보자 수인을 송부하여 의장중재인과 중재인을 구별하여 희망 순위를 표시하며 사무국에 반송하여 반송이 없는 경우에는 동일 순위로 간주하고 반송된 순위를 참조하고 쌍방이 반송한 경우에는 쌍방의 희망 순위를 합산하여 순위 순서대로 결정하며 동의를 요청하며 동의 거절자가 있는 경우에는 차 순위자를 동의를 받아 중재인을 선정한다.

〈중국 중재〉

중국은 기관중재만 인정되기 때문에 중재합의서에 중재기관의 합의가 필수다. 따라서, 당사자 합의가 원칙이나 당사자 합의가 없는 경우에는 당해중재기관의 주임이 중재인명부 중에서 선정하도록 규정하고 있다.

〈ICC 중재〉

당사자가 합의하여 신청인의 중재신청 통지 수령일로부터 30일이내에 중재인을 선정하지 못한 경우에는 ICC중재법원에서 선정한다.

〈미국중재협회 중재〉

당사자가 합의하여 선정하지 않는 경우에는 중재인 명부에서 후보자수인을 통지하여 반송받는 한국과 같은 방법으로 선정한다.

〈워싱턴협약 중재〉

ISD중재에서는 중재등록 통지가 있은 후 90일내에 당사자가 중재인의 합의를 보지 못하는 경우에는 ICSID총장이 광범위하게 양당사자와 상의한 후에 분쟁 당사자의 제3국인 중재인을 임명하도록 규정하고 있다.

3. 중재인기피

〈한국 중재〉

중재인 요청받은 자 또는 선정된 중재인은 자신의 공정성이나 독립성에 관하여 의심을 야기할 수 있는 사유가 있는 때에는 지체없이 이를 당사자들에게 고지하여야 한다. 중재인이 당사자에게 부적절을 고지하였거나 당사자들이 합의한 중재인의 자격을 갖추지 못한 사유가 있는 때에 한하여 기피될 수 있다. 다만, 당사자는 자신이 선정하였거나 선정절차에 참여하여 선정한 중재인에 대하여는 선정후에 알게 된 사유에 한하여 기피신청을 할 수 있다.

중재인에 대한 기피절차는 당사자간의 합의로 정할 수 있으며 합의가 없는 경우에 중재인 기피당사자는 중재판정부가 구성된 날 또는 중재인에 대한 기피사유 규정을 안 날부터 15일 이내에 중재판정부에 서면으로 기피신청을 하여야 한다. 이 경우 기피신청을 받은 중재인이 사임하지 아니하거나 상대방 당사자가 기피신청에 동의하지 아니하면 중재판정부는 그 기피신청에 대한 결정을 하여야 한다. 기피신청이 받아들여지지 아니하는 경우에는 기피신청을 한 당사자는 그 결과의 통지를 받은 날부터 30일 이내에 법원에 해당 중재인에 대한 기피신청을 할 수 있다. 이 경우 기피신청이 법원에 계속 중인 때에도 중재판정부는 중재절차를 진행하거나 중재판정을 내릴 수 있다.

〈중국 중재〉

중재인이 아래사유의 하나에 해당하는 경우, 기피하여야 하며, 당사자도 기피신청을 할 권리가 있다. 즉, 본 사건 당사자 또는 당사자 대리인의 근친족인 경우, 본 사건과 이해관계가 있는 경우, 본 사건 당사자, 대리인과 기타 관계가 있어 공정한 중재에 영향을 미칠 가능성이 있는 경우, 사적으로 당사자, 대리인을 만나거나 당사자 대리인으로부터 접대, 선물을 받은 경우이다.

당사자가 기피신청을 할 때에는 반드시 이유를 설명하고, 제1회 심리기일 전에 제출하여야 한다. 기피사유를 제1회 심리기일 후에 알게 된 경우, 마지막 심리기일 종결 전에 제출할 수 있다. 중재인의 기피 여부는 중재위원회 주임이 결정하며, 중재위원회 주임이 중재인을 맡을 경우 중재위원회가 결정한다.

〈ICC 중재〉

중재인에 대한 기피신청은 그 독립성의 결여 또는 기타의 이유를 막론하고 기피의 근거가 되는 사실과 배경을 상술한 서면 진술서를 사무국에 제출하는 방법으로 할 수 있다. 기피신청이 인용되기 위해서는, 기피신청을 하려는 당사자는 중재인의 선정 또는 확인 통지를 수령한 때부터 30일 이내, 기피의 근거가 되는 사실과 배경을 알게 된 일자가 앞의 통지를 수령한 이후인 경우에는 그 일자로부터 30일 이내에 기피신청서를 송부하여야 한다. 중재법원은 기피신청에 대해 결정할 수 있으며, 이에 대한 이유를 당사자들에게 전달하지 않는다.

〈미국중재협회 중재〉

중재인 기피는 당사자가 협회사무국에 중재인 기피신청을 할 수 있으며 기피신청에 대해 합의되거나 중재인 스스로 사임이 가능하며 기피수락의 합의에 실패하거나 중재인이 사임하지 않은 경우에는 중재사무국장은 직권으로 결정할 수 있다.

〈UNCITRAL 모델중재법 중재〉

중재인으로 직무수행의 요청을 받은 자는 그 자신의 공정성이나 독립성에 관하여 당연시되는 의심을 야기할 수 있는 모든 사정을 고지하여야 한다. 중재인은 중재인으로 선정된 때로부터 그리고 중재절차의 종료시까지 그러한 사정을 당사자에게 지체없이 고지하여야 한다. 다만, 중재인이 그러한 사정을 이미 통지한 당사자에게 대하여는 그러하지 아니한다.

중재인은 그 자신의 공정성이나 독립성에 관하여 당연시되는 의심을 야기할 수 있는 사정이 존재하거나 또는 당사자가 합의한 자격을 갖추지 못한 때에 한해 기피될 수 있다.

당사자는 자신이 선정하였거나 그 선정절차에 참여한 중재인에 대하여 선정 후에 비로소 알게 된 사유에 의해서만 기피할 수 있다.

당사자들은 중재인 기피절차를 자유로이 합의할 수 있다. 합의가 없는 경우에 중재인을 기피하고자 하는 당사자는 중재판정부가 구성된 후 또는 사정을 알게 된 후 15일 이내에 중재인기피사유를 진술한 서면을 중재판정부에 송부하여야 한다. 기피당한 중재인이 그 직무로부터 사퇴하지 아니하거나, 상대방 당사자가 그 기피신청에 동의하지 아니하는 한 중재판정부는 그 기피신청에 관하여 결정하여야 한다.

당사자가 합의한 절차나 기피신청이 받아들여지지 아니하면, 기피신청한 당사자는 그 기피거절 결정의 통지를 받은 후 30일 이내에 법원이나 기타 기관에 기피에 대한 신청을 할 수 있다. 그 결정에 대하여는 항고할 수 없으며 그러한 신청이 계속중인 경우에도 기피신청의 대상이 된 중재인을 포함한 중재판정부는 중재절차를 속행하여 판정을 내릴 수 있다.

이상에서 살펴본 결과 한국은 UNCITRAL모델법을 준용하였음을 알 수 있다.

4. 중재인 권한 종료 및 보궐중재인 선정

〈한국 중재〉

중재인이 법률상 또는 사실상의 사유로 직무를 수행할 수 없거나 정당한 사유없이 직무수행을 지체하는 경우에는 그 중재인의 사임 또는 당사자간의 합의에 의하여 중재인의 권한이 종료된다. 중재인의 권한종료여부에 관하여 다툼이 있는 경우에 당사자는 법원에 이에 대한 결정을 신청할 수 있다.

중재인의 권한이 종료되어 중재인을 다시 선정하는 경우 그 선정절차는 대체되는 중재인의 선정에 적용된 절차에 의한다.

〈중국 중재〉

중재인이 기피, 회피 또는 기타 원인으로 직책을 이행할 수 없을 경우, 본법 규정에 따라 중재인을 다시 선정하거나 지정하여야 한다. 기피, 회피로 인하여 중재인을 새로 선정 또는 지정한 후 당사자는 이미 진행한 중재절차를 새로 진행할 것을 청구할 수 있으며 허가여부는 중재판정부가 결정하고, 중재판정부도 이미 진행한 중재절차를 다시 진행할 것인지 여부를 자체적으로 결정할 수 있다.

〈ICC 중재〉

중재인은 사망, 중재법원의 사임의사 수리, 중재법원의 기피신청 인용 그리고 당사자 전원의 요청 등의 사유로 교체될 수 있을 뿐만 아니라, 중재법원은 직권으로 중재인이 자신의 직무를 법률상 또는 사실상 수행하지 못하거나 규칙에 따라 또는 지정된 기간 내에 직무를 수행하지 않고 있다고 판단한 경우, 직권으로 중재인을 교체할 권한도 가지고 있다.

〈미국중재협회 중재〉

중재인이 사임하거나 사무국에서 기피결정 결정을 내렸거나 중재인이 사망한 경우 등에는 선정절차에 준하여 보궐중재인을 선정하며 중재재판부는 이전심리의 전부 또는 일부를 번복할 것인지를 결정해야 한다.

〈UNCITRAL 모델중재법 중재〉

중재인이 법률상 또는 사실상 자신의 직무를 이행할 수 없거나, 다른 사유로 인하여 적정기간에 직무를 수행하지 아니하는 경우에 그가 자진하여 사임하였거나 당사자의 합의로써 중재인의 직무권한은 종료된다. 이러한 사유에 관하여 다툼이 있는 경우에 각 당사자는 법원이나 기타 기관에 대하여 중재인의 권한종료에 관하여 결정할 것을 요청할 수 있으며 그 결정에 대하여는 항고할 수 없다.

중재인이 자진하여 사임하거나 당사자가 중재인의 권한종료에 합의하였다 하더라도 이러한 사실이 기피사유의 유효성을 인정하는 것을 의미하지는 아니한다.

상기 또는 기타 사유로 인하여 중재인이 자진하여 사임하거나 또는 당사자의 합의로 중재인의 권한이 취소되었거나 기타 사유로 인하여 중재인의 권한이 종료되는 경우에 보궐중재인은 대체되는 중재인의 선정에 적용되었던 규칙에 따라 선정되어야 한다.

5. 보전 및 임시 처분

〈한국 중재〉

중재합의 당사자는 중재절차 개시전 또는 진행중에 법원에 보전처분을 신청할 수 있다. 그리고 당사자간에 다른 합의가 없는 경우에 중재판정부는 일방 당사자의 신청에 따라 결정으로 분쟁의 대상에 관하여 필요하다고 인정하는 임시적 처분을 내릴 수 있다. 이 경우 중재판정부는 피신청인에게 임시적 처분에 갈음하여 제공할 담보의 금액을 정할 수 있다. 그리고 중재판정부는 임시적 처분의 신청인에게 적절한 담보를 제공할 것을 명할 수 있다.

〈UNCITRAL 모델법 중재〉

일방당사자가 중재절차전이나 진행중에 법원에 보전처분을 신청하거나 법원이 이러한 조치를 허여하는 것은 중재합의에 반하지 않는다고 규정하고 있다. 그리고 당사자가 달리 합의하지 않는 한 중재판정부는 일방당사자의 신청에 따라 분쟁의 본안에 관하여 필요하다고 인정하는 보전처분을 명하도록 일방당사자에게 명할 수 있다. 중재판정부는 각 당사자에게 그러한 조치와 관련하여 적절한 담보를 제공할 것을 요구할 수 있다.

〈중국 중재〉

당사자가 재산보전신청을 하는 경우 중재위원회는 이를 피신청인의 주소지 또는 그 재산소재지 관할법원에 이송하여 결정하도록 하여야 한다.

당사자가 증거보전신청을 하는 경우 중재위원회는 이를 증거소재지 관할법원에 이송하여 결정하도록 하여야 한다.

한국과 모델법은 중재절차개시전이나 진행중에 당사자가 직접 법원에 보전처분을 신청할 수 있어 피신청인의 재산도피에 대한 보호장치를 기할 수 있다. 그러나 중국은 중재합의의 경우 당사자는 중재위원회에 보전신청을 하여야 하며 중재위원회가 관할법원에 보전신청을 할 수 있도록 되어 있어 중재절차 개시 이전에는 재산보전신청을 할 수가 없으며 중재진행중에도 중재위원회에 요구해야하므로 당사자가 직접 신속하게 보전신청을 할 수 없어 문제가 되고 있다.

제 3 절 중재절차

1. 당사자의 동등한 대우 및 중재판정부의 권한

〈한국 중재〉

당사자는 동등한 대우를 받아야 하고 자신의 사안에 대하여 변론할 수 있는 충분한 기회를 가져야 한다. 당사자들은 중재절차에 대하여 합의할 수 있으며 합의가 없는 경우에는 중재판정부가 적절한 방식으로 중재절차를 진행할 수 있으며 증거의 능력, 관련성 및 증명력에 관하여 판단할 권한을 가진다.

중재지는 당사자간의 합의로 정하며 당사자의 편의와 제반사정을 고려하여 중재지를 정한다. 중재지외의 적절한 장소에서 중재인들간의 협의, 증인·감정인 및 신문, 검증, 문서의 열람을 할 수 있다.

〈UNCITRAL 모델중재법 중재〉

상기에서 언급하고 있는 내용이 한국과 동일하며 한국은 모델법에 따라 개정하였다.

〈중국 중재〉

중재지는 당사자간의 합의로 정하며, 당사자 합의가 없는 경우에는 중재위원회 또는 그 분회소재지가 중재지가 되며 중재판정을 중재지에서 한 것으로 본다.

중국도 UNCITRAL 모델법의 내용을 반영한 것으로 보이며 중재지는 중재위원회로 규정하고 있다. 그러나, 다른 지역에서 심리를 할 수 있도록 규정하고 있다.

2. 중재절차의 개시 및 언어

〈한국 중재〉

당사자간에 다른 합의가 없는 경우에는 중재절차는 피신청인이 중재요청서를 수령한 날로부터 개시된다. 중재요청서에는 당사자, 분쟁의 대상 및 중재합의 내용을 기재하여야 한다.

중재언어는 당사자합의에 의하고 합의가 없는 경우에는 중재판정부가 지정하고, 판정부의 지정이 없는 경우에는 한국어로 하며 정해진 언어로 번역문을 제출할 것을 당사자에게 명할 수 있다.

〈UNCITRAL 모델법 중재〉

중재절차개시는 한국과 동일하다. 당사자간에 합의가 없는 한 중재부탁 신청서가 피신청인에게 수령될 일자에 개시된다.

모델법중재언어는 당사자가 중재절차의 진행에 사용되는 일개 또는 수개 언어에 관하여 자유로이 합의할 수 있다. 그러한 합의가 없는 경우에는 중재판정부는 중재절차에 사용되는 일개 또는 수개 언어를 결정하여야 한다. 그러한 합의 또는 결정은 그 속에 별도의 의사가 명시되어 있지 않는 한 당사자의 서면진술, 중재판정부의 심문 및 판정, 결정 또는 기타 통지에도 적용된다.

중재판정부는 어떤 서증에 대하여서도 당사자에 의하여 합의하거나 중재판정부가 결정한 일개 또는 수개 언어로 번역한 문서를 첨부하도록 명할 수 있다.

〈중국 중재〉

중재개시 일자를 중재신청서를 접수한 일자를 개시일자로 하고 있다.

중국의 중재언어는 당사자가 중재언어를 합의한 경우에는 그 합의에 따른다. 당사자가 합의하지 않은 경우 중국어를 중재절차의 공식언어로 한다.

중재판정부 개정 시에 당사자 또는 그 대리인·증인이 통역을 필요로 하는 경우, 중재위원회 사무국 또는 그 분회 사무국이 통역을 제공할 수 있고, 당사자도 스스로 통역인을 제공할 수 있다.

당사자가 제출한 여러 문서와 증명자료에 대하여 중재판정부 및 또는 중재위원회 사무국 및 그 분회 사무국이 필요하다고 인정하는 때에는 당사자에게 상응한 중문 번역본 또는 기타 언어 번역본을 제출하도록 요구할 수 있다.

한국, 중국, 모델법이 중재개시 일자는 다르게 하고 있으며 언어는 동일한 규정을 하고 있음을 알 수 있다.

3. 신청서와 답변서

〈한국 중재〉

당사자합의나 판정부가 정한 기간내에 신청취지와 신청원인사실을 기재한 신청서를 중재인은 중재판정부에 제출하고 피신청인은 이에 답변을 해야 한다. 신청서 답변서에는 중요서류를 첨부하거나 증거방법을 표시할 수 있으며, 신청이나 공격방어방법을 변경하거나 보완할 수 있다. UNCITRAL 모델중재법을 준용하고 있다.

〈UNCITRAL 모델중재법 중재〉

당사자가 합의하였거나 또는 중재판정부가 결정한 기간내에 신청인은 청구의 원인사실, 쟁점사항과 신청취지를 진술하여야 하고, 피신청인은 그러한 세부사항에 대한 답변내용을 진술하여야 한다. 그러나 당사자가 그러한 진술의 필요한 사항을 달리 합의하는 경우에는 그러하지 아니하다. 당사자는 직접 관계가 있다고 보는 모든 서류를 상기 진술서에 첨부하여 제출할 수 있으며 자신이 제출하고자 하는 기타 증거에 참고자료로 추가할 수도 있다.

당사자간에 달리 합의하지 않는 한 어느 일방당사자가 중재절차 진행중에 자신의 청구내용이나 답변을 수정하거나 보충할 수 있다. 다만 중재판정부가 이를 인정함으로써 야기되는 지연을 고려하여 그러한 수정을 허용하는 것이 부적절하다고 여기는 경우에는 그러하지 아니하다.

〈중국 중재〉

중재신청서에는 신청서구비요건을 규정하고 이에 따라 작성하고 중재합의서등의 구비서류제출요구와 함께 사실증명서류, 중재비용예납을 규정하고 있다. 그리고 답변서에는 피신청인이 중재통지를 받은 날로부터 45일 이내에 필수기재사항을 포함하여 신청에 대한 답변 근거가 되는 사실과 이유, 증명서류등을 첨부하여 중재위원회 사무국에 제출하도록 규정하고 있으며 모델법의 내용을 포함하고 있다.

한국과 중국 모두 피신청인이 신청인에게 반대신청을 할 수 잇도록 규정하고 있으며 반대신청의 요령과 반대신청에 대한 답변서는 전자와 동일하다.

4. 심리

〈한국 중재〉

구술심리와 서면만의 심리를 중재판정부가 결정할 수 있으며 구술심리를 하지 않기로 합의한 경우를 제외하고는 구술심리를 하여야 한다. 구술심리, 증거조사기밀은 충분한 시간을 두고 사전에 당사자에게 통지되어야 한다. 판정부제출준비서면, 서류, 기타자료는 상대방당사자에게 고지되어야 하며, 감정서서증은 양당사자에게 고지되어야 한다.

〈UNCITRAL 모델법 중재〉

당사자간에 반대의 합의를 하지 않는 한, 중재판정부는 증거의 제출이나 구술변론을 위하여 구술심문을 할 것인지 아니면 서면 및 기타자료에 근거하여 중재절차를 진행시킬 것인지를 결정하여야 한다. 그러나 당사자간에 구술심문을 개최하지 아니한다는 별단의 합의가 없는 한, 중재판정부는 당사자 일방의 요청이 있으면 중재절차 진행 중의 적절한 단계에서 그러한 구술심문을 개최하여야 한다.

모든 심문에 관한 통지 및 물품, 또는 기타 재산 및 문서의 조사를 위한 중재판정부의 회합의 통지는 충분한 시간적 여유를 두고 사전에 당사자들에게 발송되어야 한다.

당사자의 일방에 의하여 중재판정부에 제출된 모든 진술서, 문서, 또는 기타 정보는 타방 당사자에게도 통지되어야 한다. 중재판정부가 그 결정상 원용하게 될지도 모르는 감정인의 모든 보고서 또는 서증도 당사자들에게 통지되어야 한다.

〈중국 중재〉

당사자 간에 별도의 합의가 있는 경우 이외에는, 중재판정부가 적절하다고 인정하는 방식으로 사건을 심리할 수 있다. 어떤 상황에서도 중재판정부는 공평·공정하게 업무를 처리하여야 하고, 각 당사자에게 진술 및 변론할 수 있는 합리적인 기회를 주어야 한다.

중재판정부는 사건을 개정심리하여야 한다. 다만 쌍방 당사자의 신청이나 쌍방 당사자의 동의를 얻고, 중재판정부도 개정심리할 필요가 없다고 인정하는 경우에는 서면만으로 심리할 수 있다.

당사자 간에 별도의 합의가 있는 경우 이외에는, 중재판정부가 사건의 구체적인 상황에 따라 신문방식 또는 변론방식으로 사건을 심리할 수 있다.

중재판정부는 적당하다고 인정되는 곳에서 적당하다고 인정되는 방식으로 합의를 할 수 있다.

당사자 간에 별도의 합의가 있는 경우 이외에, 중재판정부가 필요하다고 인정할 때에는 심리절차 명령·석명권 행사·개정 전 중재판정부회의 개최·심리준비기일 개최·심리범위서 작성 등을 할 수 있다.

한국과 모델법은 동일한 내용으로 규정하고 있으며 중국은 비슷한 규정을 하고 있다.

5. 일방당사자 해태

〈한국 중재〉

신청인이 신청서를 제출하지 아니하는 경우에 중재판정부는 중재절차를 종료하여야 한다.

피신청인이 답변서를 제출하지 아니하는 경우에 중재판정부는 이를 신청인의 주장에 대한 자백으로 간주하지 아니하고 중재절차를 계속 진행하여야 한다.

일방 당사자가 구술심리에 출석하지 아니하거나 정하여진 기간내에 서증을 제출하지 아니하는 경우에 중재판정부는 중재절차를 계속 진행하여 제출된 증거를 기초로 중재판정을 내릴 수 있다.

그러나 당사자간에 다른 합의가 있거나 판정부가 상당한 이유가 있다고 인정하는 경우에는 이를 적용하지 아니한다.

〈중국 중재〉

신청인이 정당한 이유없이 심리기일에 출석하지 않거나 심리기일에 중재판정부의 허가 없이 중도 퇴장한 경우 중재신청을 철회한 것으로 볼 수 있다. 이는 피신청인이 반대 신청을 한 경우 중재판정부가 반대 신청을 심리하고 판정을 하는데 영향을 미치지 않는다.

피신청인이 정당한 이유 없이 심리기일에 출석하지 않거나 심리기일에 중재판정부의 허가 없이 중도 퇴장한 경우 중재판정부는 궐석심리를 진행하여 판정할 수 있다. 피신청인이 반대신청을 한 경우에는 반대신청을 철회한 것으로 볼 수 있다.

〈UNCITRAL 모델중재법 중재〉

당사자가 달리 합의하지 않는 한 충분한 이유를 제시하지 아니하고 신청인이 청구에 관한 진술서를 제출하지 않는 경우에는 중재판정부는 중재절차를 종료하여야 한다.

피신청인이 방어에 대한 진술서를 제출하지 아니하는 경우에는 중재판정부는 그러한 해태의 사실자체가 피신청인이 신청인의 주장을 그대로 인정하는 것으로 취급함이 없이 중재절차를 속행하여야 한다.

당사자의 어느 일방이 심문에 출석하지 아니하거나, 서증을 제출하지 아니하는 경우에는 중재판정부는 중재절차를 속행하고 중재판정부에 제출된 증거에 근거하여 중재판정을 내릴 수 있다.

일방당사자 해태의 경우는 한국은 UNCITRAL 모델법을 준용하였음을 알 수 있다. 중국과의 차이점은 신청인의 불출석이나 중도퇴진의 경우 중재신청철회로 간주하는 것이 차이가 있다.

6. 감정인과 증거조사에 관한 법원의 협조

〈한국 중재〉

당사자간에 다른 합의가 없는 경우에 중재판정부는 특정 쟁점에 대한 감정을 위하여 감정인을 지정할 수 있다. 이 경우 중재판정부는 당사자로 하여금 감정인에게 필요한 정보를 제공하고 감정인의 조사를 위하여 관련 문서와 물건 등을 제출하거나 그에 대한 접근을 허용하도록 할 수 있다.

당사자간에 다른 합의가 없는 경우에 중재판정부는 직권으로 또는 당사자의 신청에 의하여 감정인을 구술심리기일에 출석하여 당사자의 질문에 답변하도록 할 수 있다.

중재판정부가 지정한 감정인에 관하여 이를 준용한다. 증거조사에 관한 법원의 협조는 중재판정부는 직권으로 또는 당사자의 신청에 의하여 법원에 증거조사를 촉탁할 수 있으며 조서에 기재할 사항 기타 증거조사가 필요한 사항을 서면으로 지정할 수 있다.

수탁법원은 증거조사를 마친 후 증인신문조서등본・검증조서등본 등 증거조사에 관한 기록을 지체없이 중재판정부에 송부하여야 하며 중재판정부는 증거조사에 필요한 비용을 수탁법원에 납부하여야 한다.

〈UNCITRAL 모델법 중재〉

당사자가 달리 합의하지 않는 한 중재판정부는 중재판정부에 의하여 결정될 특정한 쟁점에 관하여 보고할 1인 이상의 감정인을 지정할 수 있으며 일방당사자로 하여금 감정인에게 관계 정보를 주거나 감정인의 조사를 위해 관련문서의 제출, 물품 또는 기타의 재산을 조사하거나 또는 감정인이 이용할 수 있도록 명할 수 있다.

당사자가 달리 합의하지 않는 한 당사자 일방의 요청이 있거나 중재판정부가 필요하다고 여기는 경우에는 그 감정인은 자신의 서면 또는 구두보고를 제출한 후에도 문제된 쟁점에 관하여 당사자들이 그 감정인에게 질문할 기회 및 타감정인들이 그 전문가적 증언을 할 기회를 갖는 심문에 참가하여야 한다.

증거조사에서 법원의 협조는 중재판정부나 중재판정부의 승인을 받은 당사자는 해당국가의 관할법원에 대해 증거조사에서 협조를 요청할 수 있다. 법원은 그 권한범위 내에서 증거조사의 규칙에 따라 그러한 요청에 응할 수 있다.

〈중국 중재〉

중재판정부는 사건내용 중의 전문적인 문제에 대하여 전문가의 자문을 받거나 감정인을 지정하여 감정할 수 있다. 전문가 및 감정인은 중국 또는 외국의 기구 또는 개인도 될수 있으며 당사자에게 모든 관련 자료·문서 또는 재산·물건을 전문가 또는 감정인에게 제공 또는 제시하고, 전문가 또는 감정인의 검토·검사 또는 감정을 받도록 요구할 수 있고, 당사자는 그에 따를 의무가 있다.

전문가 보고서와 감정결과 보고서의 부본은 쌍방 당사자에게 통지하고, 쌍방당사자가 이에 대하여 의견을 제출할 수 있는 기회를 주어야 한다. 어느 일방당사자가 전문가와 감정인의 중재정 출석을 요구한 경우, 전문가와 감정인은 중재판정부의 동의를 얻어 중재정에 출석할 수 있고, 중재판정부가 필요하고 적절하다고 인정하는 경우 그 보고서에 대하여 해석할 수 있다.

중재판정부가 필요하다고 인정하는 때에는 직권으로 사실을 조사하고, 증거를 수집할 수 있으며 쌍방당사자에게 현장참여를 통지할 필요가 있다고 인정하는 경우, 적절한 시기에 쌍방 당사자에게 현장 참여를 통지하여야 한다. 통지 후 일방 또는 쌍방 당사자가 현장에 참여하지 않는 경우에도 중재판정부의 직권 사실조사 및 증거수집은 영향을 받지 않는다.

중재판정부가 직권으로 조사 수집한 증거는 중재위원회 사무국을 통하여 쌍방 당사자에게 통지하고, 쌍방 당사자에게 의견제출 기회를 주어야 한다.

한국과 UNCITRAL 모델법은 관련법의 내용이 동일하다. 그러나 중국은 감정의 내용의 비슷하나 증거조사에 있어서는 법원의 협조요청보다 중재판정부가 직권으로 조사를 하고 중재위원회 사무국을 통하여 당사자에게 통지하도록 규정하고 있어 중국은 한국보다 중재위원회의 조사권한이 강하다.

제 4 절 중재판정

1. 판정기한 및 적용법

1) 판정기한

한국은 당사자합의 또는 법률의 규정중 다른 정함이 없는 경우에는 심리종결일로부터 30일 이내에 판정하여야 한다. 중국은 중재판정부 구성일로부터 6개월내에 판정하여야 한다.

2) 분쟁의 실체에 적용한 법

〈한국 중재〉

분쟁의 실체에 적용될 법은 중재판정부는 당사자들이 지정한 법에 따라 판정을 내려야 한다. 특정 국가의 법 또는 법체계가 지정된 경우에 달리 명시되지 아니하는 한 그 국가의 국제사법이 아닌 분쟁의 실체에 적용될 법을 지정한 것으로 보며 지정이 없는 경우에 중재판정부는 분쟁의 대상과 가장 밀접한 관련이 있는 국가의 법을 적용하여야 한다.

중재판정부는 당사자들이 명시적으로 권한을 부여하는 경우에 한하여 형평과 선에 따라 판정을 내릴 수 있으며 중재판정부는 계약에서 정한 바에 따라 판단하고 해당 거내에 적용될 수 있는 상관습을 고려하여야 한다.

〈UNCITRAL 모델중재법 중재〉

분쟁의 실체에 적용할 법규는 중재판정부는 당사들이 분쟁의 본안에 적용하려고 선택한 법규에 따라 판정을 하여야 한다. 달리 명시하지 아니하는 한 일정한 국가의 법 또는 법률체계의 지정이 있을 때는 당해 국가의 실체법을 직접 지칭하는 것으로 해석하며, 그 국가의 국제사법원칙을 지칭하는 것으로 해석하지 아니하며 당사자들에 의한 준거법의 지정이 없는 경우에는 중재판정부는 중재판정부가 적용가능하다고 보는 국제사법 규정에 따라 결정되는 법을 적용한다.

중재판정부는 당사자가 명시적으로 권한을 부여하는 경우에 한하여 형평과 선에 의하여 또는 우의적 중재인으로서 판정을 내려야 하며 중재판정부는 계약조건에 따라 결정하여야 하며, 당해 거래에 적용가능한 상관습을 고려하여야 한다.

〈중국 중재〉

중재판정부는 사실에 근거하며, 법률과 계약규정에 따르고, 국제관례를 참조하여 공평과 합리성의 원칙에 따라 독립적이고 공정하게 판정하여야 한다.

한국은 분쟁의 실체에 적용할 법을 UNCITRAL 모델법에 따라 규정하고 있으며 당사자간에 합의한 법이 있을 때는 그에 따르고 합의한 법이 없을 때는 분쟁의 대상과 가장 밀접한 관련이 있는 국가의 법을 적용한다.

중재인은 당사자들이 권한을 부여하는 형편과 선에 따라 그리고 계약 조건과 상관습에 따라 판정을 하도록 규정하고 있다. 중국은 사실에 근거하고 법률과 계약규정에 따르며 국제관례를 참조하도록 규정하고 있다.

2. 중재판정부의 결정방법

〈한국 중재〉

당사자들이 달리 합의하지 않는 한, 2인 이상의 중재인에 의한 중재절차진행에 있어서는 중재판정부의 모든 결정은 전 구성원중의 과반수 결의에 의한다. 그러나 중재절차의 문제는 당사자나 중재판정부 구성원 전원의 수권이 있으면 의장중재인이 결정할 수 있다.

〈UNCITRAL 모델중재법 중재〉

당사자간에 다른 합의가 없는 경우에 3인 이상의 중재인으로 구성된 중재판정부의 의사결정은 과반수의 결의에 의한다. 다만, 중재절차는 당사자간의 합의가 있거나 중재인 전원이 권한을 부여하는 경우에는 절차를 주재하는 중재인이 단독으로 이를 결정할 수 있다.

〈중국 중재〉

3인의 중재인으로 구성된 중재판정부가 심리한 사건의 경우 중재판정은 전체중재인 또는 다수 중재인의 의견에 따른다.

중재판정부가 다수의견을 형성할 수 없을 때에는 의장중재인의 의견에 따른다고 규정하고 있다.

한국과 중국, 모델법에서 다수결원칙은 동일하나 다수결의견의 형성이 불가능할 경우에 한국과 모델법은 당사자나 판정부의 수권이 있을 때 의장중재인이 결정할 수 있으나, 중국은 수권이 필요없이 의장중재인이 결정할 수 있다. 그리고 중국은 소수의견은 판정문의 기록에 첨부할 수 있으나 판정문의 구성부분은 아니며 의견이 다른 중재인은 판정문에 서명을 하지 않을 수도 있도록 하고 있다. 한국과 모델법은 다수결에 실패한 경우 판정을 할 수 없게 되어 끝까지 다수결을 끌어내야 하는 부담이 있으며 중국은 의장중재인이 결정할 수 있어 의장중재인의 독단적인 판정이 우려되는 특징이 있다.

3. 화해 판정

〈한국 중재〉

중재절차의 진행중에 당사자들이 화해에 이른 경우에 중재판정부는 그 절차를 종료한다. 이 경우 중재판정부는 당사자들의 요구에 의하여 그 화해내용을 중재판정의 형식으로 기재할 수 있으며 화해내용을 기재한 중재판정은 규정에 따라 작성되어야 하며, 중재판정임이 명시되어야 한다.

화해중재판정은 당해 사건의 본안에 관한 중재판정과 동일한 효력을 가진다.

〈UNCITRAL 모델중재법 중재〉

중재절차 진행중에 당사자들 자신이 분쟁을 해결하는 경우에는 중재판정부는 그 절차를 종료하여야 하며, 당사자들의 요구가 있고 중재판정부가 이의를 제기하지 않는 한 중재판정부는 그 화해를 당사자가 합의한 내용의 중재판정문의 형식으로 기록하여야 한다.

당사자가 합의한 내용의 중재판정문은 당사자 합의에 따라 작성되어야 하고 이를 중재판정으로 한다고 기재되어야 한다. 그러한 중재판정문은 당해 사건의 본안에 관한 다른 모든 중재판정과 동일한 지위와 효력을 가진다.

〈중국 중재〉

중재판정부가 조정을 진행하던 중 쌍방 당사자가 중재정 외에서 화해한 경우, 중재판정부의 조정에 의하여 화해한 것으로 본다.

중재판정부의 조정으로 화해한 경우, 쌍방 당사자는 서면으로 화해합의서를 작성하여야 하고, 당사자간에 별도의 합의가 있는 경우 이외에는 중재판정부가 당사자의 서면화해합의서 내용에 따라 판정문을 작성하고, 사건을 종결한다.

한국, 중국, 모델법 모두 당사자간의 합의가 있는 경우 당사자합의에 따라 화해판정을 할 수 있으며 화해판정은 중재판정의 효력이 있음을 규정하고 있다.

4. 중재판정의 형식과 내용

〈한국 중재〉

중재판정은 서면으로 작성하여야 하며, 중재인 전원이 서명하여야 한다. 다만, 3인 이상의 중재인으로 구성된 중재판정부의 경우에 과반수에 미달하는 일부 중재인에게 서명할 수 없는 사유가 있는 때에는 다른 중재인이 그 사유를 기재하고 서명하여야 한다.

중재판정에는 그 판정의 근거가 되는 이유를 기재하여야 한다. 다만, 당사자간에 합의가 있거나 화해중재판정인 경우에는 그러하지 아니하다.

중재판정에는 작성일자와 중재지를 기재하여야 한다. 이 경우 중재판정은 당해일자와 장소에 내려진 것으로 본다.

작성·서명된 중재판정의 정본은 각 당사자에게 송부하고, 중재판정의 원본은 그 송부사실을 증명하는 서면을 첨부하여 관할법원에 송부·보관한다.

〈UNCITRAL 모델중재법 중재〉

중재판정문은 서면으로 작성되어야 하며 중재인 또는 중재인들이 이에 서명하여야 한다. 2인 이상의 중재에 있어서는 중재판정부 구성원중의 과반수의 서명으로 충분하다. 다만 이 경우에는 서명이 생략된 이유가 기재됨을 요한다.

중재판정문에는 그 판정의 근거가 되는 이유를 기재하여야 한다. 다만, 당사자간에 이유의 불기재에 관하여 합의하였거나 또는 그 중재판정문이 합의된 내용의 판정인 경우에는 그러하지 아니하다.

중재판정문에는 작성일자와 중재지를 기재하여야 한다. 중재판정문은 당해 장소에서 작성된 것으로 한다.

중재판정문이 작성된 후 중재인들이 서명한 등본은 각 당사자에게 송부되어야 한다.

〈중국 중재〉

중재위원회가 중재판정문에 날인해야 하며 중재판정내용에 동의하지 않는 중재인은 서명을 하지 않을 수도 있으나 다수결인 경우에는 다수 중재인이, 의장중재인이 결정한 경우에는 의장중재인의 서명이 있어야 한다. 그리고 중재판정문의 작성일을 중재판정의 효력발생일이라고 규정하고 있다. 그리고 중재판정부는 판정문에 중재청구 · 분쟁사실 · 판정이유 · 판정결과 · 중재비용의 부담 · 판정일자 및 장소를 기재하여야 한다. 당사자가 분쟁사실과 판정이유를 기재하지 않기로 합의하였거나 쌍방 당사자의 화해에 따라 판정문은 작성하는 경우에는, 분쟁사실과 판정이유를 기재하지 않을 수 있다. 중재판정부는 판정문에 당사자가 판정내용을 이행하여야 하는 구체적인 기한과 이행지체로 부담하여야 하는 책임도 정할 수 있다.

5. 중재절차의 종료

〈한국 중재〉

중재절차는 종국판정 또는 중재판정부가 다음 각호의 1에 해당하는 중재절차의 종료결정과 함께 종료된다.

① 신청인이 중재신청을 철회하는 경우. 다만, 피신청인이 이에 동의하지 아니하고 중재판정부가 피신청인에게 분쟁의 최종적 해결을 구할 정당한 이익이 있다고 인정하는 경우에는 그러하지 아니하다.

② 당사자들이 중재절차의 종료에 합의하는 경우

③ 중재판정부가 중재절차를 속행하는 것이 불필요하거나 불가능하다고 인정하는 경우

〈UNCITRAL 모델중재법 중재〉

최종판결에 의하거나 다음 각호의 중재판정부의 명령에 의하여 종료된다.

① 신청인이 그 신청을 철회하는 경우. 다만, 피신청인이 이에 대하여 이의를 제기하고 중재판정부가 분쟁의 최종적 해결을 구하는 데에 대하여 피신청인에게 적법한 이익이 있다고 인정하는 때에는 그러하지 아니하다.

② 당사자가 중재절차의 종료를 합의하는 경우

③ 중재판정부가 그 밖의 사유로 중재절차를 속행하는 것이 불필요하거나 불가능하다고 인정하는 경우

〈중국 중재〉

중재판정부가 판정문에 서명하기 전에 판정문 초안을 중재위원회에 고부하여 확인을 받아야 하며, 중재위원회는 중재판정부의 독립적인 중재판정에 영향을 미치지 않는 범위내에서 판정문의 문제에 대하여 중재판정부에 주의를 촉구할 수 있는 규정을 두고 있어 중재판정부의 판정에 영향을 끼칠 수 있는 우려가 있다.

6. 중재판정문의 정정 및 해석과 추가판정

〈한국 중재〉

당사자들이 달리 기간을 정하지 아니하는 한 각 당사자는 중재판정의 정본을 받은 날부터 30일 이내에 다음 각호의 1에 규정된 정정·해석 또는 추가판정을 중재판정부에 신청할 수 있다.

① 중재판정의 오산·오기 기타 이에 유사한 오류의 정정

② 당사자간의 합의가 있는 경우에 중재판정의 일부 또는 특정쟁점에 대한 해석

③ 중재절차에서 주장되었으나 중재판정에 포함되지 아니한 청구에 관한 추가판정. 다만, 당사자간에 다른 합의가 있는 때에는 그러하지 아니하다.

신청을 하는 경우에 신청인은 상대방 당사자에게 그 취지를 통지하여야 한다.

중재판정부는 제 1호 및 제 2호의 신청에 대하여는 신청을 받은 날부터 30일 이내에, 동항 제 3호의 신청에 대하여는 신청을 받은 날부터 60일 이내에 이를 판단하여야 한다. 이 경우 제 1항 제2호의 해석은 중재판정의 일부를 구성한다.

중재판정부는 판정일로부터 30일 이내에 직권으로 제 1호의 정정을 할 수 있으며 중재판정부는 필요하다고 인정하는 때에는 30일 혹은 60일의 기간을 연장할 수 있다.

〈UNCITRAL 모델중재법 중재〉

당사자들이 달리 정하지 않는 한 중재판정문을 수령한 날로부터 30일 이내에,

① 일방당사자는 상대방에게 통지함과 동시에 그 판정문의 계산상 오류, 오기나 오식 또는 이와 유사한 오류를 정정해 줄 것을 중

재판정부에 요청할 수 있으며

② 당사자간에 합의가 있는 경우에 일방당사자는 상대방 당사자에게 통지함과 동시에 중재판정의 특정 사항이나 판정의 일부에 대한 해석을 중재판정부에 요청할 수 있다.

중재판정부는 그 요청이 이유가 있다고 보는 경우에는 이를 수령한 날로부터 30일 이내에 정정 또는 해석하여야 한다. 그 해석은 중재판정의 일부를 형성하는 것으로 한다.

중재판정부는 판정일자로부터 30일 이내에 제 1호 규정된 유형의 오류도 정정할 수 있으며 당사자들이 달리 합의하지 않는 일방당사자는 상대방에게 통지함과 동시에 중재판정문을 수령한 날로부터 30일 이내에 중재절차 중에 제출되었으나 중재판정에서 유탈된 청구부분에 관한 추가판정을 중재판정부에 요청할 수 있다. 중재판정부는 그 요청이 정당하다고 보는 경우에 60일 이내에 추가판정을 내려야 한다.

중재판정부는 필요한 경우 정정, 해석 또는 추가판정의 기간을 연장할 수 있다.

〈중국 중재〉

당사자는 판정문을 받은 날로부터 30일 이내에 판정문의 기재·인쇄·계산착오 또는 기타 유사한 착오와 중재판정에 누락된 사항이 있는 경우에는 서면으로 중재판정부에 정정을 신청할 수 있다. 착오나 누락이 명백한 경우 중재판정부는 서면신청을 받은 날부터 30일 이내에 서면으로 정정이나 추가판정하여야 한다. 중재판정부도 판정문 작성일로부터 합리적인 기간 내에 직권으로 서면형식으로 정정 또는 추가판정할 수 있다. 이 서면정정과 추가판정은 원 판정문의 일부가 된다.

중국은 추가판정의 기한을 30일 이내로 하는 것이 한국법·모델법과 차이가 있다.

제 5 절 중재판정의 불복과 승인 · 집행

1. 중재판정의 불복

〈한국 중재〉

중재판정은 당사자간에 있어서 법원의 확정판결과 동일한 효력을 가진다고 규정하고 있다.

중재판정에 대한 불복은 법원에 제기하는 중재판정취소의 소에 의하여만 할 수 있으며 당사자의 취소판정 요구와 법원 직권의 경우가 있다.

① 중재판정의 취소를 구하는 당사자가 다음 각목의 1에 해당하는 사유를 증명하는 경우

㉮ 중재합의의 당사자가 그 준거법에 의하여 중재합의 당시 무능력자이었던 사실 또는 중재합의가 당사자들이 지정한 법에 의하여 무효이거나 그러한 지정이 없는 경우에는 대한민국의 법에 의하여 무효인 사실

㉯ 중재판정의 취소를 구하는 당사자가 중재인의 선정 또는 중재절차에 관하여 적절한 통지를 받지 못하였거나 기타의 사유로 인하여 본안에 관한 변론을 할 수 없었던 사실

㉰ 중재판정이 중재합의의 대상이 아닌 분쟁을 다룬 사실 또는 중재판정이 중재합의의 범위를 벗어난 사항을 다룬 사실. 다만, 중재판정이 중재합의의 대상에 관한 부분과 대상이 아닌 부분으로 분리될 수 있는 경우에는 대상이 아닌 중재판정부분만을 취소할 수 있다.

㉱ 중재판정부의 구성 또는 중재절차가 이 법의 강행규정에 반하지

아니하는 당사자간의 합의에 따르지 아니하거나 그러한 합의가 없는 경우에는 이 법에 따르지 아니하였다는 사실

② 법원이 직권으로 다음 각목의 1에 해당하는 사유가 있다고 인정하는 경우

㉮ 중재판정의 대상이 된 분쟁이 대한민국의 법에 따라 중재로 해결될 수 없는 때

㉯ 중재판정의 승인 또는 집행이 대한민국의 선량한 풍속 기타 사회질서에 위배되는 때

중재판정취소의 소는 중재판정의 취소를 구하는 당사자가 중재판정의 정본을 받은 날부터 또는 정정·해석 또는 추가판정의 정본을 받은 날부터 3월 이내에 제기하여야 하며 당해 중재판정에 관하에 대한민국의 법원에서 내려진 승인 또는 집행판결이 확정된 후에는 중재판정위소의 소를 제기할 수 없다.

〈UNCITRAL 모델중재법 중재〉

중재판정에 대하여 법원에 제기하는 불복은 취소신청을 함으로써 가능하며 중재판정은 당사자가 취소신청하는 경우와 법원직권으로 관할법원에 의해 취소될 수 있다.

① 취소신청을 한 당사자가 다음의 사실에 대한 증거를 제출하는 경우

㉮ 중재합의의 당사자가 무능력자인 사실 또는 그 중재합의가 당사자들이 준거법으로서 지정한 법에 의하여 무효이거나 그러한 지정이 없는 경우에는 중재찬정이 내려진 국가의 법률에 의하여 무효인 사실

㉯ 취소신청을 한 당사자가 중재인의 선정 또는 중재절차에 관하여 적절한 통지를 받지 못하였거나 기타 사유로 인하여 방어할 수가 없었다는 사실

㉰ 중재판정이 중재부탁의 내용에 예정되어 있지 아니하거나 그 범

위에 속하지 아니하는 분쟁을 다루었거나 또는 중재부탁합의의 범위를 유월한 사항에 관한 결정을 포함하고 있다는 사실. 다만, 중재에 부탁된 사항에 관한 결정이 부탁되지 아니한 사항에 관한 결정으로부터 분리될 수 있는 경우에는 중재에 부탁되지 아니한 사항에 관한 결정을 포함하는 중재판정부분에 한하여 취소될 수 있다는 사실

㉣ 중재판정부의 구성이나 중재절차가 당사자간의 합의에 따르지 아니하였다는 사실 또는 그러한 합의가 없는 경우에 이 법에 따르지 아니하였다는 사실. 다만, 그 합의는 당사자에 의해 배제될 수 없는 성격을 가진 본 법의 규정에 저촉되어서는 아니 된다는 사실, 또는

② 법원이 다음의 사실을 알았을 경우,

㉮ 분쟁의 본안이 해당국의 법령상 중재로 해결할 수 없다는 사실 또는

㉯ 중재판정이 해당국의 공서양속에 저촉되는 사실

중재판정취소는 신청인이 중재판정문을 수령한 날로부터 3개월이 경과하였거나 또는 정정·해석·추가판정 의하여 신청을 하였을 경우에는 당해 신청이 중재판정부에 의해 처리된 날로부터 3개월이 경과한 후에는 제기할 수 없다.

중재판정취소신청이 있을 경우에 법원은 당사자의 신청이 있고 또한 그것이 적절한 때에는 중재판정부로 하여금 중재절차를 재개하게 하거나 중재판정부가 취소사유를 제거하는데 필요한 기타의 조치를 취할 기회를 허여하기 위하여 일정한 기간을 정하여 정지할 수 있다.

〈중국 중재〉

당사자가 중재판정에 다음 각 항에 해당하는 상황이 있음을 증명하는 증거를 제시하는 경우 중재위원회 소재지의 중급인민법원에 중재판정취소 신청을 할 수 있다.

① 중재합의가 없는 경우

② 중재판정사항이 중재합의 범위에 속하지 않거나 중재위원회가 중재할 권한이 없는 것일 경우

③ 중재판정부의 구성 또는 중재 절차가 법정 절차를 위반하였을 경우

④ 중재판정시 근거한 증거가 위조일 경우

⑤ 상대방 당사자가 공정한 중재판정에 영향을 줄 수 있는 증거를 은폐했을 경우

⑥ 중재인이 해당 사건 중재시 뇌물을 강요, 수취하고 부정행위와 위법적인 중재판정행위를 하였을 경우

인민법원은 합의재판부를 구성하여, 중재판정에 전항을 규정한 상황 중의 하나가 있음을 심사 확인하면 취소를 결정해야 한다. 또한 인민법원은 해당 중재판정이 사회공공이익을 위반하였다고 인정하면 반드시 취소를 결정해야 한다. 당사자가 중재판정취소를 신청할 경우에는 중재판정 입수일로부터 6개월 이내에 제출해야 하며 인민법원은 중재판정취소신청을 수리한 날로부터 2개월 이내에 중재판정 취소 또는 신청기각 결정을 해야 한다.

인민법원은 중재판정 취소신청을 수리한 후, 중재판정부가 다시 중재할 수 있다고 인정하면 일정한 기한내에 재중재할 것을 중재판정부에 통지하고 취소절차 중지를 결정한다. 중재판정부가 재중재를 거절하면 인민법원은 취소절차 회복을 결정해야 한다.

한국과 UNCITRAL 모델법의 내용은 동일하나 중국의 중재판정 불복의 사유는 한국등은 중재합의 무효를 규정한데 비하여 중국은 중재합의가 없는 경우로 규정하고 있으며 또한 증거의 위조·은폐와 중재인의 뇌물수취 및 불법과 위법을 명분으로 규정하고 있다. 그리고 중재판정 불복신청기간도 한국 등은 판정문 수령일로부터 3개월이내이나 중국은 6개월 이내로 다소 길며, 불복신청 수리일로부터 2개월이내에 중재판정취소 또는 신청기각을 결정하도록 규정하고 있다.

2. 중재판정의 승인과 집행

〈한국 중재〉

중재판정의 승인 또는 집행은 법원의 승인 또는 집행판결에 의하며 중재판정의 승인 또는 집행을 신청하는 당사자는 다음 각호의 서류를 제출하여야 한다. 다만, 중재판정 또는 중재합의가 외국어로 작성되어 있는 경우에는 정당하게 인증된 한국어의 번역분을 첨부하여야 한다.

① 중재판정의 정본 또는 정당하게 인증된 그 등본

② 중재합이의 원본 또는 정당하게 인증된 그 등본

대한민국내에서 내려진 중재판정은 중재판정불복의 사유가 없는 한 승인 또는 집행되어야 하며, 외국중재판정의 승인및집행에관한협약의 적용을 받는 외국중재판정의 승인 또는 집행은 동 협약에 의한다.

민사소송법 제217조, 민사집행법 제26조 제1항 및 제27조의 규정은 외국중재판정의 승인 및 집행에 관한 협약의 적용을 받지 아니하는 외국중재판정의 승인 또는 집행에 관하여 이를 준용한다.

〈UNCITRAL 모델중재법 중재〉

중재판정은 그 판정이 어느 국가에서 내려졌는지 불문하고 구속력 있는 것으로 승인되어야 하며 관할법원에 서면으로 신청하면 집행되어야 한다.

중재판정을 원용하거나 그 집행을 신청하는 당사자는 정당하게 인증된 중재판정문의 원본 또는 정당하게 증명된 등본과 중재합의서의 원본 또는 정당하게 증명된 등본을 제출하여야 한다. 중재판정문이나 중재합의서가 해당국의 공용어로 작성되어 있지 아니한 경우에 당사자는 정당하게 증명된 해당국의 공용어 번역본을 제출하여야 한다.

〈중국 중재〉

당사자는 판정문에 명시된 기한에 따라 중재판정을 이행하여야 한다. 판정문에 이행기한이 없는 경우 즉시 이행하여야 한다.

일방 당사자가 판정을 이행하지 않는 경우 다른 일방 당사자는 중국 법률의 규정에 따라 관할권이 있는 중국 법원에 집행신청을 하거나, 1958년 국제연합 「외국중재판정의승인및집행에관한협약」 또는 중국이 체결하거나 참가한 기타 국제조약에 따라 관할권이 있는 법원에 집행신청을 할 수 있다.

신청받은 인민법원은 이를 집행해야 한다.

피신청인이 중재판정에 민사소송법 제217조 제2항에 규정한 상황중의 하나가 있음을 증명하는 증거를 제출하면 인민법원은 합의부를 구성하여 심사 확인한 후 집행불가를 결정한다.

당사자 일방이 중재판정집행을 신청하고 다른 일방 당사자가 중재판정취소신청을 한 경우에는 인민법원은 집행중지를 결정해야 한다.

인민법원은 중재판정취소를 결정할 경우, 집행 종결을 결정해야 한다. 중재판정취소신청이 기각된 경우에는 인민법원은 집행회복을 결정해야 한다.

제 5 장

외국중재판정의 승인과 집행에 관한 유엔협약

제 1 절 뉴욕협약의 탄생배경

1. 제네바의정서(Geneva protocol on arbitral clauses)[12)]

뉴욕협약이 탄생하기 이전에도 국제간의 안정된 거래를 통한 세계경제의 활성화를 위하여 중재제도의 통일화를 모색하였다. 산업활동이 가장 활발했던 유럽에서 국내법의 차이로 중재제도가 이용되고 있었다. 그러나 중재계약의 효력보장에 어려움이 있었다. 따라서 이를 해결하기 위하여 1923.9.24 제네바에서 중재계약의 상호효력보장을 결의한 것이 제네바 의정서이다. 한국은 일제하에 있어 일본이 가입하면서 자동가입이 된 것이다. 의정서는 8개 조항으로 되어 있으며 주요내용은 첫째 체약국은 당사지간에 중재합의를 한 경우에는 그 법제하에서 재판관할된 이외에는 인정되지 않을지라도 그 효력은 인정한다. 둘째

12) 정기인, 『상사중재론』, 무역경영사, 1984. 6. pp. 294-295.

는 중재절차는 당사자간의 합의로 정할 수 있으며 그렇지 아니한 경우에는 중재가 행해지는 국가의 법령에 따른다. 셋째는 중재판정은 국내판정과 같이 법대로 집행력을 보장한다. 넷째는 중재계약이 있는 경우에는 분쟁을 중재에 의하여 해결해야 하며 중재계약의 이행이 불가능하거나 무효가 된 경우에 한하여 법원에 소를 제기할 수 있다.

2. 제네바 협정(Geneva convention on the execution of foreign Arbitral awards)[13)]

제네바 의정서는 유럽국가들의 분쟁해결에 상당히 기여를 하였으나 제네바의 의정서의 적용대상이 상이한 국가간 당사자간의 중재계약에만 한정되어 적용범위가 매우 축소되어 있으며, 중재판정의 집행이 거부된 경우 소송에 의한 구제수단도 부합되는 문제가 있어 이를 보완하기 위하여 1927.9.26 전문 11개로의 제네바협정이 탄생되었다. 주요내용은

첫째, 중재계약에 의한 판정은 체약국간에 집행되는 것으로 한다.

둘째, 판정에 불복하는 일방 당사자가 항변하는 경우에는 법원은 집행에 관한 심리를 중지할 수 있다.

셋째, 법원은 판정의 효력이 완전무결하다는 것을 집행신청인에게 입증하도록 요구할 수 있다.

이 본 협약도 체약국이 아닌 국민간에 행하여진 판정이나 체약국이 아닌 국가에서 행하여진 판정에는 이 협약을 적용할 수 없다는 문제접이 있으며 중재판정의 승자가 집행을 받는 절차상 대단히 어려워 국제상사중재의 이용이 매우 저조하였다.

13) 상게서, pp. 294-295.

3. 뉴욕협약의 탄생

제네바의정서와 제네바협정의 문제점을 개선하고 국제적으로 보다 중재제도의 활성화를 기하기 위하여 유엔에서 국제상업회의소에 민간경제기구와 국제학술단체와 협력하여 국제협약의 기초작업을 하여 줄 것을 의뢰하였다. 이에 따라 ICC는 1951년 리스본에서 총회를 열고 중재판정의 집행에 관한 국제제도(international system of enforcement of arbitral awards)를 창립하기로 결의하고 1953년 5월에는 중재판정의 승인과 집행에 관한 협약 예비초안(a preliminary draft convention on the recognition and enforcement of arbitral awards)을 작성하여 유엔의 경제사회이사회에 제출하였다.

유엔 경제사회이사회는 예비초안을 검토하기 위하여 1954년 4월 6일 8개국(영국, 벨기에, 스웨덴, 소련, 호주, 에콰도르, 이집트, 인도) 대표들로 특별위원회를 구성하여 협약초안을 작성하도록 요청하였다.

특별위원회는 1955년 5월 20일 유엔 경제사회이사회에 외국중재 판정의 승인 및 집행에 관한 협약초안을 제출하였다. 경제사회이사회는 협약초안을 각국 정부에 송부하고 이에 대한 의견을 물은 결과 15개국에서 의견이 제출되었다.

이에 따라 경제사회이사회는 1956년 5월 3일 전권대표자회의를 소집하고 동초안을 상정하여 재수정을 한 후, 1958년 5월 20일부터 1958년 6월 10일 사이에 유엔 본부에서 48개국과 ICC 등 15개 국제경제단체 대표가 참석하여 개최된 회의에서 더욱 수정을 가한 후 동 협약을 채택함으로써 뉴욕협약은 탄생되었다.

제 2 절 뉴욕협약의 의의와 가입현황

1. 뉴욕협약의 주요의의

누욕협약은 외국중재판정 승인과 진행에 관한 유엔협약(the united nations convention on the recognition and enforcement of fcreign arbitral awards, June 10, 1958)이 1958년 6월 10일 뉴욕애소 채택되었다고 해서 붙여진 약칭이다.

뉴욕협약 탄생의 의의는 아래와 같다.

1. 제네바의정서와 제네바협약은 뉴욕협약 가입국간에는 효력이 상실되게 되었다. 뉴욕협약은 제네바의정서와 제네바협약의 문제점을 해소시키고 개선시킨 조약이다. 그러나 다른 2국 또는 다자국간의 외국중재판정의 승인과 집행에 관한 조약에는 영향을 주지 않는다.
2. 제네바의정서와 제네바협약과는 달리 외국판정의 범위를 그 판정의 승인과 집행을 청구받은 국가 이외의 영토에서 내려진 외국판정과 그 집행지국법에 의하여 내국판정이 아닌 판정을 확대하였다.
3. 국가 또는 공법인의 사법관계에 관한 중재협약을 인정하고, 공산진영을 ICC 부설 또는 독립된 중재기관에 의한 중재를 인정하여 동서간 무역협조의 길을 열어놓고 있으며 ad hoc 중재와 상설기관중재를 모두 인정하였다.
4. 중재판정의 승인과 집행을 청구함에 있어서 중재협약의 원본 또는 그 사본과 중재판정문을 제출하는 것으로 입증책임은 완료되

도록 하여 집행을 거부하는 당사자에게 입증책임을 부과함으로써 집행에 대한 지연책을 예방하였다.

5. 집행청구를 거부함에 있어서 중재판정에 대한 이유가 없다는 것은 제외시킴으로써 각 국가간 중재법의 차이를 해소시켰다.
6. 중재협약에 관한 준거법 중재절차에 대한 준거법의 선정에 당사자 자치의사원칙을 우선적으로 채택하였다.

2. 뉴욕협약 가입조건과 가입현황

뉴욕협약의 가입은 국제연합회원국, 현재 또는 장래의 국제연합 전문기구의 회원국, 현재 또는 장래의 국제사법재판소규정의 당사국, 또는 국제연합총회로부터 초청장을 받은 기타 국가에 가입이 개방되어 있으며, 가입국에 의하여 비준되어 국제연합사무총장에게 기탁되고 가입서도 기탁되어야 한다. 가입서 기탁일로부터 90일 후에 효력이 발생한다. 가입서에는 중국어, 영어, 러시아어, 스페인어로 된 협약은 동등한 효력을 가지며 국제연합기록보관소에 기탁보존되어야 하고 유엔사무총장은 협약인증등본을 인정국가에 송부하여야 한다.

한국은 1968년 뉴욕협약 가입을 위한 서명하고 1973년 1월 비상국무회의의 비준을 열어 동년 2월 8일 유엔사무총장에게 비준서와 함께 가입문서를 기탁함으로써 90일 후인 1973년 5월 9일부터 효력이 발생한 42번째 가입국이 되었다.

뉴욕협약 가입국 현황 (2013년 3월 3일 기준, 148개국)

Afghanistan	Ghana	Pakistan
Albania	Greece	Panama
Algeria	Guatemala	Paraguay
Antigua and Barbuda	Guinea	Peru
Argentina	Haiti	Philippines
Armenia	Holy See	Poland

Australia	Honduras	Portugal8
Austria	Hungary	Qatar
Azerbaijan	Iceland	Republic of Moldova
Bahamas	India	Romania
Bahrain	Indonesia	Russian Federation
Bangladesh	Iran(Islamic Republic of)	Rwanda
Barbados	Ireland	San Marino
Belgium	Israel	Sao Tome and Principe
Benin	Italy	San Marino
Bolivia	Jamaica	Saudi Arabia
Bosnia-Herzegovina	Japan	Senegal
Botswana	Jordan	Serbia2
Brazil	Kazakstan	Singapore
Brunei Darussalam	Kenya	Slovakia4
Bulgaria	KOREA(Republic)	Slovenia2
Burkina Faso	Kuwait	South Africa
Byelorussian Soviet Socialist Republic	Kyrgyzstan	Spain
Cambodia	Lao People's Democratic Rep.	St. Vincent and the Grenadines
Cameroon	Latvia	Sweden
Canada	Lebanon	Switzerland
Central African Republic	Lesotho	Syrian Arab Rep.
Ceylon	Liberia	Tajikistan
Chile	Liechtenstein	Thailand
China	Lithuania	The former Yugoslav Rep. of Macedonia
Colombia	Luxemburg	Trinidad and Tobago
Cook islands	Madagascar	Tunisia
Costa Rica	Malaysia	Turkey
CÔte d'Ivcire	Mali	Uganda
Croatia	Malta	Ukraine
Cuba	Marshall Islands	United Arab Emirates
Cyprus	Maurutania	United Kingdom of Great Britain and Nothern Ireland

Czech Republic	Mauritius	Ukraine
Dahomey	Mexico	United Rep. of Tanzania
Denmark	Monaco	U.S.A.
Djibouti	Mongolia	Uruguay
Dominica	Montenegro	Uzbekistan
Dominican Republic	Morocco	Venezuela(Bolivarian Rep. of)
Ecuador	Mozambique	Viet Nam
El Salvador	Nepal	Zambia
Estonia	Netherlands	Zimbabwe
Fizi	New Zealand	
Finland	Nicaragua	
France	Niger	
Gabon	Nigeria	
Georgia	Norway	
Germany	Oman	

(출처: http://www.newyorkconvention.org/contracting-states/list-of-contracting-states)

1. 어떠한 국가든지 서명, 비준 또는 가입시에 국제관계에 있어서 책임을 지는 전부 또는 일부의 영토에 이 협약을 확대 적용할 것을 선언할 수 있다. 이러한 선언은 이 협약이 관계국가에 대하여 효력을 발생할 때 발효한다.
2. 이러한 확대적용은 그 이후 어느 때든지 국제연합사무총장 앞으로 통고함으로써 행할 수 있으며, 그 효력은 국제연합사무총장이 통고를 접수한 날로부터 90일 후 또는 관계국가에 대하여 이 협약이 효력을 발생하는 날 중의 늦은 편의 일자에 발생한다.

확대적용 지역

- Australia : Australian Antarctic Territory, Christmas Island, Cocos(Keeling) Islands, Enderberry Island, Norfolk Island.
- Denmark : Faeroe Islands, Greenland.

- France : Comoro Islands, French Polynesia, Bew Caledonia, St. Pierre and Miquelon, Wallis and Futuna Islands.
- Netherlands : Netherlands Antilles.
- United Kingdom : Bermuda, Cayman Islands, Gibraltar, Guemsey, Isle of Man.
- U.S.A. : American Samoa, Canton Island, Guam, Puerto Rico, Virgin Islands, Wake Islands.

한국의 가입조건은 국내법상 상사관계분쟁을 적용대상으로 하였으며 중재판정이 내려진 국가가 뉴욕협약체약국에 한하는 상호주의원칙을 유보선언하였다.

여기서 규정하고 있는 상사관계분쟁이란 대외무역법에서 정의하고 있는 대상에 대한 국제간의 수출입뿐만 아니라 투자, 현지진출 생산 건설 설비등과 현지 및 제 3국 거래까지 포함되는 광의의 의미로 해석된다.

제 3 절 뉴욕협약의 적용대상 및 중재계약조건

1. 뉴욕협약의 적용대상

이 협약은 중재판정의 승인 빛 집행의 요구를 받은 국가 이외의 국가의 영토 내에서 내려진 판정으로서, 자연인 또는 법인간의 분쟁으로부터 발생하는 중재판정의 승인 및 집행에 적용한다. 이 협약은 또한 그 승인 및 집행의 요구를 받은 국가에서 내국판정이라고 인정되지 아니하는 중재판정에도 적용한다.

중재판정이라 함은 개개의 사건을 위하여 선정된 중재인이 내린 판정뿐만 아니라 당사자들이 부탁한 상설 중재기관이 내린 판정도 포함한다.

즉. 뉴욕협약의 대상은 외국판정과 내국판정이 아니라고 인정되는 판정까지 적용되며 상설중재기관의 판정뿐만 아니라 기관중재가 아닌 개인중재인에 의하여 내려진 임의 중재(ad hoc)까지도 적용대상이다.

2. 중재계약

본 협약의 대상이 되는 중재계약은 계약의 성격이거나 아니거나를 불문하며, 중재를 해결이 가능한 대상에 대하여 당사자간에 이미 발생한 분쟁이거나 장래에 발생할 수도 있는 분쟁에 대한 중재계약도 중재계약의 대상이 된다. 또한 이러한 분쟁의 전부뿐만 아니라 일부분의 분쟁에 대한 중재계약도 가능하다. 그리고 중재계약은 서면으로 의한 합의의 계약이어야 한다. 서면합의에는 계약중의 중재조항 또는 당사자간에 서명한 중재합의, 그리고 교환된 서신이나 전보에 포함된 중재합의도 서면중재합의에 포함하고 있다.

3. 중재계약건의 법원중재명령

뉴욕협약 체약국의 법원은 뉴욕협약의 대상이 되는 사항에 대하여 중재합의를 하고도 소송이 제기되었을 때는 중재합의가 무효. 실효 또는 이행불능이라고 인정되는 경우를 제외하고는 일방당사자의 청구에 따라서 중재에 부탁할 것을 명하여야 한다.

4. 협약적용의무범위 이외의 원용 금지

뉴욕협약체약국은 타 체약국에 대하여 본 협약을 적용하여야 할 의무가 있는 범위를 제외하고는 본 협약을 원용할 권리가 없다.

제 4 절 중재판정의 승인과 집행 및 거부사유

1. 중재판정의 승인과 집행

1) 승인집행과 과다 수수료 징수 금지

각 체약국은 중재판정을 승인집행 신청요건이 구비되어 신청된 경우에는 그 판정이 원용될 영토의 절차 규칙에 따라서 그것을 집행하여야 한다.

이 협약이 적용되는 중재판정의 승인 또는 집행에 있어서는 내국중재 판정의 승인 또는 집행에 있어서 부과하는 것보다 실질적으로 엄격한 조건이나 고액의 수수료 또는 과징금을 부과하여 승인 집행을 부당하게 어렵게 하거나 국내 중재보다 과다한 비용을 신청인에게 부담시켜서는 아니된다.

2) 승인과 집행신청 서류

전조에서 언급된 승인과 집행을 얻기 위하여 승인과 집행을 신청하는 당사자는 신청서에 다음의 서류를 제출하여야 한다.

① 정당하게 인증된 중재판정원본 또는 정당하게 증명된 그 등본.

② 서면중재 합의의 원본 또는 정당하게 증명된 그 등본.

중재판정이나 중재합의가 원용될 국가의 공용어로 작성되어 있지 아니한 경우에는, 판정의 승인과 집행을 신청하는 당사자는 그 문서의 공용어 번역문을 제출하여야 하며 번역문은 공증인 또는 선서한 번역관, 외교관 또는 영사관에 의하여 확인되어야 한다.

3) 승인과 집행거부사유

뉴욕협약에서 규정하고 있는 거부사유는 당사자청구와 법원의 직권판단으로 나누어진다.

가) 당사자청구 판정의 승인과 집행은 판정이 불리하게 원용되는 당사자의 청구에 의하여, 그 당사자가 판정의 승인 및 집행의 요구를 받은 국가의 권한있는 기관인 법원 다음의 증거를 제출하는 경우에 한하여 거부될 수 있다.

① 중재 합의의 당사자가 그들에게 적용될 법률에 의하여 무능력자이었든가 또는 당사자들이 준거법으로서 지정한 법령에 의하여 또는 지정이 없는 경우에는 판정을 내린 국가의 법령에 의하여 중재합의가 무효인 경우.

② 판정이 불리하게 원용되는 당사자가 중재인의 선정이나 중재절차에 관하여 적절한 통고를 받지 아니하였거나 또는 기타 이유에 의하여 응할 수 없었을 경우.

③ 판정이 중재부탁조항에 규정되어 있지 아니하거나 또는 그 조항의 범위에 속하지 아니하는 분쟁에 관한 것이거나 또는 그 판정이 중재부탁의 범위를 벗어나는 사항에 관한 규정을 포함하는 경우. 다만, 중재에 부탁한 사항에 관한 결정이 부탁하지 아니한 사항과 분리될 수 있는 경우에는 중재부탁사항에 관한 결정을 포함하는 판정의 부분은 승인되고 집행될 수 있다.

④ 중재기관의 구성이나 중재절차가 당사자간의 합의와 합치하지 아니하거나, 또는 이러한 합의가 없는 경우에는 중재를 행하는

국가의 법령에 합치하지 아니하는 경우.

⑤ 판정이 당사자에 대한 구속력을 아직 발생하지 아니하였거나 또는 판정이 내려진 국가의 권한있는 기관이나 또는 그 국가의 법령에 의거하여 취소 또는 정지된 경우.

나) 법원의 직권판단

중재판정의 승인 및 집행이 요구된 국가의 권한 있는 기관인 법원이 다음의 사항을 알게된 경우에도 중재판정의 승인과 집행은 거부할 수 있다.

① 분쟁의 대상인 사항이 그 국가의 법률 하에서는 중재에 의한 해결을 할 수 없는 경우.

② 판정의 승인이나 집행이 그 국가의 공공의 질서에 반하는 경우 등이다.

4) 집행판결연기 및 보장 제공명령

판정의 취소 또는 정지를 요구하는 신청이 권한 있는 기관에 제기되었을 경우에는, 판정의 원용이 요구된 기관은, 그것이 적절하다고 인정될 때에는 판정의 집행에 관한 판결을 연기할 수 있고, 또한 판정의 집행을 요구한 당사자의 신청에 의하여 타당사자에 대하여 적당한 보장을 제공할 것을 명할 수 있다.

제 5 절 기타사항

1) 연방국가 또는 비단일 국가의 의무

뉴욕 협약은 조항 중 연방정부의 입법 관할권 내에 속하는 것에 관하여는, 연방정부의 의무는 그 한도 내에서 연방국가 아닌 다른 체약국의 의무와 동일하여야 하며, 이 협약의 중재조항중 주 또는 지방의 입법권의 범위 내에 있고 또한 연방의 헌법체제하에서 입법조치를 취할 의무가 없는 것에 관하여는, 연방정부는 주 또는 지방의 관계기관에 대하여 가급적 조속히 호의적 권고를 첨부하여 이러한 조항에 대한 주의를 환기시켜야 한다.

이 협약의 당사국인 연방국가는 국제연합 사무총장을 통하여 전달된 기타 체약국의 요청이 있을 때에는, 이 협약의 어떠한 특정 규정에 관한 연방과 그 구성단위의 법령 및 관례와 아울러 입법 또는 기타조치에 의하여 그 규정이 실시되고 있는 범위를 표시하는 설명서를 제공하여야 한다.

2) 다자 혹은 양자협정의 효력

이 협약의 규정은 체약국에 의하여 체결된 중재판정의 승인 및 집행에 관한 다자 또는 양자 협정의 효력에 영향을 미치지 아니하며, 또한 어떠한 관계 당사자가 중재판정의 원용이 요구된 국가의 법령이나 조약에서 인정된 방법과 한도 내에서 그 판정을 원용할 수 있는 권리를 박탈하지도 아니한다.

1923년 중재조항에 관한 제네바 의정서 및 1927년 외국중재판정의 집행에 관한 제네바 협약은 체약국 간에 있어 이 협약에 의한 구속을 받게 되는 때부터 그 구속을 받는 한도 내에서 효력이 종료된다.

3) 국제연합사무총장의 통고의무

국제연합 사무총장은 다음 사항은 회원국들이 알 수 있도록 통고해야 할 의무가 있다.

① 뉴욕협약가입서명 및 비준

② 가입

③ 가입 동의국의 의무선언 유보선언조건, 확대적용영토선언, 연방정부 관할전지역의 동의국의 의무 선언

④ 가입국가의 효력발생일자

⑤ 뉴욕협약 폐기통고일자 등이다.

4) 뉴욕협약가입 폐기

어떠한 체약국이든지 국제연합 사무총장 앞으로의 서면통고로서 이 협약을 폐기할 수 있다. 폐기는 사무총장이 통고를 접수한 일자로부터 1년 후에 발효되며 확대적용영토의 선언 또는 통고를 한 국가는, 그 후 어느 때든지 사무총장이 통고를 접수한 일자로부터 1년 후에 관계영토에 대한 확대 적용이 종결된다는 것을 선언할 수 있다. 폐기가 발효하기 전에 시작된 판정의 승인이나 집행절차에 관여하는 이 협약이 계속하여 적용된다고 규정하고 있다.

제 3 편

주요국가의 중재실무

제 6 장

한국의 중재실무

제 1 절 한국 중재제도의 발전과 현황

1. 한국의 중재제도의 발전 과정

1) 고대 및 중세

고대에는 마을 단위의 부족장이 공동체의 질서 유지를 담당해 개인 또는 집단 단위의 분쟁을 마을의 가장 어른인 부족장이 다툼의 조정을 통해 해결하였다. 특히, 씨족중심 사회였기 때문에 가문의 풍속과 가풍으로 발전하였다. 그리고 씨족을 벗어난 분쟁은 고을 사또가 당사자 심리를 통하여 조정하고 판정함으로써 해결하였다. 부족장의 조정은 오늘날의 ADR의 일종이며 사또의 조정과 판정은 오늘날의 조정과 행정부 결정 및 사법부 판결의 복합형태라고 할 수 있다.

2) 근대 기록

근대에 이르러서는 구한말 1895년 11월 10일에 법률 제17호 상무회의소규칙 제3조 제4호에 동회의소의 권한으로 관계자의 청구에 의하여 분의(紛議)재결하는 사(史)라는 규정기록을 발견되었다. 또 미국 공사 Horrace Allen이 1904년 11월 18일과 1902년 2월 24일 각각 불미인간과 불청인간 간의 손해배상 관련 중재판정을 한 기록이 남아 있다.

3) 일제 및 미군정 시대

1912년 일제 강점기에는 조선민사령 제1조 13호에 의해 일본민사소송법 제8편(중재수속)이 의용 되었다. 또, 1945년 해방 후부터 1948년 대한민국정부수립까지 미군정법령 제21호에 의거하여 일본민사소송법이 의용 되었다. 정부수립 후에는 일본과 동일한 한국민사소송법으로 존재하다가 1960년 현행 한국민사소송법제정 시 중재수속부분이 삭제되면서 중재관련법이 부재한 시기가 되었다.

4) 현대

1966년 3월 16일에 중재단일법인 한국중재법(법률 제1767호)을 제정하였으며, 1973년에 실질적인 중재실무절차 집행을 위하여 대한상사중재협회(現 대한상사중재원) 중재규칙을 준용하여 중재법을 개정하였고 또 1999년에는 UNCITRAL 모델중재법을 전면 수용하는 쪽으로 개정하였다. 2011년에는 일방 당사자가 외국인 경우에는 국제중재규칙을 자동채택도입으로 법을 개정하였다. 대한상사중재원에는 국내중재규칙과 국제중재규칙 등 2개의 중재규칙이 제정되어 시행되고 있다.

2. 중재관련법 · 규칙 · 협약 · 협정

〈중재관련법 및 협약〉

구분	내용
섭외사법	- 당사자 행위능력 판단 - 준거법 결정에 의용
중재법	- 중재의 기본법
상사중재규칙	- 대한상사중재원의 중재규칙 * 국내 중재규칙(당사자 양방이 국내) * 국제 중재규칙(당사자 양방이 외국)
뉴욕협약	- 1985년, 외국중재판정의 승인과 집행에 관한 UN협약
UNCITRAL 모델 중재법	- 국가간의 중재법 차이해소를 통한 중재의 통일화
위싱톤협약	- 국가와 타방국가의 국민간의 투자분쟁 해결에 관한 협약
중재기관간의 협정	- 한·미 중재협정, 한·일 중재협정, 한·중 중재협정 등 다수

한국의 중재관련법에는 중재법이 있으며 중재법에서 규정하고 있지 않은 사항은 섭외사법, 민법 등을 따르고 있다. 중재의 이행을 위해서는 한국의 상설법정중재기관인 대한상사중재원의 국내중재규칙과 국제중재규칙을 따른다. 한국도 임의중재가 인정은 되고 있으나 기관중재가 중심이 되어있다.

중재판정이 외국에서도 승인되고 집행이 되도록 함으로써 국제적인 무역분쟁 등 국제거래의 활성화를 뒷받침하기 위해 UN에서 외국중재판정의 승인과 집행을 위한 UN협약(뉴욕협약)을 제정하였으며, 국가의 공권력인 사법부의 법원판결에서 벗어나 거래당사자간의 합의에 의한 자율적이고 객관적이며 공정성이 있는 중재제도의 활성화를 기하였다. 또한 UN에서는 UNICITRAL Model Aribitration Law를 제정하여 각국 정부가 자국중재법을 모델법에 따르기를 권유하면서 중재법의 국제적인 통일화를 이룰 수 있었다.

국제투자활성화를 위한 워싱턴협약을 통하여 국제투자분쟁제도(ISD)가 확립되고 국제간의 투자가 활성화되고 있으며 국가간의 양자 중재협정을 통하여 중재가 활성화되고 있다.

3. 중재관리기관

현재 한국의 상설법정 중재관리기관은 대한상사중재원(The Korea Commercial Arbitration Board, KCAB)이 있다. 1966년에 대한상공회의소 내에 국제상사중재위원회가 창립되었고 70년에는 사단법인 대한상사중재협회가 설립되었다가 80년에 와서 대한상사중재원으로 개편되었다. KCAB는 국제와 국내 상거래에서 발생하는 분쟁을 법원 판결과 같은 확정력 있는 판정을 내리고 강제 집행을 보장하는 중재와 당사자 간의 우의적인 합의를 통한 해결을 모색하는 알선을 통하여 분쟁을 신속하고 저렴하게 해결함으로써 무역진흥을 촉진하고 상거래 질서를 확립하여 국민의 편익을 증진시키기 위해 설립되었다.

〈대한상사중재원의 업무〉

업무	근거
1) 중재업무	중재법(법률 제6083호)
2) 무역분쟁조정 및 알선업무	대외무역법 제41조 (무역거래자간 무역 분쟁을 신속한 해결) 대외무역법시행령 제93조 (무역 분쟁의 통지 등) 대외무역법시행령 제116조 제12항 (권한의 위임·위탁)
3) 신뢰성분쟁조정	부품·소재전문기업 등의 육성에 관한 특별조치법 제 33항
4) 무역 분쟁에 관한 상담·중재 및 분쟁 예방을 위한 기술·권리에 관한 정부의 조사	무역거래기반조성에 관한 법률 시행령 제4조 1호
5) 남북상사중재	남북간 경협에 따른 상사분쟁해결을 위한 합의

대한상사중재원은 서울에 본사를 두고 있으며 부산에 지부가 있어 부산, 경남지역의 분쟁은 부산사무소에서 중재로 해결하고 있다.

제 2 절 한국의 중재실무

〈한국의 중재절차〉

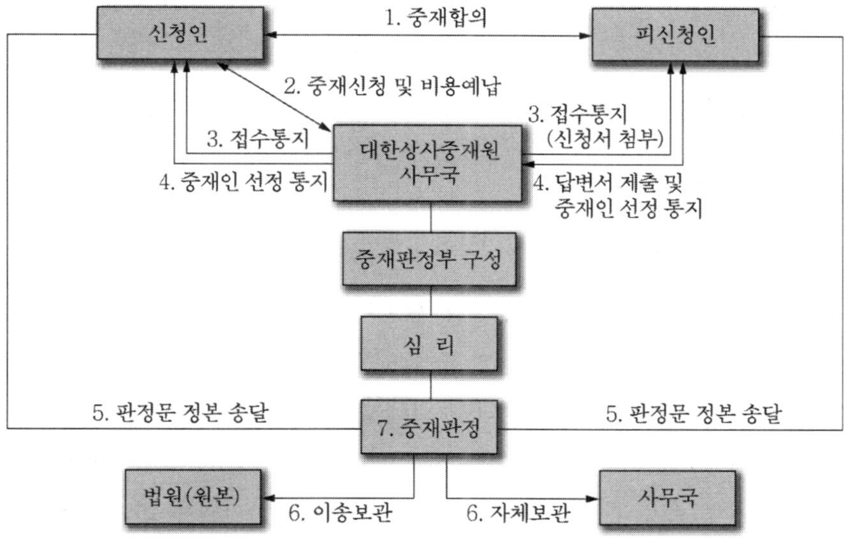

(출처: 대한상사중재원 홈페이지)

1. 중재합의

1) 중재합의의 방식

서면에 의한 중재합의의 경우는 당사자들이 서명한 문서에 중재합의가 포함된 경우와 서신, 전보, 전신 및 모사 전송 기타 통신수단에 의하여 교환된 문서에 중재합의가 포함되어 있는 경우, 일방 당사자가 당사자 간에 교환된 문서의 내용을 중재합의가 있는 것을 주장하고 상대방 당사자가 이를 다투지 않는 경우, 또 계약이 중재조항을 포함한 문서를 인용하고 있는 경우이다. 단 마지막 경우는 그 계약이 서면으로 작성되고 중재조항을 그 계약의 일부로 하고 있는 경우에 한한다.

2) 중재합의의 효력

(1) 제소금지

중재합의의 대상인 분쟁에 관하여 소가 제기된 경우에 피고가 중재합의 존재의 항변을 하는 때에는 법원은 그 소를 각하하여야한다.(중재법 제9조) 즉, 중재합의가 있음에도 불구하고 상대방이 법원에 소를 제기하였을 경우, 1차 변론기일 전까지 본안전 항변을 통하여 중재계약이 있음을 주장, 입증하면 법원은 소 각하 판결을 하게 된다.

중재판정은 당사자 간에 있어서 법원의 확정판결과 동일한 효력을 가진다.(중재법 제35조) 즉, 중재판정이 일단 내려지면 소송과 같이 불복절차인 항소나 상고제도가 허용되지 않는다는 것을 의미한다.

(2) 국제적 효력

중재판정은 국제적으로 "외국중재판정의 승인 및 집행에 관한 UN 협약"(The United Nations convention on the Recognition and Enforcement of Foreign Arbitral Awards : 약칭으로 New York 협약)에 의하여 국제적 효력을 인정받고 있다. 이 협약에 따라 우리나

라에서 내려진 중재판정이 외국에서도 승인·집행되며, 반대로 위국에서 내려진 중재판정 역시 우리나라에서도 승인되고 집행이 보장된다.

3) 중재합의의 형식

중재합의는 사전합의(사전중재조항)와 사후합의(중재부탁)가 있는데 전자는 당사자 간 거래 계약서를 작성할 때 계약조항 가운데 중재조항을 삽입하여 장차 이 계약과 관련하여 발생하는 분쟁을 중재로 해결하기로 하는 경우다. 후자의 경우에는 계약에서 당사자 간 분쟁해결조항이 없고 계약 후 계약 파기 불이행과 계약의 이행과정에서 분쟁이 발생하였을 때 양 당사자 간에 중재로 분쟁을 해결하기로 합의한 경우다.

〈대한상사중재원의 사전중재 표준중재조항〉

〈중재조항 국문 예〉

이 계약으로부터 이계약과 관련하여 또는 이 계약의 불이행으로 말미암아 발생되는 분쟁 논쟁 의견차이는 대한민국 서울시에서 대한상사중재원의 중재규칙 및 대한민국법에 따라 중재에 의하여 최종적으로 해결한다. 중재인들에 의하여 내려지는 판정은 최종적인 것으로 양 당사자를 구속한다.

〈중재조항 영문 예〉

All disputes, controversies or differences which may arise between the parties, out of in relation to or in connection with this contract or for the breach thereof, shall be finally settled by arbitration in Seoul, Korea in accordance with the Commercial Arbitration Rules of the Korean Commercial Arbitration Board and under the Law of Korea. The award rendered by the arbitrator(s) shall be final and binding upon both parties concerned.

〈대한상사중재원의 사후중재 합의서〉

중 재 합 의 서

여기 당사자들은 아래 내용의 분쟁을 대한상사중재원의 중재규칙 및 대한민국법에 따라 대한상사중재원에서 중재에 의하여 해결하기로 하며, 본 분쟁에 대하여 내려지는 중재판정은 최종적인 것으로 모든 당사자에 대하여 구속력을 가지는 것에 합의한다.

(1) 분쟁내용 요지:

(2) 부가사항(중재인수나 위 규칙 제8장에 따른 신속절차 등에 관하여 합의할 수 있음):

	당 사 자(갑)	당 사 자(을)
상 사 명 :	______________	______________
위대표자 :	______________	______________
주 소 :	______________	______________
전화번호 :	______________	______________
서명또는 기명날인 :	______________	______________
일 자 :	______________	______________

사단법인 대 한 상 사 중 재 원 귀중

2. 중재의 신청

1) 중재신청 구비요건 및 신청서 작성요령

중재신청의 구비요건
1. 중재의 합의를 인증하는 서면 2. 대리인이 있는 경우 위임장 3. 중재신청서 및 입증서류 4. 중재신청비용 예납

중재신청서를 작성할 때는 신청인과 피신청인의 성명 및 주소를 기재해야 한다. 개인의 경우는 피신청인의 회사명, 대표자, 주소가 주민등록등본과 일치해야 하고 법인인 경우에는 피신청인의 회사명, 대표자, 주소가 법인의 등기부와 일치해야 한다. 대리인이 있는 경우에는 대리인의 성명과 주소도 함께 기입한다.

중재신청의 취지는 중재신청의 결론을 요약한 것으로서 청구의 내용이 계약이행, 손해배상금액, 대체품 요구, 물품인수에 따른 물품대금의 반환, 수량부족에 대한 보상금액 요구 등을 간단명료하게 기술하는 것이다. 중재신청의 취지 예문은 다음과 같다.

[중재신청의 취지 예문]
① 피신청인은 신청인에게 (금)________원 및 이에 대한 ______년 ____월 ____일부터 이 신청서 송달일까지는 연 6푼의 같은 신청서 송달 다음 달부터 다 갚을 때까지는 연 2할 5푼의 비율에 의한 돈을 지급하라. ② 중재비용은 피신청인의 부담으로 한다.라는 판정을 구합니다.

중재신청을 할 때에는 중재신청을 인정받기 위해서 신청이유를 신청취지에 맞게 작성하여야 한다. 또 검정 보고서, 계약서, 제 영수증, 신청취지를 입증할 수 있는 상대방과 교환된 서신 등과 같이 신청이유를 입증할 수 있는 증거자료를 제시하여야 한다.

중재신청서 작성 사례(국문)

1. 신청인
· 회사명 :
· 주소 :
· 대표자 :
· 대리인 :
· 주소 :

2. 피신청인
· 회사명 :
· 주 소 :
· 대표자 :

3. 신청취지
(1) 피신청인은 신청인에게 미화 500,000과 이에 대한 2013년 2월 1일부터 완제일까지 연 25%의 비율에 의한 금원을 지급하라.
(2) 중재비용은 피신청인의 부담으로 한다. 라는 판정을 구함.

4. 신청이유

-생략-

5. 입증방법
· 갑 제1호증중재합의서
· 갑 제2호증각 서
· 갑 제3호증의 1 내지 3각 송장
· 갑 제4호증의 1 내지 2각 서신

6. 첨부서류
· 가. 입증서류 각 1부
· 나. 법인등기등본(개인인 경우 주민등록등본) 1부
· 다. 대리인 신청시는 위임장 및 위임인의 인감증명서 각 1부
· 라. 소정의 중재비용

2013년 2월 1일

신 청 인 :
대표이사 :

위 신청인 대리인 X X X (인)

사단법인 대한상사중재원 귀중

중 재 신 청 서

1. 당사자의 성명 및 주소

(가) 신 청 인

법 인	법인명칭		법인주소 전화번호	
	대 표 자 성 명		대 표 자 주 소	
개 인	성 명		주 소 전화번호	
대리인	성 명		주 소 전화번호	

(나) 피신청인

법 인	법인명칭		법인주소 전화번호	
	대 표 자 성 명		대 표 자 주 소	
개 인	성 명		주 소 전화번호	

2. 중재신청의 취지(별지기재):

3. 중재신청의 이유 및 입증방법(별지기재):

20 년 월 일

위 신청인 ____________________ 인

(구비서류): 가. 중재신청서 .... 5부.
나. 중재합의를 인증하는 서면의 원본 또는 사본 .... 5부.
다. 중재신청에 주장하는 청구의 근거를 증명하는 서증의 원본 또는 사본 .... 5부.
라. 법인등기등본(개인인 경우 주민등록등본) .... 1부.
마. 대리인 신청시는 위임장 및 인감증명서.................................... 1부.
바. 소정의 중재비용

사단법인 **대 한 상 사 중 재 원** 귀 중

2) 중재비용 예납

신청인이 외국인인 경우에는 미화로 계산하여 부가세를 제외하고 중재비용을 계산한다. 신청금액이 없는 경우에는 100만원을 관리요금으로 하고 수당은 요금표에 따라 동일하게 예납하여야 한다. 신청서 접수 후 3개월 기간 내에 예납하지 않으면 신청인에게 특별한 사정이 있는 경우를 제외하고 중재사건을 종결 처리한다.

(1) 중재비용

일방 당사자가 분쟁의 최종 해결을 위해 중재를 신청한 후 판정이 내려질 때까지 소요되는 비용을 중재비용이라고 한다. 요금, 경비, 수당으로 구분되는데 중재판정부에 의해 신청금액과 판정금액의 비율에 따라 신청인과 피신청인의 부담비율이 중재판정으로 정해진다.

① 요금

관리요금은 중재신청금액에 따라 중재규칙에서 정하는 요금표에 의하여 계산한다(아래 요금표 참고). 심리기일변경요금은 심리의 연기가 중재판정부의 직권으로 이루어진 경우에는 부과하지 아니하나 당사자의 요구에 의해 연기되는 경우에는 매연기마다 한화 100,000원을 부과한다. 관리요금과 심리기일연기요금 모두 예납자는 신청인이며 부담자와 부담비율은 모두 중재판정에서 결정한다.

② 경비

경비는 중재인과 중재서기의 소요경비, 증거, 증인 또는 감정인의 소요경비, 검사 또는 조사경비, 녹음 또는 속기록의 작성경비, 통역 또는 번역경비, 기타 중재에 소요되는 일체의 경비를 말하며, 당사자의 신청에 의한 경우에는 당사자 간에 따로 합의가 없는 한 신청인이 예납해야 한다.

③ 수당(중재인 보수)

수당에는 중재인수당과 판정문 작성수당이 있다. 중재인수당은 대한

상사중재원이 정하는 중재사무처리규정에 의거해 신청금액별로 아래 표와 같이 지급한다. 그러나 이를 초과하는 금액에 대한 당사자 간의 합의가 있는 경우에는 그에 따른다.

단독중재인 사건(2억원 이하 신청금액)					
신청금액	관리요금	부가세	중재인 수당	판정문 수당	예납금액
2천만원	90,000	9,000	-	-	99,000
4천만원	180,000	18,000	-	-	198,000
6천만원	270,000	27,000	-	-	297,000
8천만원	360,000	36,000	-	-	396,000
1억원	450,000	45,000	-	-	495,000
1억 2천만원	510,000	51,000	100,000	-	661,000
1억 4천만원	570,000	57,000	100,000	-	727,000
1억 6천만원	630,000	63,000	100,000	-	793,000
1억 8천만원	690,000	69,000	100,000	-	859,000
2억원	750,000	75,000	100,000	-	925,000
3인중재인 사건(2억원 초과 신청금액)					
3억원	2,300,000	230,000	4,800,000	700,000	8,030,000
4억원	2,800,000	280,000	5,100,000	700,000	8,880,000
5억원	3,300,000	330,000	5,400,000	700,000	9,730,000
6억원	3,800,000	380,000	5,700,000	700,000	10,580,000
7억원	4,300,000	430,000	6,000,000	700,000	11,430,000
8억원	4,800,000	480,000	6,300,000	700,000	12,280,000
9억원	5,300,000	530,000	6,600,000	700,000	13,130,000
10억원	5,800,000	580,000	6,900,000	700,000	13,980,000
20억원	10,800,000	1,080,000	8,700,000	900,000	21,480,000
30억원	15,800,000	1,580,000	9,900,000	900,000	28,180,000
40억원	20,800,000	2,080,000	11,100,000	900,000	34,880,000
50억원	25,800,000	2,580,000	12,300,000	900,000	41,580,000
60억원	28,800,000	2,880,000	14,100,000	1,200,000	46,460,000
70억원	30,800,000	3,080,000	14,700,000	1,200,000	49,780,000
80억원	33,800,000	3,380,000	15,300,000	1,200,000	43,130,000
90억원	35,800,000	3,580,000	15,900,000	1,200,000	56,480,000

신청금액	관리요금	부가세	중재인 수당	판정문 수당	예납금액
100억원	38,300,000	3,830,000	16,500,000	1,200,000	59,830,000
200억원	58,300,000	5,830,000	21,000,000	2,000,000	87,130,000
300억원	78,300,000	7,830,000	24,000,000	2,000,000	112,130,000
400억원	98,300,000	9,830,000	27,000,000	2,000,000	137,130,000
500억원	118,300,000	11,830,000	30,000,000	2,000,000	165,130,000
600억원	138,300,000	13,830,000	34,500,000	3,000,000	189,630,000
700억원	150,000,000	15,000,000	36,000,000	3,000,000	204,000,000
800억원	150,000,000	15,000,000	37,500,000	3,000,000	205,500,000
900억원	150,000,000	15,000,000	39,000,000	3,000,000	207,000,000
1000억원	150,000,000	15,000,000	40,500,000	3,000,000	208,500,000
신청금액 없는 경우	1,000,000	100,000	1,500,000	400,000	3,000,000

3) 중재신청의 접수

중재신청인이 사무국에 접수를 하면 사무국은 중재합의의 유무, 중재신청서, 중재비용 예납 등 적합성을 확인하고 적합한 경우 이를 수리하고 적합하지 못한 경우에는 요건보완을 요구한다.

(1) 중재합의 유무의 확인

중재는 중재합의(arbitration agreement)가 있는 경우에만 관할권이 생기므로 반드시 중재합의 유무를 확인하게 된다. 중재합의의 요건으로는 중재기관(또는 중재인), 중재장소, 중재절차, 준거법의 지정이 있는데 중재장소나 준거법의 지정은 당장 없더라도 중재절차의 진행에는 무리가 없다. 하지만 중재기관과 중재절차의 명시가 애매한 경우에는 효력에 대한 분쟁의 여지가 생긴다.

(2) 제출 서류의 부수

모든 제출 서류는 사무국에 제출하여 사무국이 이를 중재인과 상대방 당사자에게 전달한다. 사무국에 제출하는 서류의 부수는 중재인이 1인인 경우 3부(사무국, 중재인, 상대방용)이고 중재인이 3인인 경우에는 5부씩 제출하여야 한다.

(3) 당사자표기의 정확성

당사자의 표기는 정확하여야 한다. 표기가 잘못된 경우 모든 통지가 잘못 전달될 수 있고 잘못된 통지에 의하여 진행된 중재절차는 일방 당사자에게 불이익은 물론 절차집행의 공정성에도 하자가 되어 중재판정의 효력을 인정받기가 어렵다. 사무국은 형식상의 심사를 할 뿐 실질내용은 조사하지 않기 때문에 당사자표기의 책임은 당사자에게 있다.

(4) 번역문의 첨부

서류가 외국어로 되어있는 경우는 원칙적으로 번역문을 첨부하게 되어있다. 그러나 사무국이 번역문이 필요치 않다고 판단할 경우 그대로 수리될 수 있다. 그러나 중재판정부가 구성된 후 중재인이 필요하다고 인정할 때에는 번역문의 첨부를 요구할 수 있다.

4) 중재신청의 접수 통지

중재신청 요건이 적합하다고 확인되면 이 중재신청은 사무국에 의하여 수리된다. 신청이 수리되면 중재절차는 개시되고 사무국은 사건을 등록부에 기재하고 쌍방 당사자에게 등록사실의 통지와 중재인선정 및 피신청인에게는 중재신청서 및 부속서류와 중재규칙 1부를 송부한다.

〈중재신청의 접수통지 및 중재절차 이행요청서〉

제　　　호

수 신:

제 목: **중재신청의 접수통지 및 중재절차 이행요청**

(1) 신청인 : ___________와(과) 피신청인 _________ 간의 중재신청이 당중재원에　년　월　일 중재 제　호로 접수되었음을 통지합니다.

(2) 따라서 중재절차진행에 필요한 다음 사항을 이 통지의 발신일로부터 15일 30일 이내에 이행하여 주시기 바랍니다.

① 중재인의 선정 :

② 피신청인의 답변서 : 3부(5부)를 사무국에 제출

첨부 : 1. 중재신청서(피신청인) 1부
2. 중재인 취임수락서 1부
3. 중재규칙 1부

※ 국제중재의 경우 30일 이내임
1인중재의 경우 3부, 3인중재의 경우 5부 제출

5) 답변서의 제출

중재신청의 등록통지를 받은 피신청인은 즉각 신청서에 진술된 사실들에 대한 답변을 준비하여야 한다. 피신청인은 신청인의 중재신청서를 검토한 후 중재신청 접수통지의 수령일(기준일)로부터 국제중재의 경우 30일, 국내중재의 경우 15일 이내에 답변서를 사무국에 제출해야 한다. 답변서에는 양 당사자의 성명 및 주소(당사자가 법인인 경우 법인의 명칭 및 주소, 대표자의 성명 및 주소)를 기입하고 대리인이 있는 경우에는 대리인의 성명과 주소를 넣고 답변의 취지와 이유 및 입증방법을 기재한다.

〈중재 답변서 접수통지서〉

제　　　호

수 신:

제 목: **답변서 접수통지**

중재 제　　호 (신청인 : ________와(과) 피신청인: ________ 간의 중재건)에 관한 답변서가 피신청인으로부터 20　　년　　월　　일 접수되었음을 통지합니다.

첨부 : 답변서(피신청인 제외) 1부

사무국은 답변서를 제출받음과 동시에 그 답변이 적합한 것인지의 여부를 확인하고, 적합한 경우에는 이를 접수하고 양당사자에게 접수사실을 통지한다. 이 경우 신청인에게는 답변서 1부를 보낸다. 피신청인이 위의 기간 내에 답변서의 제출이 없는 경우에는 신청인이 주장하는 청구의 기각을 구하는 것으로 본다.

6) 신청취지의 변경

신청의 취지를 변경할 때에는 신청인이 신청서와 피신청인의 답변서 제출 후에 신청을 변경을 보완할 수 있으며 반드시 서면으로 제출해야 하고 제출부수는 본래 신청한 부수와 동일하게 제출하면 된다. 중재판정부가 구성된 후 신청을 변경하거나 보완하고자 할 때에는 중재판정부의 허가를 받아야 한다. 다만 중재판정부는 신청의 변경이나 보완의 시기가 늦어 상대방의 이익을 해하거나 절차가 지연되는 것으로 인정할 경우에 직권 또는 상대방의 신청에 의해 이를 허가하지 않을 수 있다. 중재신청의 취지 변경 시에는 신청금액이 증액되는 경우 변경된 금액과 신청당시 금액의 차액을 추가로 예납하여야 한다. 신청금액에 감액이 있는 경우 기존에 예납된 중재비용의 차액이 발생되더라도 반환하지 않는다.

7) 반대신청(Counter Claim)

피신청인은 신청인의 요구에도 불구하고 피신청인 자신이 오히려 손해를 본 것이 있을 때는 당연히 반대신청을 할 수 있다. 다만 중재판정부는 반대 신청이 시기에 늦어 상대방의 이익을 해하거나 절차의 완결을 지연하게 하는 것으로 인정하는 경우에는 직권 또는 상대방의 신청에 의하여 이를 허가하지 않을 수 있다. 피신청인의 반대신청은 신청인의 중재신청과 병합심리하며, 반대신청 그 접수 및 통지와 반대신청에 대한 답변에 관하여는 중재신청의 규정을 준용한다. 또, 중재판정부는 답변의 취지 또는 이유가 반대 신청의 내용을 포함하고 있다고 판단할 경우 중재판정부는 피신청인에게 그 부분에 반대신청을 할 것인지의 여부를 명확히 하도록 요구할 수 있다.

8) 신청 및 답변의 변경 또는 보완

신청서 또는 답변서의 제출 후에 당사자의 일방 또는 쌍방이 신청을 변경하거나 신청의 보완을 하는 경우에는 이를 서면으로 작성하여 사무국에 제출하여야 한다. 중재절차 진행 중에 신청과 답변을 변경하거나 신청의 보완을 하고자 할 때에는 중재판정부의 허가를 받아야 한다. 다만, 중재판정부는 그 변경 또는 보완이 시기에 늦어 상대방의 이익을 해하거나, 절차의 완결을 지연하게 하는 것으로 인정하는 경우에는 직권 또는 상대방의 신청에 의하여 이를 허가하지 아니할 수 있다.

9) 중재 장소의 결정

중재 장소는 원칙적으로 중재합의의 양당사자의 합의로써 자유로이 선정된다. 각국의 중재법규들도 중재의 국제성을 인정하여 중재 장소에 관한 당사자의 자치의사를 전적으로 존중하고 있다. 당사자 간에 별도의 합의가 없는 한 당해 사건에 관한 당사자의 편의, 증거조사 방법 등을 고려하여 사무국이 장소를 결정한다. 당사자가 중재 장소를 선정하는 데에는 분쟁발생 전에 중재합의에서 정하는 방법과 사후에 당사자의 합의로써 정하는 방법이 있다. 사전중재합의는 중재조항(arbitration clause)이라 불리는데 통상 중재 장소가 포함되어 있다. 대한상사중재원이 제시하는 표준중재조항을 예를 들어 살펴보면 서울을 중재 장소로 지정하고 있다. 서울이면 어느 곳에서든 중재를 행하면 된다는 뜻으로 중재가 반드시 대한상사중재원의 사무실로 한정되지 않으며 장소를 변경함으로써 발생되는 경비는 당사자가 추가 부담하게 된다. 사무국이 중재 장소로 결정되는 경우 중재판정실이 중재 장소로 이용된다.

3. 중재판정부

1) 중재판정부의 개념

중재판정부는 중재의 개시, 절차진행, 판정과 중재판정 후 관리까지 일체의 행위를 하는 재판부로서 한국의 경우에는 1인 혹은 3인의 중재인과 중재서기(중재원 직원)로 구성된다.

2) 중재인의 수

일반적으로 중재인의 수는 당사자 합의로 정한다. 그러나 합의가 없는 경우에는 3인으로 한다. 당사자 간에 신속절차를 합의하거나 신청금액 2억 원 이하의 국내중재의 신속절차에 해당되는 경우에는 중재인을 한명으로 둔다.

3) 중재인의 선정

(1) 중재법에 의한 선정

일반적으로 당사자 간의 다른 합의가 없는 한 중재인은 국적에 관계없이 당사자합의로 선정절차를 정한다. 단독중재인을 선정할 때는 일방 당사자가 상대방 당사자로부터 중재인 선정을 요청받은 후 30일 이내에 중재인 선정을 합의하지 못할 경우 당사자의 신청에 의하여 법원이 중재인을 선정한다. 3인 중재인을 선정할 경우 각 당사자가 1인의 중재인을 선정하고 선정된 2인의 중재인이 나머지 1인을 선정한다. 일방이 중재인 선정 요청을 받은 후 30일 이내에 1인의 중재인을 선정하지 아니하거나 2인의 중재인이 나머지 1인의 중재인을 선정하지 못한 경우에는 일방의 신청에 의하여 법원에서 그 중재인을 선정한다.

(2) 대한상사중재원의 중재규칙에 의한 선정

당사자 합의에 의해 중재인을 선정할 때는 각 당사자는 중재인선정 기준일로부터 국내중재는 15일 이내에 중재인의 성명, 주소 및 직업을 기재한 서면에 중재인 취임수락서를 첨부하여 사무국에 제출해야 한다. 당사자가 선정하지 아니하는 경우에는 중재원 사무국이 선정한다. 또 중재인선정기간을 합의하고도 기간 내에 선정하지 않을 경우에도 사무국이 중재인을 선정한다. 또 당사자가 선정한 2인의 중재인에게 제3의 중재인의 선정을 사무국이 2인 중재인에게 통지하고 수령일로부터 국내는 15일 내에 1인의 중재인을 선정하지 못할 경우 사무국에서 중재인을 선정한다.

사무국에 의해 중재인을 선정할 경우 사무국은 중재인 명부 중에서 수인을 선정하여 양 당사자에게 송부하고 당사자는 수령일로부터 국내는 15일 이내에 의장중재인과 중재인을 구별하여 희망 순위를 번호로 표시하여 사무국에 반송해야 한다. 반송이 없는 경우에는 동일 순위로 간주하며 희망 순위 표시가 없거나 말소된 후보자는 상대방의 희망 순위를 참작하여 중재원이 순위를 조정하여 순위별로 정하며 선정된 중재인이 수락하지 않은 경우 등 차순위자를 선정한다.

〈중재인 후보자 명단〉

중재인 후보자 명단

중재 제 호(신청인 : __________와(과) 피신청인 : __________간의 중재건)에 관하여 중재인 후보자 명단에 아래와 같이 선정의 희망 순위를 번호로 표시하여 제출합니다.

선정의 희망순위		중재인 후보자	현직	주소	국적
의장 중재인	기타 중재인				

당사자(상사) :
주소 :
전화번호 :

〈중재인 취임 수락신청〉

중 재: 제 호
수 신:

제 목: **중재인 취임수락신청**

중재 제 호(신청인 : __________와(과) 피신청인 : __________ 간의 중재건)에 관하여 각 당사자의 의사에 귀하가 상사중재규칙에 의한 중재인으로 지명되었사오니 수락하여 주시기 바라오며, 아울러 첨부 「수락서」에 기명날인으로 귀하의 수락의사를 표시하시어 당중재원에 조속히 반송하여 주시기 바랍니다.

지명된 중재인 명단

성명	현직	주소	국적

첨부 : 1. 수락서(반송용) 1부
2. 중재신청서 1부
3. 중재규칙 1부

〈중재인 선정통지〉

제 호

수 신:

제 목: **중재인 선정통지**

중재 제 호(신청인 : __________와(과) 피신청인 : __________간의 중재건)를 담당할 중재인이 다음과 같이 선정되었기에 통지합니다.

- 다 음 -

의장 중재인	성명: 현직: 주소:	(국적:)
중 재 인	성명: 현직: 주소:	(국적:)
중 재 인	성명: 현직: 주소:	(국적:)

〈중재인 취임 수락서 서식〉

중재인취임수락서

본인은 중재 제 ****-xxxx 호 [신청인: (주) ######### 와 피신청인: (주) $$$$$$ 간의 중재건] 에 관하여 중재인 취임을 수락하며 다음과 같이 서약합니다.

1. 본인은 위 사건과 관련하여 공정성이나 독립성에 관하여 의문을 야기시킬 만한 사유가 없으며, 본인의 직계 존·비속 등 친인척이 양당사자의 경제적·법률적 이해관계가 없음.

2. 심리 또는 문서조사 과정에서 알게된 사항이나 중재판정에 관한 비밀을 지킬 것이며, 위 사건과 관계되거나 유사한 사건을 대리하거나 관여하지 않을 것임.

3. 중재의 결과에 따라 발생할지도 모르는 여하한 경제적 또는 개인적 이해관계에도 연관됨이 없도록 할 것이며, 어느 당사자에게 편파되거나 불공평한 중재를 하였다고 추정을 받을 만한 일이 없도록 할 것임.

4. 오직 양심과 법 그리고 건전한 상식과 업계 관행에 일치하도록 판정할 것 임.

20 년 월 일

중 재 인 (인)

대한상사중재원 귀중

4) 중재인의 자격

중재인은 자격과 국적에 관계없이 누구나 될 수 있다. 직업에 상관없이 그리고 중재판정 경험이 적더라도 인격자로서 신중한 판단력과 전문적 지식을 가지고 있다면 훌륭한 중재인으로서의 기본적 자격을 갖춘 것이다. 대한상사중재원에서는 현직 공무원은 중재인의 취임을 막고 있다. 국내중재규칙에서는 중재인의 자격에 대해 '중재의 결과에 관하여 법률적 또는 경제적 이해관계가 있는 자는 중재인이 될 수 없다.'라고 규정하고 있다.

5) 중재인의 권한

중재인은 중재절차진행권한을 지니고 있다. 양 당사자에 의해 절차가 합의될 경우에 중재인은 이에 따라야 하지만 이러한 합의가 없을 때에는 중재법의 규정에 따라 적절한 방식의 중재절차를 진행할 수 있다. 중재절차에 관한 결정은 중재판정부 과반수의 결의에 의하나 당사자의 합의가 있거나 중재인이 권한을 부여하는 경우 의장중재인이 단독으로 결정할 수 있다.

또 중재인은 중재판정의 권한을 갖고 있다. 단독 중재인일 때는 판정을 곧 내릴 수 있으나, 3인 중재인인 경우는 당사자 간에 다른 합의가 없는 경우에는 과반수의 결의로 판정을 할 수 있다. 또 당사자 사이에 다른 합의가 없으면 중재절차 시작 전이거나 진행 중에 중재판정부는 일방 당사자의 신청에 의해 분쟁의 대상에 관하여 필요하다고 인정하는 임시적 처분을 내릴 수 있다.

중재인의 권한은 중재인이 사임하거나 당사자가 중재인의 직무종료를 합의하면 종료된다. 중재합의 내에서 중재인을 선임하였더라도 중재인의 사임은 중재합의의 존속에 영향을 미치지 않는다. 중재인의 권한이 종료되는 경우, 중재인은 중재인 계약에 의해 자신에게 부여되었던 보수청구권 등의 권한을 상실하며 새로운 중재인이 보궐중재인 선정절차에 따라 선정된다.

6) 중재인 기피, 교체, 해임

중재인의 공정성과 독립성에 정당한 의심을 야기할 만한 사유가 있는 경우, 당사자는 중재인에 대하여 기피를 신청할 수 있다. 당사자가 선정전에 그 사실을 알았다면 위에서 말한 법령상의 예외 때문에 항변할 수 없다.

중재인의 기피는 비행, 중재인의 임무와 관련된 결격, 당사자가 사기를 범했는가, 그렇지 아니했는가의 문제를 포함하고 있는 경우, 중재를 개시하고 진행하고 판정하는 데 있어서 합리적으로 신속한 처리를 하지 않은 경우, 또 공정성의 결여와 같은 이유로 중재판정 전에 발생할 수 있다(중재판정도 이와 같은 이유들 때문에 취소될 수 있다).

중재인을 기피하고자 하는 당사자는 중재판정부가 구성된 날로부터 또는 중재인에 대한 기피사유를 안 날로부터 15일 이내에 서면으로 중재판정부에대한 기피신청을 해야 한다. 중재판정부의 구성원은 15일 이내에 이러한 기피에 대하여 서면으로 의견을 밝힐 수 있다.

중재인이 사임, 사망 또는 기타 사유로 인해 결원이 되었을 경우 이전의 방식에 따라 대신할 중재인을 새로 선정 통지하여야 한다.

4. 중재절차

1) 중재절차의 개시

중재절차는 별도의 합의가 없는 한, 분쟁에 대해 회부하겠다는 신청인의 중재요청서를 피신청인이 수령한 날 시작한다. 당사자의 분쟁 대상 및 중재합의가 완벽하게 기재된 중재요청서일 때 개시효과가 인정된다. 중재절차를 개시할 때는 중재요청서와 중재신청서가 필요한데 중재요청서는 분쟁의 상대방에게 중재에 회부하여 분쟁을 해결하겠다는 의사를 표시하는 것이고 중재신청서는 구체적인 신청의 취지, 신청의 원인, 입증방법 등을 갖춘 법률적인 서면이다.

중재절차의 사용언어는 1차적으로 당사자합의에 의해 결정된다. 만약 당사자가 결정하지 않은 경우 판정부가 결정하고 언어의 지정이 없는 경우 한국어가 사용된다.

2) 중재판정부의 권한

중재판정부는 권한 범위 내에서 신청서보다 상세한 진술 및 세부사항 요구가 가능하다. 또 일방 당사자에게 당사자의 문서나 증거 요약문을 제출하도록 요구할 수 있고 또 그것을 일정 기간 내에 제출하도록 요구할 수 있다. 중재 신청인은 당사자 간 합의 기간이나 중재판정부가 정한 기간 내에 중재신청서 및 중요 서류를 첨부하거나 입증 방법을 표시할 수 있다. 피신청인은 이에 서면 도는 구술로 답변하고 서면에 서류 첨부나 입증 방법을 표시할 수 있다. 당사자 간에 합의가 없는 경우 중재판정부가 변경 및 보완이 가능하다. 하지만 절차가 현저히 지연될 우려가 있는 경우에는 중재판정부의 재량권 내에서 변경이나 보완이 불가능하다. 또 반대신청이 신청 시시가 늦어 상대방의 이익을 해하거나 절차를 지연시킨다고 판단될 경우 판정부의 직권이나 상대방의 신청으로 불허할 수 있다.

3) 심리(hearing)

심리 방법으론 구술심리와 서면심리가 있는데 중재판정부는 중재를 신속 공정하게 처리하기 위해 심리 방법에 대해 판단을 내린다. 당사자 간에 서면심리로 합의된 경우를 제외하고 중재판정부의 결정에 의해 서면심리를 하는 중에 일방 당사자가 구술 심리를 요구하면 구술심리를 해야 한다.

구술심리의 기일을 결정할 때는 중재판정부가 시간, 장소, 내용에 관해 사전에 충분한 시간을 두고 당사자에게 통지를 한다. 구술심리기일에는 당사자 혹은 그 대리인 출석이 가능하다. 그 밖의 제3자는 중재절차의 비공개성 비밀을 유지하기 위해 중재판정부의 동의 없이는 참여가 불가능 하다. 일방 당사자가 결석하였더라도 적법한 통지가 있었더라면 상당한 이유를 제외하고 계속 진행된다. 그러나 불출석자가 과거에 제출하거나 송부해온 증거나 서면은 심리에 반영할 수 있다.

4) 증거조사

증거조사의 방법을 결정할 때는 영미법계 소송절차와 대륙법계의 차이로 증거조사 방식에 관한 당사자 합의가 없다면 중재판정부가 가장 적절한 증거조사방식을 결정하게 된다. 증거조사는 소송과 마찬가지이지만 공권력이 없다. 따라서 중재판정부는 증거와의 관련성, 증거의 능력 및 증명력에 관하여 판단할 권한을 지니고 있다. 일방 당사자가 증거로 제출하는 서류는 상대방에게 고지하고 중재판정부가 취득한 서류는 양 당사자에게 고지를 한다.

중재판정부는 구술심리기일에 증인을 심문할 수 있다. 대륙법계 입법은 증인을 강제로 출석하게 하는 규정이 없으므로 임의 출석한 증인에 한해 심문이 가능하다. 강제출석을 위해서는 직권이나 당사자의 신청에 의해 법원의 증거조사로 촉탁이 가능하다. 대륙법계는 증언에 대한 선서규정을 두고 있지 않지만 영국 중재법은 선서 후에 증언해야 한다.

중재판정부는 특정 쟁점을 감정하기 위해서 감정인을 지정할 수 있다. 감정인은 조사를 위해 관련 문서나 물건을 제출하거나 접근을 허용할 수 있다. 당사자 간에 합의가 없으면 감정인은 직권이나 당사자 신청으로 구술심리기일에 출석 및 질문답변이 가능하다.

중재판정부는 직권이나 당사자의 신청으로 법원의 증거조사 촉탁이 가능하다. 하지만 증인 출석의 강제 규정이나 선서규정 등이 없는 제한으로 법원은 일정 범위 내에서 협조하게 된다.

일방 당사자가 정당한 통지와 충분한 준비기간을 받고도 결석하고 아무런 서면과 변론도 하지 않는 경우 당사자가 신청인이건 피신청이건 별도의 합의나 상당한 이유가 없으면 절차를 종료하거나 진행 후 판정을 내리는 불이익을 받을 수 있고 각국의 입법과 판례도 용인된다.

5) 중재심리의 실제

중재판정부에서 심리기일을 확정하여 서기가 중재인과 양 당사자에게 통지를 한다. 도착일 기준으로 국내 중재 시 10일, 이전에 통지되어야 한다. 심리연기는 상당한 이유가 인정될 때에 가능하며 심리연기 기일은 국내중재 시 15일 이내로 연속 2회 이상은 불가능하다. 매 연기 마다 10만원(100US＄)의 요금을 예납해야 하며 연기 사유가 있는 당사자나 쌍방 공동의 부담으로 한다.

심리는 중재인 전원, 중재서기, 당사자 전원 참석으로 개시되며 일방 당사자의 결석이나 출석 권리 포기 시에는 그대로 진행된다. 중재서기가 사건과 당사자 호명으로 개시하며 서기는 심리조서에 심리의 장소, 일시 중재인, 당사자 또는 대리인 진술, 실미사항 개요를 기록한다. 당사자 외 직접 이해관계자도 출석이 가능하며 증인은 다른 증인의 증언 시 퇴실이 가능하다.

6) 중재인의 요건 확인

중재합의는 중재인에게 일정한 권한을 부여하는 유일한 법적 근거로 심리 개시와 동시에 내용을 검토한다. 중재신청서를 검토할 때는 신청인의 자격을 심사하고 신청취지가 분명한가를 확인하며 청구내용이 중재계약의 위임내용 범위의 것이며 중재인의 권한 내에 속하는 것인지의 여부를 확인한다. 답변서 검토 시에는 당사자가 적법한 자격을 갖춘 자인지, 답변 내용 중 반대신청 내용이 있는지를 검토한다. 중재절차에 대한 검토를 할 때는 별도의 약정이 있는지를 확인하고 당사자 간 별도 합의가 있으면 우선으로 적용한다. 그 외 중재인 권한과 의무에 관계되는 규칙의 해석과 적용은 중재인이 결정한다.

7) 중재신청의 철회

중재신청인은 중재 판정 전까지 일부 또는 전부 철회 가능하다. 상대방의 답변서를 제출하거나 심리절차 중 진술 후에 상대방의 동의가 없으면 제외한다. 철회는 서면으로 이루어지며 상대방에게 통지 후에 이 서면을 발송한다. 심리 절차 중에는 구술로도 가능하다. 상대방 결석 시 심리조서부본을 발송하고 발송일로부터 국내중재 시 15일 이내에 상대방의 이의가 없으면 동의로 간주한다.

8) 심리의 진행

중재인은 서면으로 취인수락 시 하는 선서로도 충분하기 때문에 심리에 앞서 취임선서를 할 필요가 없다. 하지만 미국의 경우 중재취임선서가 의무화 되어있다. 중재서기는 중재인을 보조하지만 중재인의 결정에 개입해서는 안 된다.

보통 당사자의 진술, 사건관계서류의 설명, 증인의 심문 및 반대심문, 증거의 제출과 최종 사건내용 요약 중 당사자의 진술을 먼저하며 신청취지, 신청이유 및 증거에 대해 간략하게 설명한 후에 서면을 제출할 때 부족한 내용을 진술하고 피신청인은 이에 답변한다.

증거를 조사할 때는 주장 입증을 위한 증거를 제출하거나 증인 또는 감정인의 임의 출석의 신청이 가능하다. 임의 출석은 강제성이 없으며 증거는 법원처럼 엄격한 증거법칙의 적용이 되지 않고 자유 심증으로 판단된다. 중재인은 당사자의 증거여력의 소멸과 재산의 도피를 대비한다.

심리조서는 중재서기가 매 심리마다 작성하며 심리의 장소 및 일시, 중재인과 당사자, 대리인의 성명 및 주소를 기입하며 양 당사자 및 대리인의 진술 또는 심리 내용 요지는 녹음으로 대체가 가능하다.

심리는 당사자의 주장 및 입증이 끝나면 종결되는데 요약된 준비서면과 답변서 제출이 요구될 때는 제출일이 심리 종결일이다. 충분한 통지에도 불구하고 2회 이상 결석이나 심리에 응하지 않을 시 중재절차의 종료 선언이 가능하다. 심리는 판정 이전까지 재개가 가능하며 계약상의 중재판정기간을 설정한 경우는 그 기간 내에 판정할 수 없으면 기간을 연장하기로 합의한 후에 심리를 재개한다. 심리 재개가 확정되면 심리일시를 정해 당사자에게 통지하고 심리 재개가 종결된 날이 심리종결일이다.

서면 심리를 할 경우 일방 당사자는 원인, 사실, 진술을 포함한 증거가 첨부된 진술서를 사무국에 제출해야한다. 이 때 요약서를 첨부할 수 있다. 모든 서류는 통지일로부터 국내중재 시 15일 이내에 제출해야한다. 사무국은 받은 서류를 상대 당사자에게 송부하고 받은 당사자는 국내중재 시 15일 내에 답변을 해야 한다. 사무국은 제출된 모든 증거 및 서류를 판정부에 송달해야하며 판정부는 그로부터 10일 이내에 당사자에게 추가증거를 제출하도록 요구할 수 있다. 요구받은 당사자는 국내중재 시 15일 이내에 추가증거를 제출해야한다. 사무국은 이를 받아 다시 상대 당사자에게 송부하고 받은 당사자는 진술서나 증거가 있으면 국내중재 시 15일 이내에 송부한다. 제출된 모두서류가 판정부에 송달되면 심리절차가 종결된다.

9) 신속절차에 따른 분쟁해결

신속절차는 분쟁을 보다 신속하고 저렴하게 해결하고자 1990년에 도입되었다. 신속절차를 원하는 당사자는 별도의 합의가 가능하며 금액이 소액인 경우와 신청금액이 1억 원 이하인 경우에 가능하다. 신속절차는 당사자 간 별도의 합의가 없으면 사무국이 적절한 중재인을 1인 선정하여 심리 일시와 장소를 결정하여 사무국이 심리개시 3일전에 적합한 방법으로 통지한다. 심리는 상당한 이유가 없으면 재개 없이 1회로 종결한다. 심리내용을 생략한 조서작성이 가능하며 피신청인은 종결 전까지 반대신청이 가능하다. 판정은 심리 종결날로부터 10일 이내에 판정되며 당사자 합의가 있으며 판정이유기재의 생략이 가능하고 이상의 것에 규정하지 않은 사항은 중재규칙에 준용한다.

10) 중재절차의 불허 또는 중지

중재절차 중 진행을 원하지 않는 피제기자는 중재합의의 부존재, 무효, 효력상실, 이행불능과 같은 이유로 불허를 주장할 수 있다.판정 후에도 판정 취소가 가능하고 집행 거부를 소송에 제기하거나 가처분 신청을 받아들일지의 문제가 발생한다.

5. 중재판정

1) 중재판정의 의의와 성격

중재판정은 분쟁의 사안에 대해 실체적 진실을 판단하기 위해 구성된 단독중재인 또는 복수 중재인으로 구성된 중재판정부가 상호간의 의견을 교류하고 합의하여 판정을 내림으로써 성립한다. 중재판정을 법원의 판결과 동일하게 보는 절차지법설과 중재합의를 실체법상의 계약으로 보는 입장이 있고 중재판정도 당사자가 정한 준거법에 의하여 중재인이 중재합의에 의한 당사자의 의사를 구체화 한 것을 의미하는 준거법설이 있다.

〈중재판정부 회의통지서〉

제 호

수 신:

제 목: **중재판정부 회의통지**

중재 제 호(신청인 : __________와(과) 피신청인 : ________간의 중재건)와 관련하여 중재판정부 회의를 개최코자 다음과 같이 통지하오니 참석하여 주시기 바랍니다.

- 다 음 -

1. 일시 : 20 년 월 일(요일) 시 분
2. 장소 : 서울특별시 강남구 삼성동 159(무역회관 43층)
   대한상사중재원 중재판정실

2) 중재판정의 형식

중재판정은 서면으로 작성해야한다는 것을 모든 입법에 규정하고 있다. 중재신청 시에 신청요건에 흠결이 있을 경우에는 신청을 각하하고 신청이유가 없을 때에는 이를 기각해야 한다. 중재판정에는 그 판정에 근거가 되는 이유를 기재해야 한다. 만약 당사자가 이유 불기재를 합의했을 경우에는 이유를 기재하지 않아도 된다. 중재비용부담에 대해서도 판정해야 한다. 중재판정은 작성일자에 내려진 것으로 보며 중재판정일자는 중재인의 최종 서명일을 작성일자로 결정한다. 중재판정에는 중재지를 기재하고 그 장소에서 내려진 것으로 본다. 중재판정은 중재인의 다수결원칙에 의한다. 중재판정부의 과반이 미달하는 경우 중재인이 서명할 수 없거나 서명을 거부하는 경우 다른 중재인은 그 사유를 기재하고 서명할 수 있다.

중재판정이 중재판정의 형식을 갖추지 못한 경우, 중재판정이 중재법이나 절차에 따르지 않았다는 이유로 중재판정 취소의 사유에 해당하거나 집행의 거부를 당하는 사유가 된다.

3) 화해에 의한 중재판정

중재판정을 받기 전 중재인의 권유나 당사자간의 직접 합의로 화해에 의한 해결을 할 수 있다. 화해판정의 경우에는 당사자가 합의한 대로 판정문을 작성하고 판정이유요지를 생략할 수 있다. 화해중재판정은 중재판정과 동일한 효력을 갖는다.

4) 중재 판정의 준거법

준거법이란 중재판정에 있어 중재판정부가 당해 분쟁에 대한 최종판정을 내릴 때 적용 되는 법을 말한다. 선택된 준거법은 최우선적으로 적용된다. 중재인은 법보다 합리적인 기준에 따라 우의적으로 분쟁을 해결한다. 중재인은 이런 형평조항이 법을 무시할 수 있다는 것이 아니라 당사자의 계약이나 법 해석에 중재인의 상식적인 견해를 취하고 법적 전문성에 의해 구속될 필요는 없다는 것을 의미한다.

당사자가 중재판정의 준거법에 대한 명시적 의사표시를 하지 않는 경우 중재인은 적절한 준거법을 결정하는 것이 원칙이다. ICC 중재규칙에서는 당사자 합의가 없으면 중재인은 가장 적당하다고 판단되는 법 규칙을 적용하면 된다고 규정하고 있다. UNCITRAL Model Law에서는 당사자에 의해 선택된 법에 따라 분쟁을 해결하고 당사자에 의한 지정이 없는 저촉법원칙에 의해 결정되는 법을 적용한다고 규정하고 있다.

5) 중재판정의 이유의 기재

중재판정의 이유를 기재하여야 한다. 판정이유를 기재하는 것은 중재판정의 정당성, 공정성을 위한 판단의 근거와 이유를 공시함으로서 분쟁 당사자가 패소한 당사자를 설득해 분쟁을 종식시킬 수 있는 중재제도의 신뢰를 인정받을 수 있기 때문이다. 부수적으로 중재 판정의 예측이 가능하게 되며, 국제거래에 유용한 국제상인법이나 보편법이 될 수 있다. 최근 각국 법원은 중재판정에 대해 심사를 자제하는 추세에 있으므로 이유의 기재가 반드시 사법적 관여를 끌어들이는 것은 아니나 우리나라도 다른 나라와 동질감을 가질 수 있으며 외국 중재판정의 승인 및 집행을 용이하게 할 수 있다.

6) 중재판정의 효력

중재판정은 법원의 확정 판결과 동일한 효력을 갖는다. 중재판정은 확정력과 기판력을 인정하며 형성력과 집행력을 인정한다. 중재판정에 대한 불복은 법원에 제기하는 중재판정 취소의 소에 의해서만 할 수 있고 중재판정이나 추가 판정의 정본을 받은 날로부터 3개월 이내에 법원에 제기할 수 있다. 중재판정 취소의 소에 있어 종국판결은 소 각하판결, 청구기각판결, 청구인용의 취소 판결이 있으며 각 판결이 확정되면 그에 따른 효력이 발생한다.

(1) 형식적 확정력

① 기판력

판결이 확정되면 당사자 간 판결에 복종할 수밖에 없는 효력이 생기고 이를 형식적 확정력이라고 하는데 이는 중재판정에도 발생한다.

② 집행력

확정판결과 동일한 효력으로서 집행력이 발생하게 된다.

③ 구속력

당사자는 중재판정의 내용에 따르기로 합의하였으므로 중재판정에 따를 의무가 있다. 중재판정의 내용을 이행하지 않을 때에는 강제집행을 할 수 있는 구속력이 있다.

(2) 중재판정의 국적의 중요성

중재판정이 내국판정일 때는 국내법에 따라 승인, 집행이 된다. 그러나 외국 중재판정일 때에는 뉴욕협약을 비롯해 국제조약의 적용을 받게 된다. 중재판정은 국적에 따라 뉴욕협약에 가입 유보조건에 다라 상호주의의 적용을 받을지의 여부도 결정된다.

6. 중재판정 불복과 승인, 집행

1) 중재판정 취소의 소

중재판정 취소의 소는 중재판정의 효력을 소극적으로 잃게 하는 것을 목적으로 하는 소송법상 형성의 소이다. 취소판결에 의해 중재판정은 판정 시부터 소급하여 무효가 된다. 중재판정의 취소의 소 대상으로 된 중재판정은 형식적 요건을 갖추고 사건의 본안에 관해 종국적인 판단을 내린 중재판정으로 확정되어야 한다. 중재판정이 형식적 요건을 구비하고 있지 아니하는 경우에는 취소의 소가 허용되지 않는다.

중재판정 취소의 소는 중재합의에서 지정한 법원 또는 지원이, 그 지정이 없는 경우는 중재지를 관할하는 법원 또는 지원이 관할 법원에 중재판정의 취소의 소를 제기하는 방법으로만 할 수 있다. 소의 제기기간은 중재판정 취소의 소를 요구하는 당사자가 중재판정의 정본을 받은 날 또는 정정, 해석, 추가판정의 정본을 받은 날로부터 3개월 이내이다. 소 제기 시에 중재판정의 효력이 미치는 자가 당사자로 적격을 가진 사람이다.

당해 중재 판정에 관해 승인되고 집행판결이 내려지고 확정되었다면 중재판정 취소의 소를 제기할 수 없으며 중재판정 취소의 소에서 종국판결은 소 각하판결, 청구기각판결 및 청구인용판결이 있고 각각의 판결이 확정되면 효력이 발생된다.

중재판정 취소는 당사자 청구와 법원의 직권에 의할 수 있으며 내용은 아래와 같다.

(1) 중재판정의 취소를 구하는 당사자가 다음 각 항목의 어느 하나에 해당하는 사실을 증명하는 경우

① 중재합의의 당사자가 해당 준거법에 따라 중재합의 당시 무능력자였던 사실 또는 중재합의가 당사자들이 지정한 법에 따라 무효이거나 그러한 지정이 없는 경우에는 법에 따라 무효인 사실

② 중재판정의 취소를 구하는 당사자가 중재인의 선정 또는 중재절차에 관하여 적절한 통지를 받지 못하였거나 그 밖의 사유로 본안에 관한 변론을 할 수 없었던 사실

③ 중재판정이 중재합의의 대상이 아닌 분쟁을 다룬 사실 또는 중재판정이 중재합의의 범위를 벗어난 사항을 다룬 사실. 다만, 중재판정이 중재합의의 대상에 관한 부분과 대상이 아닌 부분으로 분리될 수 있는 경우에는 대상이 아닌 중재판정 부분만을 취소할 수 있다.

④ 중재판정부의 구성 또는 중재절차가 이 법의 강행규정에 반하지 아니하는 당사자간의 합의에 따르지 아니하였거나 그러한 합의가 없는 경우에는 이 법에 따르지 아니하였다는 사실

(2) 법원이 직권으로 다음 각 항목의 어느 하나에 해당하는 사유가 있다고 인정하는 경우

① 중재판정의 대상이 된 분쟁이 대한민국의 법에 따라 중재로 해결될 수 없는 경우

② 중재판정의 승인 또는 집행이 대한민국의 선량한 풍속이나 그

밖의 사회질서에 위배되는 경우

2) 중재판정의 승인과 집행

중재법에서 "중재판정은 당사자 간에는 확정판결과 동일한 효력을 가진다."고 규정하고 있는 바, 그 실효성을 확보하기 위해 중재판정의 승인과 집행에 관해 규정하고 있다. 중재판정의 승인은 법원이 중재판정을 법원에서 내린 확정판결과 같은 효력을 확인해 주는 것을 말하며 중재판정의 집행은 승소한 중재신청인이 그 판정의 내용을 법적으로 실현시키는 행위이다.

중재판정의 승인과 집행청구의 소는 원고가 관할법원을 중재합의에서 지정한 법원 또는 지원, 중재지를 관할하는 법원 또는 지원, 피고 소유의 재산소재지를 관할하는 법원 또는 지원, 피고의 주소 또는 영업소를 알 수 없는 경우에는 최후로 알려진 주소 또는 영업소를 관할하는 법원 또는 지원, 이 네 가지 중 하나를 우선순위 없이 선택해 소를 제기할 수 있다.

승인 및 집행을 구하는 당사자는 중재판정의 정본 또는 정당하게 인정된 그 등본 및 중재합의의 원본 또는 정당하게 인정된 그 등본을 제출해야 하고 중재판정 또는 중재합의가 외국어로 작성되어 있는 경우에는 정당하게 인정된 한국 번역문을 첨부해야 한다. 뉴욕협약에서는 중재판정의 승인집행을 구할 때에 당사자가 제출할 서류에 정당하게 인정된 판정 원본 또는 정당하게 증명된 그 등본과 제2고에 규정된 합의의 원본 또는 정당하게 증명된 그 등본이라고 규정하고 있다.

7. 국제중재의 중재실무

대한상사중재원의 표준중재합의에 의한 국내중재규칙과의 차이점을 중심으로 한 주요사항은 아래와 같다.

1) 국제중재의 대상 및 중재계약

국제중재의 대상은 중재합의를 할 당시 당사자들 중 1인 이상이 대한민국 외의 곳에 주된 영업소를 두고 있는 경우나 중재합의에서 정한 중재지가 대한민국이 아닌 경우를 말한다.

국제중재규칙의 적용대상이 되는 중재계약은 당사자들이 대한상사중재원의 국제중재규칙에 따라 중재를 하기로 서면으로 합의한 경우나 대한상사중재원의 중재로 해결하기로 합의한 경우로서 국제중재인 경우에 해당된다.

2) 중재신청

(1) 중재개시일

중재개시시점에 대하여 중재법에서는 당사자의 합의가 없는 한 중재신청서가 피신청인이 중재요청서를 수령한 날에 개시된다고 규정하고 있다. 국내중재규칙에는 개시일자에 대한 명문 규정이 없기 때문에 중재법에 의한 피신청인의 중재요청서 수령일로 보아야 할 것이다. 그러나 국제중재규칙에서는 중재신청서가 사무국에 접수된 일자에 중재개시일로 규정하고 있어 국제중재는 당사자 별도의 합의가 없는 한 중재개시일을 중재신청서가 사무국에 접수된 일자가 된다.

(2) 신청서 답변서 및 반대신청에 답변서 제출일자

국내중재규칙에서 답변서 제출일자는 피신청인이 사무국으로부터 신청서를 수령한 날로부터 15일 이내로 규정하고 있으나 국제중재규칙에서는 30일 이내로 규정하고 있으며, 반대신청의 답변은 신청에 준하게 되어 있다. 국제간의 분쟁임을 감안하여 15일간의 차이가 있다.

3) 중재판정부

(1) 중재인수

한국중재법에서는 중재인수를 당사자간에 합의가 없는 경우에는 3

인으로 한다고 규정하고 있다. 그리고 국내중재규칙에서는 당사자 합의가 없는 경우에는 사무국이 1인 혹은 3인으로 정하도록 규정하고 있으며, 국제중재규칙에서는 원칙적으로 단독중재로 심리한다. 다만, 당사자의 3인 중재인 합의나 사무국이 당사자의 의사, 분쟁금액, 분쟁의 복잡성을 관리하여 3인 중재인 심리가 적절하다고 판단하는 경우에는 3인으로 중재인을 결정할 수 있도록 규정하고 있다. 이상에서 당사자 합의가 없는 경우에 국내중재의 경우에는 중재법에 의거 3인이 원칙이며, 국제중재는 1인이 원칙이다.

(2) 중재인 선정 시한 및 기피신청

단독중재의 경우 단독중재인 선정이나 3인중재의 경우 당사자 각각 1인씩의 선정 혹은 각 1인의 2인중재인에 의한 제3의 중재인 선정 등에서 국내중재는 사무국의 중재인 선정 수령이로부터 15일 이내에 선정하지 못하는 경우에는 사무국에서 선정하도록 규정하고 있으나 국제중재규칙에서는 30일 이내로 규정하고 있다.

중재인기피신청은 국내규칙과 국제규칙 모두 중재인 선정 통지를 받은 날이나, 기피원인사유를 안날로부터 15일이내에 기피신청을 하도록 규정하고 있다.

4) 중재절차

(1) 심리일자 혹은 절차일정표 통지 기한

국내중재규칙은 사무국은 심리개시 10일전까지 당사자에게 통지하도록 규정하고 있으며, 국제중재규칙은 중재판정부가 당사자와 협의후 중재진행을 위한 일정표를 별도의 서면으로 작성하여 중재판정부 구성이로부터 30일 내에 사무국과 당사자들에게 통지하여야 한다고 규정하고 있다. 또한, 국제중재규칙은 일정을 정하기 위하여 준비회의를 열 수 있도록 규정하고 있다.

(2) 신속절차

신청금액의 한도가 국내중재는 1억원 이하이나 국제중재는 2억원 이하로 국제중재가 금액이 많다. 1인 중재인, 1회 심리원칙은 국내와 국제규칙이 동일하다. 심리개시통지에 대하여 국내중재는 심리개시일 3일전에 구술, 인편, 전화, 서면 등 적합한 방법으로 당사자에게 통지하도록 규정하고 있으나 국제규칙은 3일 이내라는 기간의 설정없이 적절한 방법으로 당사자 및 사무국에 통지하도록 규정하고 있다. 또한 국제중재규칙은 신청금액 및 반대신청금액이 2천만원 이하인 경우에는 서면 심리를 하도록 하고 있으며 일방의 신청이나 판정부의 직권으로 구술심리를 개최할 수 있도록 하고 있다. 판정에 있어 판정기한이 국내중재는 중재판정부의 심리종결일로부터 10일 이내에 판정할 것을 규정하고 있으나, 국제중재규칙은 중재판정부 구성이로부터 3개월 이내 판정을 규정하고 있다.

5) 중재판정

(1) 판정결정방법

한국중재법에서는 당사자 합의가 없는 경우, 3인 이상의 중재 판정부인 경우 과반수의 결의로 의사결정을 한다. 다만 당사자 합의가 있거나 중재인 전원이 의장중재인에게 권한을 부여하는 경우에는 의장중재인이 단독으로 결정할 수 있다고 규정하고 있다. 국내중재규칙은 중재인 일부가 중재판정에 참여를 거부하거나 정당한 이유 없이 중재판정합의에 불참할 경우 과반수에 해당하는 나머지 중재인의 합의로 결정한다고 규정하고 있어 결과적으로 중재법과 국내중재규칙은 과반수의 결의를 채택하고 있다. 그러나 국제중재규칙은 과반수의 결의에 따르나 그 결의가 성립되지 않으면 의장중재인의 결정에 따르도록 규정하고 있으므로 국제중재는 과반수 결정이 안 되더라도 중재판정을 할 수 있다.

(2) 판정기한

국내중재규칙은 심리종결일로부터 30일 이내에 판정하도록 규정하고 있다. 그러나 국재중재규칙은 최종서면제출일과 심리종결일 중 나중의 날짜로부터 45일 이내에 판정하도록 규정하고 있다.

6) 비용

(1) 중재비용 납입의무

중재비용은 관리요금과 심리기일연기의 관리요금, 중재인 및 중재서기의 소요경비, 증거, 증인, 감정인의 소요경비, 검사 또는 조사경비, 녹음 또는 속기록의 작성 경비, 통역 또는 번역 경비, 기타중재에 소요되는 일체의 경비, 중재인 수당 등으로 구분되며, 국내 중재의 경우 관리요금과 중재인 수당은 중재 신청인이 예납하며 경비는 당사자의 신청에 의한 경우에는 신청한 당사자가 예납해야 하나, 중재판정부가 지시한 경우에는 중재신청인이 예납하고 중재판정으로 패소한 당사자의 비용 부담으로 결정한다.

국제중재규칙은 사무국이 정한 예납금을 신청인과 피신청인이 균등하게 분배하여 납입하여야 한다. 만약 일방이라도 납입을 하지 않으면 중재절차의 중지나 종료를 할 수 있다. 만약 일방당사자가 예납금을 납입하지 않으면 상대방 당사자가 납입을 하면 예납금을 납입해준 당사자에게 반환해야 한다. 중재비용은 패소한 당사자 부담으로 판정한다. 그러나 중재판정부는 사건의 정황에 따라 분담시킬 수도 있다. 변호사비, 전문가, 통역, 증인 등의 당사자가 부담하는 필요비용은 중재판정부가 결정하는 분담비율에 따라 당사자가 부담한다.

(2) 중재비용

국내 중재요금표는 아래와 같다.

〈국내중재요금표〉

신청금액	관리요금
1억원 이하	신청금액 * 0.45%
1억원 초과 2억원 이하	45만원 + (신청금액 - 1억원) * 0.3%
2억원 초과 50억원 이하	180만원 + (신청금액 - 2억원) * 0.5%
50억원 초과 100억원 이하	2,580만원 + (신청금액 - 50억원) * 0.25%
100억원 초과	3,830만원 + (신청금액 - 100억원) * 0.2%
신청금액을 산정할 수 없는 경우	100만원

※ 관리요금은 최대 1억 5천만원을 상한액으로 한다.
※ 사무국은 위 요율을 초과하지 않는 범위 내에서 실행요율을 조정할 수 있다.

① 요금반환규정

- 중재신청의 접수통지가 발송되기 전에 사건의 해결 또는 철회를 서면으로 사무국에 통지하였을 경우에는 5만원을 초과하는 요금은 반환한다.
- 중재판정부의 구성이 완료되기 전에 사건의 해결 또는 철회를 서면으로 사무국에 통지하였을 경우에는 5만원을 초과하는 관리요금의 3분의 1을 제외한 나머지 요금으로 반환한다.
- 제1차 심리예정일(심리에 의하지 아니하는 절차의 요금에 대하여서는 첫 증거 및 서류가 중재인에게 송달된 일자)보다 적어도 48시간 이전에 사건의 해결 또는 철회를 서면으로 사무국에 통지하였을 경우에는 5만원을 초과하는 관리요금의 2분의 1을 제외한 나머지 요금을 반환한다.

② 경비

경비는 중재인과 중재서기의 소요경비, 증거, 증인 또는 감정인의 소요경비, 검사 또는 조사경비, 녹음 또는 속기록의 작성경비, 통역 또는 번역경비, 기타 중재에 소요되는 일체의 경비를 말하며, 당사자의 신청에 의한 경우에는 당사자 간에 따로 합의가 없는 한 신청인이 예납해야 한다.

③ 수당(중재인 보수)

수당에는 중재인수당과 판정문 작성수당이 있다. 중재인수당은 대한 상사중재원이 정하는 중재사무처리규정에 의거해 신청금액별로 아래 표와 같이 지급한다. 그러나 이를 초과하는 금액에 대한 당사자 간의 합의가 있는 경우에는 그에 따른다. 관리요금과 중재인 수당을 합한 예납요금은 아래와 같다.

〈국내중재예납요구〉

단독중재인 사건(2억원 이하 신청금액)					
신청금액	관리요금	부가세	중재인수당	판정문수당	예납금액
1천만원	45,000	4,500	—	—	49,500
2천만원	90,000	9,000	—	—	99,000
3천만원	135,000	13,500	—	—	148,500
4천만원	180,000	18,000	—	—	198,000
5천만원	225,000	22,500	—	—	247,500
6천만원	270,000	27,000	—	—	297,000
7천만원	315,000	31,500	—	—	346,500
8천만원	360,000	36,000	—	—	396,000
9천만원	405,000	40,500	—	—	445,500
1억원	450,000	45,000	—	—	495,000
1억2천만원	510,000	51,000	100,000	—	661,000
1억4천만원	570,000	57,000	100,000	—	727,000
1억6천만원	630,000	63,000	100,000	—	793,000
1억8천만원	690,000	69,000	100,000	—	859,000
2억원	750,000	75,000	100,000	—	925,000

3인 중재인 사건 (2억원 초과 신청금액)					
신청금액	관리요금	부가세	중재인수당	판정문수당	예납금액
3억원	2,300,000	230,000	4,800,000	700,000	8,030,000
4억원	2,800,000	280,000	5,100,000	700,000	8,880,000
5억원	3,300,000	330,000	5,400,000	700,000	9,730,000
6억원	3,800,000	380,000	5,700,000	700,000	10,580,000
7억원	4,300,000	430,000	6,000,000	700,000	11,430,000
8억원	4,800,000	480,000	6,300,000	700,000	12,280,000
9억원	5,300,000	530,000	6,600,000	700,000	13,130,000
10억원	5,800,000	580,000	6,900,000	700,000	13,980,000
20억원	10,800,000	1,080,000	8,700,000	900,000	21,480,000
30억원	15,800,000	1,580,000	9,900,000	900,000	28,180,000
40억원	20,800,000	2,080,000	11,100,000	900,000	34,880,000
50억원	25,800,000	2,580,000	12,300,000	900,000	41,580,000
60억원	28,300,000	2,830,000	14,100,000	1,200,000	46,430,000
70억원	30,800,000	3,080,000	14,700,000	1,200,000	49,780,000
80억원	33,300,000	3,330,000	15,300,000	1,200,000	53,130,000
90억원	35,800,000	3,580,000	15,900,000	1,200,000	56,480,000
100억원	38,300,000	3,830,000	16,500,000	1,200,000	59,830,000
200억원	58,300,000	5,830,000	21,000,000	2,000,000	87,130,000
300억원	78,300,000	7,830,000	24,000,000	2,000,000	112,130,000
400억원	98,300,000	9,830,000	27,000,000	2,000,000	137,130,000
500억원	118,300,000	11,830,000	30,000,000	2,000,000	162,130,000
600억원	138,300,000	13,830,000	34,500,000	3,000,000	189,630,000
700억원	150,000,000	15,000,000	36,000,000	3,000,000	204,000,000
800억원	150,000,000	15,000,000	37,500,000	3,000,000	205,500,000
900억원	150,000,000	15,000,000	39,000,000	3,000,000	207,000,000
1,000억원	150,000,000	15,000,000	40,500,000	3,000,000	208,500,000
신청금액이 없는 경우	1,000,000	100,000	1,500,000	400,000	3,000,000

국제중재규칙의 중재비용은 아래와 같다.

신청금액	중재비용					
	관리요금	수당 최소	수당 최대	수당 평균	신청요금	합계액
천만원	45,000	0	0	0	0	45,000
2천만원	90,000	0	0	0	0	90,000
3천만원	135,000	0	0	100,000	0	235,000
5천만원	225,000	0	0	100,000	0	325,000
8천만원	360,000	0	0	300,000	0	660,000
1억	450,000	0	0	300,000	0	750,000
1억 이상	450,000	0	0	500,000	0	950,000
1억 3천만원	540,000	0	0	500,000	0	1,040,000
1억 5천만원	600,000	0	0	500,000	0	1,100,000
1억 8천만원	690,000	0	0	700,000	0	1,390,000
2억	750,000	0	0	700,000	0	1,450,000
2억 이상	1,800,000	2,250,000	7,500,000	4,875,000	1,000,000	7,675,000
5억	3,300,000	4,500,000	16,500,000	10,500,000	1,000,000	14,800,000
5억 이상	3,300,000	4,500,000	16,500,000	10,500,000	1,000,000	14,800,000
8억	4,800,000	6,000,000	24,900,000	15,450,000	1,000,000	21,250,000
10억	5,800,000	7,000,000	30,500,000	18,750,000	1,000,000	25,550,000
10억 이상	5,800,000	7,000,000	30,500,000	18,750,000	1,000,000	25,550,000
20억	10,800,000	9,500,000	40,500,000	25,000,000	1,000,000	36,800,000
50억	25,800,000	17,000,000	70,500,000	43,750,000	1,000,000	70,550,000
50억 이상	25,800,000	17,000,000	70,500,000	43,750,000	1,000,000	70,550,000
75억	32,050,000	18,000,000	75,500,000	46,750,000	1,000,000	79,800,000
100억	38,300,000	19,000,000	80,500,000	49,750,000	1,000,000	89,050,000
100억 이상	38,300,000	19,000,000	80,500,000	49,750,000	1,000,000	89,050,000
300억	78,300,000	24,000,000	100,500,000	62,250,000	1,000,000	141,550,000
400억	98,300,000	26,500,000	110,500,000	68,500,000	1,000,000	167,800,000
500억	118,300,000	29,000,000	120,500,000	74,750,000	1,000,000	194,050,000
500억 이상	118,300,000	29,000,000	120,500,000	74,750,000	1,000,000	194,050,000
750억	150,000,000	32,750,000	138,000,000	85,375,000	1,000,000	236,375,000
1,000억	150,000,000	36,500,000	155,500,000	96,000,000	1,000,000	247,000,000
1,000억 이상	150,000,000	36,500,000	155,500,000	96,000,000	1,000,000	247,000,000
2,000억	150,000,000	43,500,000	185,500,000	114,500,000	1,000,000	265,500,000
3,000억	150,000,000	50,500,000	215,500,000	133,000,000	1,000,000	284,000,000

ⓐ 신청요금

신청인은 중재신청의 접수시 중재원 사무국에 신청서의 제출과 함께 100만원(부가세별도)의 신청요금을 납부하여야 한다. 신청요금이 납부되면 사무국은 중재신청의 접수사실과 접수일자를 양 당사자에게 통지하고 피신청인에게는 접수통지와 신청서를 받은 날로부터 30일 이내에 답변서를 제출토록 안내한다. 신청요금은 반대신청의 경우에도 부과되며 납입된 신청요금은 중재비용에 합산되어 중재판정부의 최종 판정에 따라 분쟁 당사자 간 부담액이 결정된다. 최근에는 소액사건에 대한 중재비용 부담을 경감하고자 신청금액 또는 반대신청금액이 2억원 이하인 경우 신청요금을 면제하고 있다.

ⓑ 관리요금

당사자는 분쟁금액에 따른 관리요금을 예납해야 하며, 분쟁금액에 따라 관리요금이 상승하는 데 최대액은 1억 5천만원으로 제한되어 있다.

ⓒ 중재인수당

중재인수당은 분쟁금액에 따라 정액으로 산정되지 않고 분쟁금액에 따라 최소 수당과 최대 수당만을 정하고 동 범위 내에서 사건에 따라 최종적으로 수당액이 결정될 수 있도록 하였다. 통상의 경우, 사무국에서는 중재신청의 접수시 중재인 수당의 최소, 최대 구간의 평균금액을 예납토록 양 당사자에게 요청하며, 대부분의 경우 최종적인 중재인 수당도 평균금액으로 결정된다.

단독중재인에 의한 심리가 원칙이지만 당사자들이 3인 중재인의 심리로 합의하거나 사무국이 당사자 의사, 분쟁금액, 분쟁의 복잡성 기타 요소들을 고려하여 3인의 중재인의 심리가 적절하다고 판단하는 경우 3인의 중재인의 심리로 결정할 수 있는 바, 이와 같은 중재인의 수가 달라질 경우 이에 따라 발생하는 중재인 수당도 인원수만큼 달라지게 된다.

ⓓ 중재인의 경비

중재인의 경비는 여행, 숙박, 식사 그리고 기타 경비를 포함하여 중재절차에 필요한 한도에서 발생한 실제 경비를 의미한다. 중재인의 경비는 절차 중에 발생하는 필요비로 정의된다.

이상에서 국내 중재는 신청금이 없으나 국제중재는 신청금 1백만원을 납입하여야 한다. 관리요금과 경비는 국내와 국제가 동일하다. 그러나 중재인 수당은 신청금액이 5억인 경우 국내중재인 수당은 5,400,000원이나 국제중재는 최소 4,500,000원이며, 최대 16,500,000원 사이에서 협의할 수 있으며, 신청금액이 500억인 경우에는 국내중재인 수당은 30,000,000원이나 국제중재인수당은 최소 29,000,000원에서 최대 120,500,000원 사이에서 협의할 수 있다. 신청금액이 1,000억원인 경우에는 국내중재인 수당은 40,500,000원이나 국제중재인 수당은 최소 36,500,000에서 155,000,000 사이에서 협의할 수 있어 국제중재규칙의 경우 중재인 수당이 국내중재인 수당보다 높다.

제 7 장

중국의 중재제도 발전과정과 중재실무

제 1 절 중국의 중재제도 발전과정

1. 근대적 중재제도의 발전

중국의 중재제도는 청나라 말부터 시작되었다. 중재법을 포함한 중국의 법률은 대륙법제도, 특히 독일 법제의 영향을 많이 받고 있다.[14) 옛 중국에는 자체 국제중재기구라는 것은 없었다. 만약 중재방법으로 섭외 분쟁을 해결하고자 할 경우에는 반드시 외국중재기구에 중재신청을 하여야 하거나 외국에서 임시중재법정을 구성하여야만 되었다. 제2차 세계대전이후에는 미국이 중국의 무역을 통제하게 되었다. 미국은 자국의 경제이익을 보호하기 위하여 미국중재협회와 중국국민당정부 공동으로 "중미상사연합중재위원회"를 설립하여 중재규칙을 제정하였다. 그 당시 중・미간의 협의에 따르면 중미 간에 발생한 무역 분쟁은 모두 이 연합중재위원회에서 중재규칙에 의하여 중재하여야 하였다.

중국의 중재제도는 60여년을 걸쳐서 형성되었다. 중국의 경우 중재

14) 陶春明, 王生長編, 『中國國際經濟貿易仲裁』, 人民中國出版社, 1992, p. 1.

제도는 국내중재와 섭외중재로 나누어지는데, 국내중재는 1933년 중화 소비에트 노동법에 의하여 사회주의 계획경제 국가건설에 목적을 둔 국가와 인민간의 정책조정측면의 중재에 뿌리를 두고 있다.

한편 중국의 섭외중재제도는 1950년대에 발전하여 지금까지 50여 년의 역사를 가지고 있다. 즉 1954년 5월 4일 중국 당시 중앙인민 정부정무원 안에 중국국제무역촉진위원회(China Council for the Promotion of International Trade)를 설립하였다. 이에 따라 중국 국제무역촉진위원회는 중국대외무역중재위원회(China Foreign Trade Arbitration Commission)를 설립하고 동년 3월 3일에 「대외무역중재 위원회 중재절차 임시규칙」을 만들어 정식으로 무역 분쟁사건을 수리 하기 시작하였다. 또 1958년 11월 21일 국무원은 「중국 국제무역촉진 위원회 안에 해사중재위원회를 설치하는 결정」을 발표하여 해사중재위 원회를 설립하고, 1959년 1월 8일에는 「해사중재위원회 중재절차 임 시규칙」을 제정하였다. 그러나 1966년부터 약 10년간에 걸친 문화대 혁명의 소용돌이 속에서 국제경제무역에 있어서는 중재제도의 발전은 거의 정지 상태였다.

1978년 말에 덩샤오핑이 권력을 장악한 후 개혁개방 정책을 표방 하면서 국제무역에 관심을 돌려 1979년에 「중외합자경영기업법」을 제 정한 후 1980년 2월 26일 대외무역중재위원회를 중국국제경제무역중 재위원회로 개칭하면서 구체적으로 인정받는 섭외중재를 실시하게 되 었다.

그 후 1982년 중화인민공화국 민사소송법이 실시된 후 1983년 중 외합자경영기업법 실시조례를 제정하여 국제간의 무역 분쟁을 중재나 사법절차 중 한가지로 선택하도록 하였고, 당사자가 동의한다면 제3국 에서 중재를 신청하는 것도 허용하였다.

2. 현대적 중재제도 발전

1986년에 중국은 외국 중재판정의 승인과 집행에 관한 협약(1958년의 뉴욕협약)에 가입하였고, 1978년에는 GATT의 회원국 지위를 회복하기 위한 신청을 하였으며, 1988년에 '다자간 투자담보 기구조약'에 가입하였다. 그리고 1988년 9월 12일 중국 국제경제무역중재위원회는 새로운 중재규칙(1989년 1월 1일부터 시행)을 제정하여 1956년에 제정된 「대외무역중재위원회 중재절차 임시규칙」을 대체하였는데, 그 주요내용은 중재사건의 접수범위를 일체의 국제무역 관련 분쟁으로 확대한 것이었다. 이를 기점으로 CIETAC의 심천 연락사무소가 분사무소로 승격되고 중재사건의 접수범위가 전반적으로 확대됨에 따라 외국의 중재전문가에 대한 수요가 급증하여 외국인도 인정한 자격을 갖추면 중재인으로 초빙하게 되었다. 그 후 1990년 초에 다시 상하이 분회를 설치하였고, 또한 그 해에 「국가와 타국가의 국민간의 투자분쟁 해결을 위한 조약」(일명 워싱턴협약)에 서명하였는데, 이 조약은 전국인민대표대회의 비준을 거쳐 1993년 2월부터 중국에서 효력을 발생하게 되었다. 1991년 4월 9일 제7기 전국인민대표대회 제4차 회의에서 현행 중화인민공화국 민사소송법이 통과되면서 1982년 10월 1일부터 실험적으로 실시되었던 '중화인민공화국 민사소송법'은 폐지되었다. 그리고 1994년 8월 31일 제8기 전국인민대표대회의 사무위원회 제9차 회의에서 「중화인민공화국 중재법」(이하 "중국 중재법"이라 함)이 통과되고 1995년 9월 1일부터 시행해 오고 있다. 1994년 중재법이 제정되기 전에는 중재제도에 관한 통일적인 법제화가 이루어지지 않아 총 14개의 법률, 182개의 행정법규, 190개의 지방성 법규로 분산되어 있었다.[15)]

15) 김석철, "중국중재제도의 국제표준화에 대한 연구", 『중재연구』, 제18권 제3호, 한국중재학회, 2008, pp. 118~119.

3. 중재법 제정과 개정

중재법 제정 전에는 여러 가지 규정과 방법으로 중재가 실시되었고 행정중재성격이 강하여 문제점으로 지적되었다. 이 후 시장경제의 발전을 이루고자 각종 제도의 선진화를 추구했고 이러한 변화 물결이 중재법 제정의 계기가 된다.

외자와 선진기술 유치를 적극 추진하고자 외국인이 믿고 투자할 수 있는 법적 환경을 조성할 필요가 있었다. 특히 이전까지 중국 인민법원은 공정성과 신뢰성을 가지지 못했고 지방보호주의의 같은 비합리적인 면도 눈에 띄어 사실상 외국인이 중국의 소송전 중재에 대하여 신뢰를 가지지 못하였으며, 이에 따라 지속적인 정비가 필요하였다.

1949년 중앙인민정부 성립 이후, 섭외중재와 국내중재를 별도로 한 이중적 중재제도를 확립하였으나, 주로 1950년대~1960년대에는 경제계약 국내중재만 중재를 중심으로 이용되었다. 1980년대에는 기술계약, 노동쟁의, 저작권계약, 상표권, 농업도급계약, 부동산중재 등으로 이용되었다.

중국의 중재관계 법률 중 가장 중요한 것은 1994년에 공포한 「중화인민공화국 중재법」이다. 1994년 중재법이 제정되기 전에는 중재제도에 관한 통일적인 법제화가 이루어지지 않은 채 법률(14개), 행정법규(182개), 지방성 법규(190개)로 분산되었다. 법규의 통일이 시급함에 따라 중국의 자체적인 입법경험을 집약하는 외에 국제적으로 통용되는 주재관행 및 서구 국가들의 중재법, 뉴욕·워싱턴조약 등의 국제조약, 세계 중재통일화 법안(1985년의 UNCITRAL 모델중재법), 국제기구(예. ICC) 중재규칙 등의 장점을 모두 참고 제정하였다. 특히 UNCITRAL 모델중재법을 가장 중요한 참고로 삼았다. 1956년에 제정된 중재 잠행 규칙은 지금까지 모두 세 차례 개정되었고, 1994년 8월 31일 전국 인민대표회의 상무위원회 제9차 회의에서 통과되어

1995년 9월 1일부터 시행되고 있다. 한편 중국의 국제상사중재기구인 중국국제경제무역중재위원회와 중국해사중재위원회(China Maritime Arbitration Commission: CMAC)는 각기 중재규칙을 제정 운영하고 있다. 현행 CIETAC 중재규칙은 2005년 1월 11일 개정하여 5월 1일부터 시행하고 있는 것이고, CMAC 중재규칙은 2004년 10월 1일부터 시행해 오고 있는 것이다.

4. 중재기관의 설치

중국 중재법 제66조는 "중국 국제상업회의소는 섭외중재위원회를 설립할 수 있다"고 규정하고 있는데, 현재 중국 국제상업회의소에 예속된 섭외중재기관으로서 CIETAC과 해사중재위원회가 있다. 그런데 섭외중재판정이라 하여 반드시 섭외중재기관이 내려야 하는 것은 아니다. 1996년 6월 8일 국무원 행정청이 「중화인민공화국중재법을 실시함에 있어 명확히 할 필요가 있는 몇 가지 문제에 관한 통지」를 공표한 이후에는 국내중재기관도 섭외중재사건을 수리할 수 있다. 또 중국국제경제무역중재위원회가 1998년 5월 그 중재규칙을 개정한 이후에는 이 위원회도 국내당사자 사이에 이미 존재하던 국내중재합의 하의 분쟁을 접수할 수 있고, 이러한 합의에 의해 내린 중재판정은 국내중재에 속한다.

1) 국제무역경제중재위원회

국제무역경제중재위원회의 전신은 앞에서 언급한 1956년에 성립된 중국 국제무역촉지위원회 내에 설치된 중국 대외무역중재위원회이다. 그 후 1980년 그 명칭을 대외경제무역중재위원회(Foreign Economic and Trade Arbitration Commission; FETAC)로 바꾸었고, 이어 1988년에는 현재와 같이 CIETAC으로 개칭하여 그 사건 수리 범위를 국제경제무역중 발생한 일체의 분쟁으로 확대하였다. CIETAC은

1989년에 화남분회, 그리고 1990년에는 상하이분회를 설립하였다. 또는 2008년에 천진에서 천진분회, 그리고 2009년에는 충칭에서 서남분회를 설립하였다. 본부와 지부는 하나의 중재위원회로서 동일한 "중재규칙"과 "중재인명부"를 사용하고 있고, 연락사무소는 상담, 연구개발 등 부속업무만 취급하고 있다.[16) 2005년 1월 11일자로 개정되어 2005년 5월 1일자로 발효되고 있는 현행 「CIETAC 중재규칙」 제2조 제1항에 의하면 "CIETAC은 계약상의 분쟁인지 여부에 관계없이 경제, 무역거래로부터 발생하는 분쟁을 중재에 의하여 독립적이고 공정하게 해결한다."고 규정하고 있다.

2) 중국 해사중재위원회

중국 해사중재위원회는 1959년에 성립되었고 원래 중국 국제무역촉진위원회 해사중재위원회라는 명칭을 사용하였으나 1988년에 중국 해사중재위원회(China Maritime Arbitration Commission; CMAC)로 개칭되어 현재에 이르고 있다. CMAC는 섭외해사분쟁을 수리하고 있는데 그 동안 다섯 차례에 걸친 중재규칙의 개정을 통해 수리 안건의 범위를 확대해 왔으며, 현행 CMAC 중재규칙은 2004년 10월 1일부터 시행되고 있는 것이다.

---

16) 중국국제경제무역중재위원회 홈페이지, [http://cn.cietac.org/AboutUS/AboutUS.shtml].

제 2 절 중국의 중재실무

1. 중재합의

1) 중재합의의 요건

중국의 중재합의는 계약중의 중재조항, 단독의 중재합의서, 기타 서면방식의 중재합의, 분쟁 발생 전 또는 발생 후에 합의한 중재신청서를 포함한다. 중재합의는 다음과 같은 사항을 기재하여야 한다.

① 중재신청의 의사표시

② 중재의 대상: 당사자가 중재로 해결하고자 하는 사항은 반드시 국가의 관계 법률에 의거 중재로 해결할 수 있는 사항이어야 한다. 중국의 현행 중재법에 의하면 ① 혼인, 입양, 후견, 부양 및 상속관련분쟁과 ② 행정기관이 해결하도록 법으로 규정한 분쟁은 중재로 해결할 수 없으며, 기업과 그 종업원 사이의 노동쟁의는 노동주관부처의 중재로 해결하여야 한다.

③ 선정한 중재위원회: 중재합의에는 반드시 중재기관을 명시하여야 한다. 만약 중재합의에서 중재의 대상인 분쟁 또는 중재위원회를 명시하지 않거나 불명확하게 한 경우 중재합의는 무효가 된다. 중재합의에 중재기관을 명시하여야 하는 것은 중국의 중재는 기관중재이고 임의중재가 허용되지 않기 때문이다.

2) 중재합의의 무효와 보충합의

약정한 중재사항이 법률이 규정한 중재범위를 벗어난 경우, 민사행위 무능력자가 체결한 중재합의, 일방이 협박수단을 채용하여 상대방으로 하여금 중재합의를 체결하게 한 경우에는 중재합의가 무효가 된다. 중재합의가 중재사항 또는 중재위원회에 대하여 약정하지 않았거나 약정이 불명확한 경우 당사자가 보충합의를 할 수 있고, 보충합의를 하지 못한 경우 중재합의는 무효가 된다.

3) 중재합의의 독립성

중재합의는 독립적으로 존재하며, 계약의 변경, 해제, 종료 또는 무효는 중재합의의 효력에 영향이 없다. 계약이 종료된 후에도 계약이행의 위반에 따른 분쟁이 발생할 수 있기 때문이다. 중재판정부는 계약의 효력을 확인할 권한을 갖는다.

4) 중재합의의 이의신청

당사자가 중재합의의 효력에 대하여 이의가 있는 경우, 중재위원회에 결정을 신청하거나 인민법원에 결정을 신청할 수 있다. 일방이 중재위원회에 결정을 신청하고 다른 일방이 인민법원에 결정을 신청한 경우에는 인민법원의 결정이 우선한다. 당사자가 중재합의의 효력에 대하여 이의가 있는 경우 중재판정부의 제1회 심리기일 전에 이의를 제기하여야 한다.

5) 중재합의와 법원의 보전처분

일방 당사자는 다른 당사자의 행위 또는 기타원인으로 인하여 판정을 집행할 수 없거나 판정집행이 곤란할 가능성이 있는 경우 재산보전을 신청할 수 있다. 당사자가 재산보전신청은 하는 경우 중재위원회는 이를 피신청인의 주소지 또는 그 재산소재지 관할법원에 이송하여 결정하도록 하여야 한다. 재산보전신청은 다음과 같은 요건을 구비하여야 한다.

① 일방 당사자가 서면으로 보전 신청하여야 한다.

② 보전신청은 정당한 이유가 있어야 한다.

③ 신청인은 법원이 요구하는 담보를 제공하여야 한다.

신청에 착오가 있는 경우에는 재산보전 신청인은 피신청인이 재산

보전신청으로 인하여 입은 손실을 배상하여야 한다.

[별표 1]

仲裁协议书

当事人双方愿意提请北京仲裁委员会根据其规则，仲裁如下争议：

1. ____________________

2. ____________________

3. ____________________ （争议的事项）

当事人名称、地址	当事人名称、地址
签字	签字
	××年××月××日于北京

2. 중재의 신청과 수리

1) 중재신청조건과 기재사항

당사자가 중재신청을 할 때에는

① 중재합의가 있고,

② 구체적인 중재신청과 사실, 이유가 있어야 하며,

③ 중재위원회의 수리범위에 속하는 조건에 부합되어야 하고,

④ 중재위원회에 중재합의서, 중재신청서 및 부본을 제출하여야

한다.

중재신청서에 기재 사항은

① 당사자의 성명, 연령, 직업, 직장과 주소, 법인 또는 기타 조직의 명칭, 주소와 법정대표자 또는 주요 책임자의 성명, 직책

② 중재신청과 근거가 되는 사실, 이유

③ 증거와 증거의 출처, 증인의 성명과 주소 등이다.

[별표 2] 중재신청서

仲裁申请书

申请人：

住所：　　　　　　　　　　　　　　　　　　　　　　电话：

法定代表人：

委托代理人：

被申请人：

住所：　　　　　　　　　　　　　　　　　　　　　　电话：

法定代表人：

请求事项：

事实与理曰：

证据和证据来源、证人姓名和住所（通信地址、邮政编码、电话、传真和电报号码）

此致

成都仲裁委员会

申请人：　　　　　　　　　　（盖章或签名）

年　月　日

注： 1. 申请人或被申请人是公民的，应写明姓名、性别、年龄、职业、工作单位、电话等；是法人或其他组织的，应写明发人或其他组织的名称，法定代表人或主要负责人的姓名、职务、电话等。
2. 事实、理由和证据空格不够时，可增加中页。

2) 중재신청의 접수 통지 및 답변서 제출

접수 수리여부 결정기간은 접수수리여부를 접수일로부터 5일 이내 결정하고 당사자에게 통지하도록 되어 있다. 수리 거절의 경우 수리할 수 없는 이유를 붙여 통지해야 하며, 보완이 가능한 경우에는 보완기간을 지정하여 보완하도록 할 수 있다. 지정 기간 내에 보완하지 않을 경우에는 신청하지 않은 것으로 한다. 접수수리 통지 후 10일내에 신청인과 피신청인에게 중재규칙과 중재인 명부 등을 송달해야 한다.

피신청인의 답변서 제출 기간은 국내 15일 이내로 한국과 동일하나, 반대신청에 대한 수리여부결정통지기한은 5일로 되어 있다. 그리고 반대신청서류는 10일내에 반대 피신청인에게 송달하도록 한다.

3. 중재판정부

1) 중재인의 수

중재법의 규정에 의하면 중재판정부는 1인 또는 3인의 중재인으로 구성할 수 있으며, 3명으로 구성한 경우 의장중재인을 둔다.

2) 중재인의 자격

중국의 중재법은 중재인의 자격을 엄격하게 규정하고 있다. 즉 중국 중재법 의하면 중재인은 다음 요건 가운데 하나를 충족하여야 한다.

① 중재분야에 8년 이상의 실무경험
② 변호사로서 8년 이상의 경력
③ 판사로서 8년 이상의 경력
④ 법학연구, 법학교육에 종사하고 고급의 직급을 가지고 있을 것
⑤ 법률지식을 가지고 경제 무역방면의 전문직에 종사하여 고습의 직급을 가지고 있거나 그와 동등한 전문적 자질을 갖추고 있을

것 등이다.

중국 각 중재기관은 모두 별도의 중재인 명부제도를 두고 있어 당사자는 원칙적으로 그 범위 내에서만 선택할 수 있다.

3) 중재인의 선정

중재판정부 구성은 1인 또는 3인으로 구성하고 있는데, 당사자 간의 합의가 없거나 위원장에 위탁하지 않았을 때, 북경중재위원회는 1인 CIETAC 중재위원회는 3인의 중재인으로 구성하도록 하고 있다.

당사자가 3명의 중재인으로 중재판정부를 구성하기로 약정한 경우, 각자가 선정하거나 각자가 중재위원회 주임에게 위임하여 중재인 1명을 지정하게 하여야 하고, 제3의 중재인은 당사자가 공동으로 선정하거나 중재위원회 주임에게 공동위임하여 지정한다. 제3의 중재인이 의장중재인이 된다.

당사자가 1명의 중재인으로 중재판정부를 구성하기로 약정한 경우, 당사자가 공동으로 선정하거나 중재위원회 주임에게 공동위임하여 중재인을 지정하여야 하며 당사자가 중재규칙에 규정된 기한 내에 중재판정부 구성방식을 약정하지 않거나 중재인을 선정하지 않으면 중재위원회 주임이 지정한다.

중재판정부가 구성된 후 중재위원회는 중재판정부 구성 내용을 당사자에게 서면 통지하여야 한다.

4) 중재인의 기피

중재인이 아래 사유의 하나에 해당하는 경우, 기피하여야 하며, 당사자도 기피신청을 할 권리가 있다. 즉, 본 사건 당사자 또는 당사자, 대리인의 근친족인 경우, 본 사건과 이해관계가 있는 경우, 본 사건 당사자, 대리인과 기타 관계가 있어 공정한 중재에 영향을 미칠 가능성이 있는 경우, 사적으로 당사자, 대리인을 만나거나 당사자, 대리인으로부터 집대, 선물을 받은 경우이다.

당사자가 기피신청을 할 때에는 반드시 이유를 설명하고, 제1회 심리기일 전에 제출하여야 한다. 기피사유를 제1회 심리기일 후에 알게 된 경우, 마지막 심리기일 종결 전에 제출할 수 있다. 중재인의 기피 여부는 중재위원회 주임이 결정하며, 중재위원회 주임이 중재인을 맡을 경우 중재위원회가 결정한다.

4. 중재절차 개시와 판정

1) 중재절차 개시 및 심리원칙

중재절차는 중재위원회 또는 그 분회가 중재신청서를 받은 날부터 개시된다.

중재판정부는 당사자의 별도 합의가 없는 한 적절하다고 판단하는 방식에 따라 사건을 심리하지만, 구술심리를 원칙으로 한다. 다만 당사자의 요청 또는 동의가 있고 중재판정부가 구술심리를 개최할 필요가 없다고 판단하는 경우에는 중재신청서, 답변서 및 기타자료 등에 의한 서면심리만으로 판정할 수 있다.

2) 중재심리

(1) 중재심리의 비공개 및 연기

중재는 비공개로 한다. 당사자가 공개하기로 합의한 경우에는 공개하여 진행할 수 있다. 다만, 국가기밀과 관련이 있는 경우는 제외한다.

중재위원회는 중재규칙에 규정된 기한 내에 개정일자를 쌍방 당사자에게 통지하여야 한다. 당사자가 정당한 이유가 있는 경우 중재규칙에 규정된 기한 내에 개정 연기를 신청할 수 있다. 연기 여부는 중재판정부가 결정한다.

(1) 당사자 불출석 심리

신청인이 서면통지를 받고 정당한 이유 없이 출석하지 않거나 중재판정부의 허가 없이 중도에 퇴정한 경우 궐석으로 판정할 수 있다.

(3) 증거수집 및 감정의뢰

당사자는 자기의 주장에 대해 증거를 제출하여야 한다. 중재판정부가 증거를 수집할 필요가 있다고 인정하는 경우, 자체적으로 증거를 수집할 수 있다.

중재판정부가 전문적인 문제에 대하여 감정이 필요하다고 인정하는 경우, 당사자가 약정한 감정기관에서 감정할 수 있고, 중재위원회가 지정하는 감정기관에서 감정할 수 있다. 당사자의 신청 또는 중재판정부의 요구에 따라 감정기관은 감정인을 심리기일에 출석시켜야 한다. 당사자는 중재판정부의 허가를 얻어 감정인에게 질문할 수 있다.

증거는 심리기일에 제시하여야 하며, 당사자는 그 신빙성을 다툴 수 있다. 증거가 멸실될 가능성이 있거나 향후 취득하기 어려운 사정이 있는 경우, 당사자는 증거보전을 신청할 수 있다. 당사자가 증거보전을 신청하는 경우, 중재위원회는 당사자의 신청을 증거소재지의 기층인민법원에 이송하여야 한다.

(4) 당사자 변론청취 및 심리조서 작성

당사자는 중재과정에서 변론할 권리가 있다. 변론종결 시 의장중재인 또는 단독중재인은 당사자의 최후 의견을 청취하여야 한다.

중재판정부는 심리상황을 조서로 작성하여야 한다. 당사자와 기타 중재참여인은 본인의 진술에 대한 기록이 누락되거나 착오가 있다고 인정하는 경우 보정을 신청할 권리가 있다. 만약 보정을 하지 않을 경우 해당 신청을 기록하여야 한다. 조서는 중재인, 서기, 당사자 및 기타 중재참여인이 서명하거나 날인하여야 한다.

당사자는 중재신청 이후에도 스스로 화해할 수 있다. 화해를 한 경우 화해내용에 따라 중재판정부에 판정해 줄 것을 청구할 수 있고, 중재신청을 철회할 수도 있다.

3) 화해판정 및 조정

당사자가 화해를 하고 중재신청을 철회한 후에 이를 번복하는 경우, 중재합의에 따라 중재신청을 할 수 있다.

중재판정부는 판정 전에 조정을 할 수 있다. 당사자가 조정을 원할 경우 중재판정부는 조정을 하여야 한다. 조정이 이루어지지 않았으면 바로 판정하여야 한다. 조정이 이루어진 경우, 중재판정부는 조정서를 작성하거나 합의결과에 따라 판정문을 작성하여야 한다. 조정서와 판정문은 동등한 법적 효력을 갖는다.

조정서에는 중재신청과 당사자의 합의결과를 명확히 기재하여야 한다. 조정서에는 중재인이 서명하고, 중재위원회가 날인한 후 쌍방 당사자에게 송달한다. 조정서는 쌍방 당사자의 수령서명을 받은 후에 법적 효력을 발생한다. 조정서를 수령하기 전에 당사자가 번복하는 경우, 중재판정부는 바로 판정을 하여야 한다.

4) 중재판정

(1) 중재판정과 판정문 작성 원칙

판정은 다수 중재인의 의견에 따라야 하고 소수 중재인의 다른 의견은 기록에 기재할 수 있다. 중재판정부에 다수 의견이 없을 때의 판정은 의장중재인의 의견에 따라야 한다.

판정문에는 중재신청, 분쟁사실, 판정이유, 판정결과, 중재비용의 부담과 판정일을 명확히 기재하여야 한다. 당사자가 분쟁사실과 판정이유를 기재하지 않기로 합의한 경우 기재하지 않을 수 있다. 판정문은 중재인이 서명하고 중재위원회가 날인한다. 판정에 대해 다른 의견을 갖는 중재인은 서명할 수도 있고, 하지 않을 수도 있다.

(2) 중간판정, 판정문 수정

중재판정부가 분쟁중재를 진행하면서 그 중 일부 사실이 분명히 밝혀진 경우 해당 부분에 대하여 중간판정을 할 수 있다.

판정문 중의 문자, 계산 착오 또는 중재판정부가 판정하였으나 판정문에 누락된 사항에 대하여 중재판정부가 수정하여야 하고, 당사자는 판정문 수령일로부터 30일 이내에 중재판정부에 보정을 신청할 수 있다.

(3) 중재판정의 효력

중재판정은 판정문 작성일로부터 법적효력을 발생하며 인민법원에 의해 중재판정이 취소되거나 무효가 된 경우를 제외하고는 동일사안에 대하여 소를 수리해서는 아니된다고 규정하고 있어, 중재판정의 확정성과 최종성을 부여하고 있다.

5) 중재판정 취소의 사유

당사자가 다음 각 호의 1을 입증하는 증거를 제시하는 경우, 중재위원회가 소재하는 곳의 중급인민법원에 중재판정 취소의 소를 제기할 수 있다.

① 중재합의가 없는 경우
② 중재판정의 대상이 된 사안이 중재합의의 범위를 벗어난 것이거나 중재위원회의 권한을 벗어난 경우
③ 중재판정부의 구성 또는 중재절차가 법적 절차를 위반한 경우
④ 중재판정의 근거가 된 증거가 위조된 것일 경우
⑤ 상대방 당사자가 중재판정의 공정성에 영향을 줄 수 있는 증거를 은폐한 경우
⑥ 중재인이 해당사건의 중재과정에서 뇌물 수수, 부정행위, 위법판정한 경우

인민법원은 이를 심사할 합의부를 구성하여야 하며, 전술한 사유 중 하나가 발견되는 경우 법원은 중재판정을 취소하는 판결을 내려야 한다. 중재판정이 공공질서에 위배된다고 판단하는 경우 법원은 당해 중재판정을 취소하여야 한다. 당사자는 판정문 수령일로부터 6개월 이내에 판정취소를 신청하여야 하며, 2개월 이내에 판정취소 또는 기각

신청을 하여야 한다.

5. 중재판정의 승인 및 집행

당사자는 판정을 이행하여야 한다. 당사자 일방이 이행하지 않는 경우, 상대방 당사자는 민사소송법의 관련규정에 따라 인민법원에 집행 신청을 할 수 있다. 신청을 받은 인민법원은 이를 집행하여야 한다.

그러나, 집행할 수 없는 경우에는 피신청인이 증거로 판정에 민사소송법에서 규정한 사유의 하나가 있음을 증명하는 경우, 인민법원은 합의부를 구성하여 심사 확인하여 집행거부를 결정한다.

그리고, 중재판정 중지, 기각, 재개 경우에는 일방 당사자가 판정집행은 신청하고, 상대방이 판정취소신청을 한 경우, 인민법원은 집행중지 결정을 하여야 한다. 중재판정의 취소를 명한 경우 인민법원은 중재판정 집행의 중지를 함께 명하여야 한다. 중재판정 취소의 신청이 기각된 경우, 인민법원은 중재판정 집행의 재개를 명하여야 한다.

6. 간이절차

1) 간이절차의 적용

당사자 간에 별도의 합의가 있는 경우 이외에는, 분쟁금액이 인민폐 50만원을 초과하지 않거나, 분쟁금액이 인민폐 50만원을 초과하지만 일방 당사자의 서면 신청과 다른 일방 당사자의 서면 동의가 있는 경우 간이절차를 적용한다.

분쟁금액이 없거나 분쟁금액이 불분명한 경우에는, 중재위원회가 사건의 난이도, 관련된 이익의 크기 및 기타 관련 요소들을 종합적으로 고려하여 간이절차의 적용여부를 결정한다.

2) 중재통지

신청인이 중재위원회에 중재신청을 하고, 심사결과를 수리하여 간이절차를 적용할 수 있는 경우에는 중재위원회 비서국 또는 그 분회 비서처가 쌍방 당사자에게 중재통지를 하여야 한다.

3) 중재판정부의 구성

간이절차를 적용하는 사건은 이 규칙 제23조의 규정에 따라 단독 중재판정부를 구성하여 사건을 심리한다.

4) 답변과 반대통지

피신청인은 중재통지를 받은 날부터 20일 이내에 중재위원회에 답변서 및 관련 증거서류를 제출하여야 한다. 반대신청을 하는 경우에도 이 기한 내에 반대신청서와 관련 증거서류를 제출하여야 한다. 중재판정부가 정당한 이유가 있다고 인정하는 경우에는 이 기한을 적절히 연장할 수 있다.

신청인은 반대신청서 및 그 첨부서류를 받은 후 20일 이내에 피신청인의 반대신청에 대한 답변을 하여야 한다.

5) 심리방식과 통지

중재판정부는 적당하다고 인정하는 방식으로 사건을 심리할 수 있다. 당사자가 제출한 서면자료와 증거만을 근거로 서면심리를 하는 것으로 결정할 수도 있고, 개정심리를 하는 것으로 결정할 수도 있다.

심리하는 사건에 대하여 중재판정부가 심리일을 결정하면, 중재위원회 사무국 또는 그 분회 사무국은 심리 15일 전까지 쌍방 당사자에게 심리일자를 통지하여야 한다. 당사자는 정당한 이유가 있는 경우 심리연기를 신청할 수 있으나 반드시 심리 7일전까지 서면으로 중재판정부에 신청하여야 한다. 연기 여부는 중재판정부가 결정한다.

중재판정부가 개정심리를 결정한 경우, 중재판정부는 1회만 개정한다. 다만 명백히 필요한 경우는 제외한다. 제1회 개정심리 이후 심리기일 및 연기 이후 심리기일의 통지는 제1항의 15일의 제한을 받지 않는다.

6) 판정의 기한

중재판정부는 판정부 구성일로부터 3개월 이내에 중재판정을 하여야 한다. 중재판정부의 요구가 있고, 중재위원회 주임이 정당한 이유와 필요가 있다고 명백히 인정하는 경우, 위 기한을 연장할 수 있다.

7. 국제중재실무

1) 중재신청 및 답변서 제출

북경중재위원회나 CIETAC에서 중재절차를 진행하기 위해서는 신청인은 중재신청서 및 중재비용표에 따른 중재비용의 선납 등 두 가지 기본절차를 이행해야 하며 피신청인은 중재신청서를 접수한 후 답변서를 제출하여야 한다. 답변서 제출기간은 북경중재위원회는 15일, CIETAC는 45일로 규정되어 있다.

2) 중재인 선정

중재판정부의 구성은 1인 또는 3인으로 구성하고 있는데, 당사자간의 합의가 없거나 위원장에 위탁하지 않았을 때, 북경중재위원회는 1인중재인으로, CIETAC에서는 3인의 중재인으로 구성하도록 하고 있다. 북경중재위원회에서의 1인 중재인일 경우에는 효율성에만 초점을 맞추어 거액분쟁, 사건의 복잡성이라는 특징을 갖고 있는 국제상사분쟁을 효과적으로 처리할 수 있을지의 여부가 의심되어진다. }의장중재인 선정에 대하여 양 당사자는 피신청인이 중재통지를 수령한 날로부터 15일 내에, 의장중재인을 공동으로 선정하거나, 공동으로 위원장에게 위탁하여 지정받아야 한다. 북경중재위원회의 경우 당사자가 북경에 거주하지 않은 중재인을 선정하였을 경우, 선정한 중재인이 사건 심리를 위해 지출한 비용을 부담하여야 한다. 한편, 당사자 합의가 없을 경우 CIETAC 위원장이 의장중재인을 정하는 것으로 봐야 한다는 점은 여타 다른 자본주의국가에서 중재인을 선정할 때 분쟁 당사자와 다른 국적의 중재인을 지정하도록 규정하고 있는 것과는 현저한 차이가 있다.

3) 중재판정부 구성기한

중재판정부 구성기한에 대하여 북경중재위원회의 경우 5일 이내에, CIETAC의 경우는 15일 이내로 지정하고 있으며 기간의 연장에 대한 언급은 되어 있지 않다. }북경중재위원회는 중재판정부 구성 상황을 당사자에게 통지해야 하며, 중재서기는 중재판정부가 구성된 때에는 신속히 사건에 관한 관련 서류를 중재판정부에 송달하여야 한다. CIETAC에서는 당사자가 합의로 중재인을 선정하되, 합의가 되지 않을 경우 CIETAC 위원장이 선정하도록 하고 있으나, 선정기한은 15일로 하였다.

4) 중재심리

중재판정부가 구성되면 비공개로 중재심리를 하게 된다. 그러나 당사자 서로가 합의를 한 경우에는 공개할 수 있다. 그러나 국가비밀과 관계될 때는 제외한다. 일반적으로 북경중재위원회와 CIETAC는 원칙상 중재판정부에서 구술심리를 하게 되며 당사자 서로가 구술심리를 할 필요성이 없다고 인정하고 당사자의 동의를 얻었을 때에는 당사자가 제출한 서면에 근거하여 서면심리를 할 수도 있다. 심리날짜 통지에 대하여 북경중재위원회의 중재판정부는 제1차 심리개시 10일 전에 심리기일을 당사자에게 통지하여야 하고, 당사자가 합의하고 중재판정부가 동의할 때는 앞당겨 심리할 수도 있다. 그러나 CIETAC는 1차 구술심리 일정은 중재판정부가 정하며 적어도 개최 20일전에 CIETAC

사무국이 당사자들에게 통지하도록 되어 있다. 이러한 점은 중재제도의 장점인 신속성 및 효율성이라는 측면에서 보면 중재심리방식에 있어서 북경중재위원회의 절차가 CIETAC의 절차보다 더 효율적이라고 할 수 있겠다.

5) 언어

북경중재위원회 중재규칙에서는 중국어를 정식으로 적용되는 언어로 우선한다. 그러나 당사자가 별도의 합의가 있을 때는 그 합의에 따른다. 그러나 CIETAC 중재규칙에서는 당사자가 합의한 언어가 우선하며, 합의가 없는 경우에는 중국어를 중재절차의 공식 언어가 되도록 하고 있다. 심리를 개시한 뒤 당사자 또는 그 대리인, 증인이 언어번역이 필요할 때는 본회가 번역인을 제공할 수 있으며 당사자가 스스로 번역인을 제출할 수도 있다는 점에서 동일하다.

6) 중재판정 기한

북경중재위원회에서는 중재판정은 당사자 합의가 없는 한 중재판정부는 구성된 날로부터 시작하여 4개월 내에 판정하여야 한다. 특별한 사정으로 인해 연장이 필요한 때에는 의장중재인이 비서장에게 신청하여 허가를 받은 뒤에 연장할 수 있다. 그러나 CIETAC는 중재판정부 구성일로부터 6개월 이내에 내리되, 중재판정부의 요청에 의하여 CIETAC 위원장이 필요한 경우 연장할 수 있도록 하고 있다.

7) 중재판정 방식 및 효력

3명의 중재인으로 구성된 중재판정부의 판정은 과반수 중재인의 의견에 의하여 하여야 하며 과반수의 의견을 형성할 수 없을 때는 의장중재인의 의견에 의하여 판정한다는 점은 북경중재위원회와 CIETAC의 공통점이다. CIETAC와 북경중재위원회의 판정문에는 중재취지, 분쟁사실, 판정결과, 중재비용의 부담과 판정일자, 중재지를 기재하며, 당사자들 사이에 별도의 합의가 있을 때, 그리고 당사자들 사이의 화해합의에 의하여 판정할 때에는 분쟁사실과 판정이유를 기재하지 않아도 된다. 판정서는 중재인이 서명하여야 하며, 판정에 대하여 기타 의견을 가지고 있는 중재인은 서명하지 않을 수 있다. 서명하지 않은 중재인은 자신의 의견을 서면으로 제출하여야 한다. 서명하지 않은 중재인이 자신의 의견을 제출하지 아니하는 때는 부정당한 서명거절로 인정한다. 판정서는 중재인이 서명한 뒤에 각 중재위원회가 날인하며, 작성된 날부터 효력이 발생한다.

8. 중재비용

중재비용은 관리요금, 중재인 수당, 중재처리 경비로 구분된다.

중재관리비용은 다음과 같다.

〈CIETAC 중재관리요금〉

중재신청금액(RMB)	요금(RMB)
100만 위안 이하	신청금액×4.0%, 최소 10,000위안
100만 위안 초과 200만 위안 이하	40,000위안 + 신청금액×3.5%
200만 위안 초과 500만 위안 이하	75,000위안 + 신청금액×2.5%
500만 위안 초과 1,000만 위안 이하	150,000위안 + 신청금액×1.5%
1,000만 위안 초과 5,000만 위안 이하	225,000위안 + 신청금액×1.0%
5,000만 위안 초과 1억 위안 이하	625,000위안 + 신청금액×0.5%
1억 위안 초과 5억 위안 이하	875,000위안 + 신청금액×0.48%
5억 위안 초과 10억 위안 이하	2,795,000위안 + 신청금액×0.47%
10억 위안 초과 20억 위안 이하	5,145,000위안 + 신청금액×0.46%
20억 위안 이상	9,745,000위안 + 신청금액×0.45%, 최대 1,500만 위안

〈중재처리경비〉

ⓐ 중재인의 소요경비

ⓑ 증인 또는 감정인의 소요경비

ⓒ 상담, 검사 또는 조사경비, 통역 또는 번역경비

ⓓ 녹음 또는 속기록의 작성경비

ⓔ 기타 중재에 소요되는 일체의 경비가 당사자의 신청에 의한 경우에는 그 당사자가 예납한다. ⓑ와 ⓒ의 경우, 중재를 신청한 일방 당사자가 예납한다.

〈국내중재 등록비〉

분쟁금액	중재비용(위안)
18만위안 이하	최소금액 18,000위안 이상
18만위안~900만위안 이하	18,000위안+분쟁금액 180만위안을 초과한 금액의 5%
900만위안~1,800만위안 이하	459,00위안+분쟁금액 900만위안을 초과한 금액의 4%
1,800만위안~3,600만위안 이하	819,000위안+분쟁금액 1,800만위안을 초과한 금액의 3%
3,600만위안~9,000만위안 이하	1,359,000위안+분쟁금액 3,600만위안을 초과한 금액의 2%
9,000만위안~1억 8천만위안 이하	2,439,000위안+분쟁금액 9,000만위안을 초과한 금액의 1%
1억 8천만위안 초과	3,339,000위안+분쟁금액 1억 8천만위안을 초과한 금액의 0.5%

※ 1CNY = 180KOW 기준으로 계산

제 4 편

주요국제기구의 중재실무

제 8 장

I.C.C 중재실무

제 1 절 I.C.C 및 국제중재 법원의 탄생과 주요업무

1. I.C.C의 탄생배경과 주요기구

1) I.C.C의 탄생배경 및 목적

국제상업회의소(International Chamber of Commerce)는 미국상업회의소가 실업가들의 제휴를 통한 세계평화의 증진을 목적으로 전 세계의 상공회의소의 결합을 제창하며 1919년 10월 미국 뉴저지 주 애틀랜틱시티에서 개최한 회의에서 미국, 영국, 프랑스, 이탈리아, 벨기에 등의 기업 대표가 모여 전후 세계경제 재건과 국제통상의 부흥에 관한 회의를 개최한 데서 비롯하여 1920년 6월 프랑스 파리에서 역사적인 창립총회를 개최함으로써 국제상업회의소가 정식으로 출범하였다.

ICC는 전 세계 자유민간기업인의 대변기관으로서 상업, 공업, 운송, 금융, 보험, 통신 등 모든 국제통상 분야에서 민간기업의 활동을 촉진하고 건전한 시장경제체제의 발전을 도모하는 한편, UCP, Incoterms

등 국제무역규칙의 제정 및 기업인간의 교류를 통한 국제경제협력의 기회를 확대하는 데에 목적이 있다.

2) I.C.C 주요 부서의 업무현황

(1) Department of Policy and Business Practices

12명의 Professional staff와 8명의 assistant staff로 구성된 이 부서는 arbitration, taxation, trade and investment policy 등 16개의 위원회를 조율 및 관리한다. 16개의 위원회 산하에 약 50개의 task force가 운영되는데 각 위원회는 회원국 및 회원들 중에서 차출된 전문가들로 구성되어있고 전문분야 관련 쟁점들에 대한 정책 수립을 위해 별도의 경제적 보상이 없이 자발적으로 참여하여 운영된다.

(2) National Committees and Membership

프랑스 파리에 있는 ICC 본부와 회원 사이에 정보를 전달하는 역할을 수행한다. 각국의 National Committee 회장들과 연계하여 각국의 지역적인 관심사를 파악해 그에 적합한 Agenda를 정해 ICC Conferences나 ICC Institute of World Business Law 부서와 합동으로 세미나, 워크숍 및 회의를 개최하고 이를 통해 ICC의 마케팅 및 홍보를 수행한다. 또 ICC의 회원을 관리하고 회원 증대를 위한 마케팅을 담당하며 각국의 National Committee를 효율적으로 활용한다.

ICC의 의사회는 최고의사결정기구이다. 보통 1년에 두 번 정도 회합을 갖고 이사회 의장은 2년의 임기로 선출한다. 이사회의 각 회원은 그 국내위원회에 의하여 선임되는데, 각 국내위원회는 ICC의 예산을 이루는 기부금의 규모에 따라 1인에서 3인까지 회원을 선임할 수 있다.

총회는 회원인 모든 기업과 기관의 최고위 임원의 참석을 요하는 회의이며 3년에 한번 개최된다. 총회의 참석자 규모는 평균 1,000여명에 이르고 총회가 개최되지 않는 해에는 연차회의(Annual

Conference)가 개최된다. 이 연차회의는 1996년에 만들어진 ICC 회의담당부서와 국내위원들의 상호 협조 하에 개최된다.

(3) I.C.C Events/I.C.C Institue of World Business Law

약 10여 명으로 구성되어 ICC에서 행하는 모든 회의나 세미나, 워크숍에 직접 관여 및 조언을 한다. 연간 일정은 전년도 9-10월이면 거의 모두 확정이 되며 국제회의 준비에는 약 6~7개월이 소요된다. ICC Conferences는 Department of Policy and Business Practices, National Committees and Membership 부서들과 항상 긴밀히 협조하여 각 부서가 담당하는 업무의 진행상황 및 결과 등을 수시로 확인하고 그 성과를 가장 효과적으로 홍보할 수 있는 이벤트를 기획하는 마케팅 전문가 집단이다. 이에 반해 ICC Institute of World Business Law는 마케팅보다는 교육에 중점을 둔다.

2. I.C.C 국제중재법원의 탄생과 주요업무

1) I.C.C 중재법원의 탄생

중재를 통한 국제적인 상사분쟁의 합리적인 해결을 도모하기 위해 1923년 프랑스 파리에서 ICC 산하기관으로 설립되었다. 88개국 이상의 개별 국가 회원으로 구성되어있으며 비용이 저렴하고 판정이 신속하며 비밀이 유지된다. 또 관계당사자들로 하여금 중재인, 중재지, 적용법규, 공식 언어 등을 선택할 수 있는 권리를 보장해준다.

중재법원(Court)이란 일반적인 의미의 법원을 의미하는 것이 아니고 ICC의 중재기구로 ICC 중재규칙에 따라 진행되는 중재사건들을 관리하는 관리기구이다. 일종의 ICC 이사회와 같은 조직처럼 행동하며 1인의 회장, 9인의 부회장 그리고 각국의 Court Member들로 구성되었고 위원들은 ICC 최고의사결정기구인 이사회가 선거권이 있는 각 국내위원의 추천을 받아 3년 기한으로 선정한다.

중재법원의 주요업무는 중재인 선정, 당사자 선정, 중재인들에 대한 확인(confirmation), 중재인 기피에 대한 결정, 중재판정문의 검토 및 승인 그리고 중재인 수당의 결정 등이 있다. 1주일에 1회 개최되는 위원회의(Committee session)나 매달 1회 개최되는 총회(Plenary session)에서 사무국이 의제(agenda)로 올린 문제들에 대한 최종 결정을 내려주는 방식으로 중재업무에 관여한다. 또 중재법원은 임시예납금(provisional advance)을 결정하고 중재인의 기피(challenge) 및 교체(replacement)를 결정하며 중재판정문의 검토 등의 업무를 수행한다.

2) 중재사무국의 조직과 역할

중재법원의 사무국(Secretariat)은 8개의 중재팀으로 구성되어 있고 각 팀의 책임자는 모두 변호사며 팀장(Counsel)은 한명, 중재팀원은 2 또는 3명, 비서 2명으로 구성되어있다. 정확한 팀 명칭 없이 팀장의 국적 또는 관련 사건의 origin에 따라 팀명을 부르고 있다. 업무가 세분화되어 확실히 분장되어 있다. 전산 관련 기술 및 개발 업무는 Finance, Administration and Personnel 부서의 전문 IT 엔지니어들이 관리한다. Publication Team은 중재규칙 및 이의 번역본 그리고 홍보자료만을 전문적으로 출판한다. 각종 판정문과 중요한 기사들을 발굴하여 ICC Year Book 등을 출판하는 팀이 존재한다.

사무국은 중재절차에 직접 관여하고 중재 법원이 의사결정을 할 수 있도록 필요한 모두 서류들을 작성하고 준비하며 중재 사건을 모니터하는 등 모든 실무를 담당한다. 중재가 진행되는 동안 당사자들과 중재인들은 중재법원과 직접 연락을 취할 수 없고 모든 연락은 사무국과 하여야 한다. 사무총장이 모든 업무를 총괄하며 사무부총장은 중재사건 업무 등 사무국 내부업무에 치중한다. 반면 총괄고문(General counsel)은 ICC 조직 내의 다른 부서와의 조율, 인턴 선발 및 관리, ICC 조직 외부와 관련된 문제 등을 담당한다.

사무총장은 중재신청서가 접수되면 언어, 당사자와 대리인의 국적, 준거법과 각 팀의 사건 수 등을 고려하여 사건을 8개의 팀 중 한 팀에 배당한다. 각 사건 담당 팀의 Counsel들은 위원 회의에 제출할 서류를 준비한다. 중재법원은 사무국이 최초제출서(First Submission)라는 제목의 문서를 통해 각 사건에 있어 최초의 의사결정에 참여한다.

Counsel은 문서를 검토하고 그에 승인을 내리며 중요하고 복잡한 전화의 응대를 담당하며 판정문 초안을 검토하는 등과 같은 업무를 담당한다. Deputy Counsel은 중재비용 예납 및 정산을 관리하고 ICC 중재규칙 또는 절차적 문제점과 관련한 당사자 또는 중재인의 질의에 대한 답변을 제공한다.

3) I.C.C 중재제도의 특징

(1) 당사자자치주의

ICC 중재규칙은 제26조의 '화해중재판정'에 대한 규정에서도 볼 수 있듯이, 당사자자치주의를 존중하여 당사자 합의에 의해 내려진 화해결정에 대하여 중재판정부가 분쟁당사자의 의견을 적극 수렴함으로써 합의에 의한 해결을 수용하고 존중해 줌을 알 수 있다. 또한 중재판정부는 관련 당사자와의 합의를 통하여 1인 또는 3인의 전문가를 선정하도록 하여 당사자들로 하여금 중재절차와 판정을 최대한 수용하고 적극적으로 의견개진을 할 수 있게 유도하고 있다.

(2) 보편성

보편성을 추구하는 ICC 국제중재는 그 중재규칙을 일반적이고 간결하게 규정하고 있으며, 당사자의 국적 및 기업의 형태에 관계없이 ICC 중재규칙에 의거하여 판결이 내려지며, 중재절차의 진행과정에 있어서 중재인이 대륙법이나 영미법적 요소에 의해 해석하는 것만이 아닌, 특정 분쟁사건에 대하여 적합한 판정을 내릴 수 있도록 당사자들이 중재인에게 일임하게 됨으로써 각각의 경우에 따라 각국의 국내법이 적용될 수 있도록 한다.

(3) 중립성

ICC 국제중재에서는 중재인 선임 시, 단독 중재인이나 중재판정부의 의장을 선임할 때 당사자 쌍방의 국적 이외 다른 국가로부터 중재인을 선임하도록 하되, 다만 적절한 사정이 있는 경우, 중재법원이 지정한 기한 내에 양측의 어떠한 당사자도 반대의사를 표시하지 않을 경우, 중재법원은 일방의 당사자와 같은 국적을 가진 단독 중재인 혹은 의장 중재인을 선정할 수 있도록 한다. 또한 당사자와 중재인의 국적에 상관없이, 실체법이나 절차법에 관계없이 어느 특정 법률을 적용하도록 강요받지 않고, ICC 중재규칙에 따라 각각의 경우에 가장 적합한 법률에 의거하여 중재판정을 하며 관련 당사자 사이에 특정 합의가 없는 경우 중재판정부는 계약서의 언어를 포함한 모든 제반 사항을 고려하여 중재 언어를 결정하게 된다.

제 2 절 I.C.C 중재실무

1. I.C.C의 중재대상과 기본 운영원칙

1) I.C.C의 중재대상

ICC 중재법원은 ICC의 부속된 국제중재기구이며, 중재법원의 위원은 ICC 이사회가 임명한다. 중재법원의 기능은 ICC 중재규칙에 따라 국제적인 성격을 띤 상사분쟁을 중재에 의하여 해결하도록 하는데 있다고 규정하고 국제상사분쟁이 ICC의 중재대상이다. 그러나 만약 중재합의에 의해 ICC 중재법원에 중재권한이 부여된 경우에는 국제적 성격이 아닌 상사분쟁에 대하여 동규칙에 의한 중재를 통해 해결을 도모할 수 있다. 따라서 ICC 중재의 기본 취지는 국제상사중재가 그 대상이나 한국기업간의 분쟁도 ICC 중재가 가능하도록 개방하고 있다.

2) 서면통지 또는 통신

당사자가 제출하는 모든 종류의 서류는 당사자나 중재인뿐만 아니라 사무국에도 보내야 한다. 사무국과 중재판정부로부터 당사자에 대한 모든 통지와 통신은 그 당사자 또는 적절한 상대방이 통보한 주소 또는 최후에 알려진 주소로 해야 한다. 이러한 통지나 통신은 송달하여 영수증을 받거나 또는 등기우편, 특급우편(courier), 팩스, 텔렉스, 전신 또는 송달기록이 남는 다른 통신수단으로 할 수 있다. 통지 또는 통신은 당사자 자신 또는 그 대리인이 이를 수령하였거나 또는 전항에 따라 행하여진 경우에는 수령하였어야 했던 날로부터 유효한 것으로 본다.

2. 중재신청

1) 중재절차의 개시, 기재사항 및 제출서류

(1) 중재절차의 개시

동 규칙에 의거 중재를 신청하고자 하는 당사자는 사무국에 중재신청서를 제출하여야 하며 사무국은 신청서의 접수와 접수일자를 신청인과 피신청인에게 통지하여야 한다. 신청서가 중재법원의 사무국에 접수된 일자는 모든 경우에 있어서 중재절차의 개시일로 본다.

(2) 신청서 기재사항

신청서에 ① 관련 당사자의 성명, 인적 사항, 주소, ② 분쟁의 본질과 상황 기술, ③ 가능한 범위까지 모든 청구금액의 표시를 포함한 보상요구사항, ④ 관련된 합의사항 특히 중재합의, ⑤ 중재인의 수와 중재인의 선정 그리고 필요한 중재인의 지명에 관련된 일체의 명세사항, ⑥ 중재 장소, 적용 법률, 중재언어 등에 대한 언급 등을 기재하여야 한다.

(3) 요구서류제출 및 요금예납

신청서와 함께 신청인은 요구하는 수량의 사본을 제출하여야 하며 제출일에 유효한 비용 일람표에 따른 관리비용을 예납하여야 한다. 신청인이 이 요건을 준수하지 못하는 경우 사무국은 요건준수를 위한 기간을 정할 수 있으며, 요건을 만족시키는 경우에는 동 신청의 처리를 종료시킬 수 있다. 이때 추후 다시 신청서를 제출하여 동일한 청구를 할 신청인의 권리가 부인되는 것은 아니다.

사무국은 충분한 사본을 확보하고 필요한 예납이 이루어지면 신청서와 이에 대한 부속서류의 사본을 피신청인에게 송부하여 그 답변에 임할 수 있도록 하여야 한다.

(4) 새로운 청구의 승인여부 결정

동일한 당사자들간의 중재재판이 이미 동 규칙에 의거 계류 중인 법적 관계와 관련하여 한 당사자가 중재 신청서를 제출한 경우, 만약 중재법원이 관련 조건을 서명하거나 승인하지 않았다면 한 당사자의 요청에 의해 중재법원은 계류 중인 재판에서 중재 신청을 포함한 청구를 포함시킬 지의 여부를 결정할 수 있다. 중재법원이 관련 조건을 서명하거나 승인하게 되면 제19조에 의거 청구는 계류 중인 중재재판에 포함될 수 있다.

2) 신청에 대한 답변과 반대청구

(1) 피신청인 답변제출

피신청인은 사무국으로부터 신청서를 수령한 날로부터 30일 이내에 ① 관련 당사자의 성명, 인적 사항, 주소, ② 분쟁의 본질과 상황에 대한 기술, ③ 보상요구조항에 대한 입장, ④ 신청인의 제안을 고려한 중재인의 수와 중재인의 선정 그리고 필요한 중재인의 지명에 관련된 의견, ⑤ 중재 장소, 적용 벌률, 중재 언어 등에 대한 의견 정보가 기재된 답변서를 제출해야 한다.

사무국은 피신청인에게 다변서 제출시한을 연장해줄 수 있으며, 시한연장 신청에 중재인의 수와 중재인 선정, 중재인 지명에 대한 피신청인의 의견이 기재되어 있는 경우에 한한다. 피신청인이 답변을 제출하지 못하는 경우 중재법원은 본 규칙에 따라 절차를 진행한다.

답변서는 제3조 1항에 규정된 수량의 사본과 함께 사무국에 제출되어야 하고 사무국은 답변서의 사본과 이에 대한 부속서류를 신청인에게 송부하여야 한다.

(2) 반대신청

피신청인의 반대청구에는 답변서와 함께 ① 반대 청구가 제기된 분쟁의 본질과 상황에 대한 기술, ② 가능한 범위에서 모든 반대청구금액의 표시를 포함한 보상요구사항이 제출되어야 한다.

신청인은 사무국이 통보한 반대 청구를 접수한 날로부터 30일 이내에 모든 반대청구에 대한 답변서를 제출할 수 있으며 사무국은 신청인에게 답변서의 제출시한을 연장해줄 수 있다.

3) 중재합의의 효력

관련 당사자가 ICC 중재규칙에 의한 중재를 신청하기로 합의한 경우, 그들의 중재합의일 현재 시행 중인 규칙을 따르겠다는 합의가 없는 한 중재재판의 개시일 현재 시행중인 규칙을 따르겠다는 것으로 간주한다.

피신청인이 답변서를 제출하지 않은 경우 또는 당사자의 어느 일방이 중재합의의 존재, 유효성, 범위 등에 관하여 하나 또는 그 이상의 항변을 제기한 경우, ICC 중재규칙에 의한 중재합의가 존재함이 인정된다면 중재법원은 중재의 진행을 결정할 수 있다. 그러나 이것이 항변의 허용여부 및 권리를 부인하는 것은 아니다. 이러한 경우 중재재판부의 판정관할권에 관한 모든 결정은 중재재판부 자신이 내려야 한다. 만약 중재법원이 이에 만족하지 못할 경우 관련 당사자는 중재가 진행될 수 없음을 통보 받을 것이다. 그러한 경우 관련 당사자는 판정 관할권을 가진 법원에 구속력 있는 중재합의의 존재여부에 대해 질의할 권리가 있다.

당사자의 어느 일방이 중재를 거부하거나 또는 이에 참여하지 아니한 경우에는, 그러한 거부나 불참에도 불구하고 중재는 진행되어야 한다.

별도의 합의가 없을 때 중재재판부는 중재합의의 유효성을 확인하는 경우 계약이 무효라는 어떠한 청구 또는 그 계약이 존재하지 않는다는 주장으로 인하여 중재권한을 상실하지 아니한다. 계약 자체가 존재하지 않거나 또는 무효인 경우라 하더라도, 중재재판부는 관련 당사자 각각의 권리를 결정하고 당사자의 청구와 항변에 관하여 판결할 중재권한을 계속 갖는다.

3. 중재판정부

1) 중재인의 독립성

모든 중재인은 그 중재에 관련된 당사자로부터 독립되어야 한다. 중재인으로 선정될 후보자는 중재법원의 선정이나 확인이 있기 이전에 독립성 진술에 대해 서명하고, 당사자의 시각에서 중재인의 독립성에 관하여 의혹을 야기할 만한 성질의 모든 사실 또는 사정이 있을 경우에는 이를 중재법원의 사무총장에게 서면으로 밝혀야 한다. 중재법원의 사무총장은 이를 관련 당사자에게 서면으로 제공하여야 하며 또 당사자의 소견제출을 위한 기한을 지정하여야 한다. 중재인은 중재 중 야기될 수 있는 위와 유사한 성질의 모든 사실 또는 사정이 있을 경우에는 이를 중재법원의 사무총장과 관련 당사자에게 서면으로 밝혀야 한다.

중재인의 선정, 확정, 기피 또는 교체에 대한 중재법원의 결정은 확정적인 것으로서 그러한 결정의 이유는 통보할 필요가 없으며, 중재인의 직무를 수락함으로써 모든 중재인은 동 규칙에 의거 면직될 때까지 자신의 직무를 수행하겠다는 확약을 하게 된다.

관련 당사자가 별도로 규정하지 않는 한 중재재판부는 본 규칙의 규정에 의거 구성된다.

2) 중재인의 수

분쟁은 단독중재인 또는 3인의 중재인에 의하여 해결될 수 있다. 당사자 쌍방이 중재인의 수에 합의하지 못한 경우에는 중재법원은 분쟁이 3인의 중재인을 선정할 이유가 있다고 인정되는 경우를 제외하고는 단독 중재인을 선정하여야 한다. 그러한 경우 신청인은 법원의 결정이 통지된 날로부터 15일의 기간 내에 중재인을 지명해야 하며 피신청인은 신청인의 지명이 통지된 날로부터 15일의 기간 내에 중재인을 지명해야 한다.

당사자 쌍방이 단독중재인에 의하여 분쟁을 해결하기로 합의한 경우에는 당사자 쌍방은 합의에 따라 단독 중재인을 지명하여 확인을 받을 수 있다. 그러나 신청인의 중재신청에 관한 통지를 상대방이 수령한 날로부터 30일 이내에 또는 사무국이 허용한 추가 기한 내에 당사자 쌍방이 합의에 의한 단독중재인의 지명을 하지 못한 경우에는 중재법원이 그 단독 중재인을 선정한다.

분쟁이 3인의 중재인에게 위탁되는 경우에는 각 당사자는 중재신청서 및 답변서를 통하여 각각 1인의 중재인을 지명하여 중재법원의 확인을 받아야한다. 당사자 일방이 중재인을 지명하지 아니한 경우에는 중재법원이 이를 선정한다. 중재재판부의 의장으로 활동할 제3의 중재인은 당사자 쌍방이 선정절차에 대해 별도로 합의하지 않은 경우 중재법원이 선정한다. 당사자가 정한 절차에 따라 제3의 중재인을 지명한 경우 제9조에 의거 중재법원의 확인을 받아야 한다. 만약 관련 당사자나 중재법원이 정한 기한 내에 그러한 절차에 의한 선정이 이루어지지 못할 경우 중재법원은 제3의 중재인을 선정한다.

3) 중재인의 선정 및 확인

중재인을 확인하거나 선정함에 있어 중재법원은 예상 중재인의 국적, 거주지, 당사자나 다른 중재인이 소속된 국가와의 기타 관계, 동 규칙에 의한 중재수행 가능여부와 능력 등을 고려해야 한다. 이는 사무총장이 중재인을 확인할 경우에도 동일하게 적용돼야 한다.

사무총장은 관련 당사자의 특정 합의에 의해 관련 당사자가 지명한 공동 중재인, 단독 중재인, 중재재판부 의장을 확인해야 한다. 이는 위의 중재인이 완전 독립성 확인서를 제출하거나 제한적 독립성 확인서에 대해 반대가 없는 경우에 한한다. 그러한 확인은 다음 회기에 중재법원에 보고되어야 한다. 만약 사무총장이 공동 중재인, 단독 중재인, 중재재판부 의장을 확인할 수 없다고 간주한 경우 동 사안은 중재법원의 판단에 따른다.

중재법원이 단독중재인 또는 중재재판부의 의장을 선정하여야 하는 경우, 중재법원은 적절하다고 인정되는 ICC 국내위원회의 추천에 따라 선정하여야 한다. 중재법원이 그 추천을 승낙하지 아니하거나 또는 위의 국내위원회가 중재법원에 의하여 지정된 기한 내에 추천을 하지 못한 경우에는 중재법원은 위의 국내위원회에 반복하여 추천을 받거나 또는 다른 적절하다고 인정되는 자가 국내위원회로부터 추천을 받을 수 있다.

중재법원은 사정에 따라 필요하다고 인정하는 경우 국내위원회가 없는 국가로부터 단독중재인 또는 중재재판부의 의장을 선정할 수 있다. 다만 어느 당사자도 중재법원에 의하여 지정된 기한 내에 이를 반대하지 아니하여야 한다.

단독중재임 또는 중재판정의 의장은 관련 당사자와는 다른 국적을 가져야 한다. 그러나 적절한 상황에서 어느 당사자도 중재법원에 의하여 지정된 기한 내에 반대하지 아니하는 경우에는, 단독중재인 또는 중재재판부의 의장은 관련 당사자의 국적과 같은 국가에서 선정될 수 있다.

당사자 일방이 중재인을 선정하지 못함에 따라 중재법원이 그를 대신하여 중재인을 선정하여야 할 경우에는 중재법원은 위의 당사자가 속하는 국가의 국내위원회로부터 추천을 받아 이를 선정하여야 한다. 중재법원이 그 추천을 승낙하지 아니하거나 또는 위의 국내이원회가 중재법원에 의하여 지정된 기한 내에 추천을 하지 못하거나 또는 위의 당사자가 속하는 국가에 국내위원회가 없는 경우에는 중재법원은 그 재량에 따라 적합하다고 생각되는 어떠한 자도 선정할 수 있다. 만약 국내위원회가 있다면 사무국은 선정한 인사가 속한 국가의 국내위원회에 이를 알려야 한다.

4) 다수의 당사자

신청인과 피신청인 등 관련 당사자가 다수인 경우 그리고 분쟁이 3인 중재에 위탁된 경우 다수의 신청인은 합동으로 중재인을 지명하고 중재법원의 확인을 받을 수 있다. 그러한 합동 지명이 없으며 모든 관련 당사자가 중재재판부의 구성방법에 합의하지 못할 경우 중재법원은 중재재판부의 각 위원을 선정할 수 있으며 그들 중 1인을 의장으로 선정할 수 있다. 그러한 경우 중재법원은 적절하다고 인정되는 경우 제9조에 따라 재량으로 중재인으로 적합하다고 생각되는 인사를 선정할 수 있다.

5) 중재인의 기피

중재인에 대한 기피신청은 그 독립성의 결여 또는 기타의 이유를 막론하고 기피의 근거가 되는 사실과 상황에 대한 서면 진술서를 사무총장에게 제출함으로써 이루어질 수 있다. 기피신청을 허용 받고자 하는 경우에는 당사자는 중재인의 선정 또는 확인을 통지 받은 후 30일 이내에 또는 기피신청자가 기피의 근거가 되는 사실과 상황을 알게 된 일자가 앞의 통지를 받은 이후인 때에는 그 일자로부터 30일 이내에 기피신청을 송부하여야 한다. 중재법원은 그 사무총장이 관련 중재인, 상대방 또는 관련 당사자 및 중재재판부의 기타 모든 구성원으로 하여금 적절한 기간 내에 서면으로 소견을 제출할 기회를 부여한 후에 기피의 허용여부와 동시에 필요하다면 그 근거에 대하여 결정하여야 한다. 소견은 관련 당사자와 중재인에게 송부되어야 한다.

6) 중재인의 교체

중재인은 사망, 본인의 사의에 대한 중재법원의 수락, 기피신청에 대한 중재법원의 수락, 모든 관련 당사자의 요청 등에 의해 교체될 수 있다. 또한 중재법원은 중재인이 자신의 직무를 법률상 또는 사실상 수행하지 못하거나 규칙에 따라 또는 지정된 기간 내에 직무를 수행하지 못한다고 판단한 경우 독자적으로 중재인을 교체할 수 있다. 중재법원이 주의를 요하는 정보에 기초하여 직무수행 부적격자 적용여부를 고려하여야 할 경우 중재법원은 관련 중재인, 관련 당사자 및 중재재판부의 기타 모든 구성원에게 적절한 기간 내에 서면으로 소견을 제출할 기회를 부여한 후에 중재인의 교체문제를 결정하여야 한다.

중재인이 교체될 경우 중재법원은 최초의 지명절차를 따를 지의 여부를 재량으로 결정한다. 중재재판부가 재구성되면 중재재판부는 관련 당사자의 의견을 수렴한 후 이전의 절차의 어느 범위에서 다시 진행시킬지를 중재재판부가 재구성되기 전에 결정하여야 한다. 절차가 종료된 때에는 중재인이 사망하거나 또는 제12조 1항과 제12조 2항에 의거 법원에 의해 해임된 경우 중재법원은 적절하다고 생각되는 한 새로운 중재인을 선임하는 대신 남은 중재인으로 중재를 계속하도록 결정할 수 있다. 그러한 결정을 내림에 있어 중재법원은 남은 중재인과 관련 당사자의 견해, 이러한 상황에서 적절하다고 간주되는 기타 사안을 고려해야 한다.

4. 중재절차

1) 중재문서의 송부 및 중재장소

사무국은 사무국이 요청한 중재비용의 예납이 이루어졌다면 중재판정부가 구성되는 즉시 중재문서를 중재판정부에 송부하여야 한다.

관련 당사자 간의 합의가 없는 경우 중재장소는 중재법원이 정하며, 관련 당사자 사이에 별도의 합의가 없다면 중재판정부는 관련 당사자와의 협의를 거친 후 적절하다고 생각되는 장소에서 심리와 기타 회의를 가질 수 있다. 중재판정부는 적절하다고 생각되는 장소에서 심의할 수 있다.

2) 절차에 관한 규칙, 중재언어, 적용법률

중재판정부의 진행절차는 동 규칙에 의해 규정된다. 또 동 규칙에 규정되어 있지 아니한 경우에는 관련 당사자, 또는 이것이 불가능할 경우 중재판정부가 결정하는 규칙의 적용을 받는다. 이 경우 그 중재에 특정국가의 소송절차법을 적용할 지의 여부는 불문한다. 어떠한 경우라도 중재판정부는 공정하게 활동해야하며 관련 당사자 각각에게 적절한 의사표시의 기회를 부여해야 한다.

관련 당사자 사이에 합의가 없다면 중재판정부는 계약서의 언어 등을 포함, 모든 관련 상황을 고려하여 중재언어를 결정해야 한다.

관련 당사자는 분쟁에 대하여 중재판정부가 적용할 법률을 임의로 합의할 수 있다. 이와 같은 합의가 없는 경우 중재판정부는 적절하다고 결정한 법률을 적용해야 한다. 어떠한 경우라도 중재판정부는 계약의 조항 및 이와 관련된 무역관행을 배려해야 한다. 중재판정부는 관련 당사자가 권한을 부여한 경우에만 공정하다고 판단하는 기준을 정하고 이에 따라 우의적 중재인으로 활동하거나 결정한다.

3) 위탁사항

사무국으로부터 중재문서를 수령하는 즉시 중재판정부는 서류를 근거로 하거나 또는 관련 당사자의 입회하에서 당사자가 최근에 제출한 서류에 입각하여 위탁사항을 규정하는 서류를 작성하여야 한다. 이 서류에는 다음의 사항을 기재하여야 한다.

① 관련 당사자의 성명과 인적 사항
② 중재의 진행 중에 발생하는 통지와 통신이 가능한 관련 당사자 주소
③ 당사자 각각의 주장요지, 그리고 가능한 범위에서 청구 또는 반대 청구한 금액을 표시 한 각 관련 당사자의 보상, 요청, 요지
④ 중재판정부가 적절하다고 생각하는 경우 결정하여야 할 쟁점
⑤ 중재인의 성명, 인적 사항 및 주소
⑥ 중재장소
⑦ 적용할 절차 규칙의 명세사항 및 해당되는 경우 중재판정부가 우의적 중재인으로 활동하거나 공정한 기준을 정하고 결정을 내릴 수 있도록 중재판정부에 부여된 권한의 내용

위탁조건은 관련 당사자와 중재판정부가 서명해야 한다. 중재판정부는 중재문서를 수령한 날로부터 2개월 이내에 자신과 관련 당사자가 서명한 위탁조건을 중재법원에 송부하여야 한다. 중재법원은 중재판정의 이유가 있는 요청에 따르거나 또는 중재법원이 필요하다고 결정한 경우 독자적으로 이 기한을 연장할 수 있다.

관련 당사자가 위탁조건 서류를 작성하는데 불참하거나 또는 그 서명을 거부하는 경우 동 서류는 중재법원의 승인을 받아야 한다. 위탁조건이 중재법원에 의해 서명되거나 승인되면 진행될 수 있다. 위탁조건을 작성할 때 또는 그 후 가능한 한 빨리 중재판정부는 관련 당사자와의 협의를 거친 후 잠정적인 중재일정을 별도의 문서로 마련해야

하며 이를 중재법원과 관련 당사자에 통부하여야 한다. 이후 발생하는 잠정일정의 변동사항도 중재법원과 관련 당사자에 전달된다.

4) 새로운 청구

중재법원이 위탁조건에 대해 서명 또는 승인한 이후에는, 관련 당사자 누구도 중재판정부의 수권 없이 위탁조건의 범위를 벗어나는 새로운 청구나 반대청구를 할 수 없다. 이때 중재판정부는 새로운 청구나 반대청구의 본질, 중재의 단계, 기타 상황 등을 고려하여야 한다.

5) 사실 확인

중재판정부는 가능한 한 짧은 시간 내에 모든 적절한 수단을 통해 사건의 사실 확인을 진행해야 한다. 중재판정부는 관련 당사자가 제출한 서류와 기타 이에 의거한 모든 서류를 검토한 후에 관련 당사자의 일방이 요구하는 경우에는 관련 당사자를 함께 출두시켜 직접 심문할 수 있다. 그러한 요구가 없는 경우 중재판정부는 자신의 결정으로 관련 당사자를 심문할 수 있다. 중재판정부는 관련 당사자가 참석한 가운데 증인, 관련당사자가 지명한 전문가 또는 기타 인사에 대하여 심문할 수 있다. 또는 관련 당사자가 정식으로 소환되었다면 참석하지 않은 경우에도 동일한 결정을 내릴 수 있다.

중재판정부는 관련 당사자와의 협의를 거쳐 1인 또는 2인 이상의 전문가를 선정하여 그들에 대한 위탁사항을 정하고 그들의 보고를 받을 수 있다. 관련 당사자 일방의 요청에 의해 관련 당사자는 청문회에서 중재판정부가 선정한 모든 전문가에게 질의할 기회를 부여받는다. 절차가 진행되는 어떤 시점에라도 중재판정부는 관련 당사자를 소환하여 추가증거를 제공하도록 할 수 있다.

중재판정부는 관련 당사자 일방이 심리를 요구하지 않는다면 관련 당사자가 제출한 서류에만 의거하여 사건의 판정을 내릴 수 있다. 그리고 중재판정부는 영업비밀 및 비밀정보를 보호할 수 있는 조치를 취해야 한다.

6) 심리

중재판정부는 심리가 열리게 될 경우 적당한 통지를 통하여 관련 당사자를 중재판정부가 정한 일자와 장소에 출두하도록 소환할 수 있으며, 관련 당사자 일방이 정식으로 소환되었음에도 정당한 사정없이 참석하지 아니한 경우 중재판정부는 심리를 진행할 권한을 가진다. 중재판정부는 심리를 관장해야 하며 모든 관련 당사자는 심리에 참석할 자격이 있으며, 중재판정부와 관련당사자의 승인이 없다면 진행 중인 중재와 관련이 없는 인사를 참석할 수 없다. 관련 당사자는 본인 스스로 또는 정식으로 수권된 대리인을 통해 참석할 수 있다. 추가적으로 관련 당사자는 법률고문의 도움을 받을 수 있다.

7) 절차 종료

관련 당사자가 충분한 의견표시의 기회를 가진 후 중재판정부는 종료를 선언할 수 있다. 이후 중재판정부가 요청하거나 권한을 위임한 경우가 아니면 어떤 추가적인 의견개진 또는 주장을 하거나 증거를 제출할 수 없다.

중재판정부가 절차의 종료를 선언하는 즉시 중재판정부는 중재법원에 승인을 위해 판정안을 제출할 날짜를 사무국에 알려야 한다. 그 일자를 연기할 경우 중재판정부는 이를 사무국에 통보해야 한다.

8) 보존 및 잠정조치

관련 당사자가 별도로 합의하지 않는 한 중재판정부는 중재문서를 수령하는 즉시 관련 당사자 일방의 요청에 의해 적절하다고 생각되는 보존 및 잠정조치를 취할 수 있다. 중재판정부는 요청 당사자가 적절한 보안을 제공하는 것을 조건으로 그러한 조치를 인정할 수 있다. 그러한 조치는 중재판정부가 적절하다고 생각하는 지시, 사유 설명, 판정 등의 형태를 취해야 한다.

중재판정부가 중재문서를 수령하기 전에 그리고 그 이후에도 적절한 상황이 있을 경우 관련 당사자는 관할권이 사법당국에 잠정 및 보존조치를 요청할 수 있다. 그러한 조치 또는 중재판정부가 지시한 그러한 조치의 이행을 위한 관련 당사자 일방의 사법당국에 대한 요청이 중재합의에 대한 침해나 권리포기로 간주되지는 않으며 중재판정부에 부여된 해당 권한에 영향을 미치지 않는다. 그러한 신청 및 사법당국이 취한 모든 조치는 지체없이 사무국에 통보되어야 하며 사무국은 이를 중재판정부에 통보해야 한다.

5. 중재판정

1) 판정시한

중재판정부가 최종판정을 내려야 할 시한은 6개월 이내로 정한다. 그 시한은 중재판정부나 당사자가 최종적으로 위탁조건을 서명한 날로부터 또는 사무국이 중재판정부에 중재법원에 의해 위탁조건이 승인되었음을 통보한 날로부터 기산된다.

중재법원은 중재판정부가 필요하다고 인정하는 경우 중재판정부의 이유가 있는 요청에 따르거나 또는 독자적으로 시한을 연장할 수 있다.

2) 판정

중재판정부가 1인 이상의 중재인으로 구성된 경우 판정은 다수결에 의해 이루어지며 다수결이 없다면 판정은 중재판정부 의장이 단독으로 내리게 된다. 판정은 근거 사유를 기술해야 하며, 판정은 중재장소에서 그리고 표시된 일자에 작성된 것으로 간주된다.

3) 화해에 의한 판정

관련 당사자가 중재문서가 중재판정부에 송부된 이후에 화해에 도달하는 경우 그러한 화해는 관련 당사자가 요청하고 중재판정부가 동의한다면 관련 당사자의 합의에 의하여 내려진 판정의 형식으로 기록된다.

4) 중재법원의 판정 검토

중재판정부는 판정문에 서명하기 전에 판정문의 초안을 중재법원에 제출하여야 한다. 중재법원은 판정문의 형식을 수정할 수 있으며, 또 중재판정부의 결정의 자유에 영향을 미침이 없이 구체적인 쟁점에 주의를 환기시킬 수 있다. 중재판정부는 그 형식에 관하여 중재법원의 승인을 얻기 전까지는 어떠한 판정도 내려서는 안 된다.

5) 판정의 통지, 기탁 및 집행

중재판정이 내려지면 사무국은 중재판정부가 서명한 판정문을 관련 당사자에게 통지하여야 한다. 다만 이는 당사자 쌍방 또는 그 일방이 국제상업회의소에 중재비용을 완납한 경우에 한한다. 요청이 있을 경우에는 언제든지 사무총장이 인증한 추가사본을 그 당사자에게 한하여 제공하여야 한다. 본 규칙에 따른 통지가 행하여지면 관련 당사자는 중재판정부의 어떠한 다른 형식의 통지 또는 기탁에 대한 권리를 포기한다.

현행 규칙에 따라 작성된 각 판정문 원본은 사무국에 기탁하여야 하며, 중재판정부와 사무국은 관련 당사자가 추가로 필요한 수속을 밟는데 협조하여야 한다.

모든 판정은 관련 당사자 쌍방을 구속한다. 관련 당사자는 동 규칙에 따라 분쟁을 중재에 위탁함으로써 어떠한 판정에 대해서도 지체없이 이행하겠다고 확약하게 되는 동시에 권리 포기가 유효하게 이루어졌다면 어떠한 형식의 상환청구권도 포기한 것으로 본다.

6) 판정의 정정 및 해석

중재판정부는 독자적으로 오기, 계산착오, 오타 또는 기타 판정문에 있는 유사한 성격의 오류를 정정할 수 있다. 다만 이러한 정정은 판정일로부터 30일 이내에 법원에 승인을 받기 위해 제출되어야 한다.

관련 당사자 일방이 본 조 제1항과 관련된 오류의 정정 또는 판정문의 해석에 대한 신청은 관련 당사자가 판정문을 수령한 날로부터 30일 이내에 사무국에 제출되어야 한다. 그러한 신청서의 사본은 중재판정부와 상대방에게 제공되어야 한다. 중재판정부는 상대방에게 의견을 제출하도록 일방의 신청서를 수령한 날로부터 통상적으로 30일을 초과하지 않는 짧은 시한을 부여해야 한다.

만약 중재판정부가 판정문을 정정 또는 해석하기로 결정한 경우 중재판정부는 상대방으로부터 의견을 수령하기 위한 시한의 만료일 이후 30일을 경과하지 아니한 기간 내에 또는 중재법원이 결정한 다른 기간 내에 초안에 대한 결정은 중재법원에 제출해야 한다. 판정문의 정정 또는 해석에 대한 결정은 부칙의 형식을 따라야 하며, 판정문의 일부를 구성하며, 필요한 변경을 가하여 적용할 수 있다.

6. 중재비용

1) 중재법원이 정한 예납금은 관리비용, 중재인보수, 중재관련비용으로 구성
2) 중재인보수를 정함에 있어 중재법원은 근면성, 소요시간, 복잡성, 절차의 신속성 등을 고려하여 최소화 최대 범위 내에서 결정
3) 신청금 미화 3,000달러는 신청인이 예납해야 하며 환불되지 않는다.
4) 사무총장이 정한 예납금을 납부하지 않으면 중재는 종료될 수 있으며 분담금을 일방이 납부하지 않으면 타방 당사자가 납부할 수 있다.

(1) 관리비용

신청금액	관리비용
$50,000 이하	$3,000
$50,000 초과 $100,000 이하	4.73%
$100,000 초과 $200,000 이하	2.53%
$200,000 초과 $500,000 이하	2.09%
$500,000 초과 $1,000,000 이하	1.51%
$1,000,000 초과 $2,000,000 이하	0.95%
$2,000,000 초과 $5,000,000 이하	0.46%
$5,000,000 초과 $10,000,000 이하	0.25%
$10,000,000 초과 $30,000,000 이하	0.10%
$30,000,000 초과 $50,000,000 이하	0.09%
$50,000,000 초과 $80,000,000 이하	0.01%
$80,000,000 초과 $500,000,000 이하	0.0035%
$500,000,000 이상	$113,215

(2) 중재인 수당 요금

신청금액	최소 요금	최대 요금
$50,000 이하	$3,000	18.0200%
$50,000 초과 $100,000 이하	2.6500%	13.5680%
$100,000 초과 $200,000 이하	1.4310%	7.6850%
$200,000 초과 $500,000 이하	1.3670%	6.8370%
$500,000 초과 $1,000,000 이하	0.9540%	4.0280%
$1,000,000 초과 $2,000,000 이하	0.6890%	3.6040%
$2,000,000 초과 $5,000,000 이하	0.3750%	1.3910%
$5,000,000 초과 $10,000,000 이하	0.1280%	0.9100%
$10,000,000 초과 $30,000,000 이하	0.0640%	0.2410%
$30,000,000 초과 $50,000,000 이하	0.0590%	0.2280%
$50,000,000 초과 $80,000,000 이하	0.0330%	0.1570%
$80,000,000 초과 $100,000,000 이하	0.0210%	0.1150%
$100,000,000 초과 $500,000,000 이하	0:0110%	0.0580%
$500,000,000 이상	0.0100%	0.0400%

제 9 장

워싱턴 협약의 I.S.D 중재실무

1. 워싱턴협약의 탄생배경과 한국의 I.S.D 채택 현황

1) 워싱턴협약의 탄생배경

ISD는 외국에 투자한 투자자가 상대국가로부터 투자협상의 의무나 투자계약을 어겨 손해를 입었을 경우 상대국 정부(또는 국가기관)를 상대로 제3자의 민간기구에 국제중재를 신청해 손해배상을 받을 수 있도록 하는 제도로 1966년 맺어진 '국가와 다른 국가의 국민 간 투자분쟁해결에 관한 협약(워싱턴 협약)'에 의해 도입되기 시작했다.

ICSID(국제투자분쟁해결센터)에서 ISD는 해외투자가 자국이 아닌 외국에 투자 시 부당한 현지의 정책이나 법으로 인한 재산상의 피해를 실효적으로 보호받을 수 있도록 하고, 투자유치국의 정책변화에 대한 예측 가능성을 확보하고, 불합리한 차별대우로 발생되는 피해로부터 투자자를 보호하기 위함을 그 목적으로 한다.

ISD는 분쟁갈등의 사전해결이 용이하며 투자유치국 국내 소송의 경우에는 판결집행이 수월하고 국제기관에 의한 중재재판일 경우 전문성, 중립성 및 보안유지가 용이하다. 하지만 국가의 합리적인 법령이나 공공정책을 통한 정부의 역할을 무력화시킬 수 있다는 점이나 강대국과 약소국의 협정에서 강대국의 영향력이 큰 국제기구의 중재절차가 중립적이지 못할 수 있다는 우려가 있다.

2) 양자 간 투자협정(BIT : Bilateral Investment Treaty)과 한국의 ISD 채택

BIT는 원칙적으로 내외국인을 구별하지 않고 투자에 관해서는 동등한 권리를 부여한다. 외국인투자가도 내국인처럼 투자와 관련된 각종 행위를 할 수 있도록 법적으로 보장해주는 것으로 국가 간 투자활동에 대한 규제를 철폐한다. 우리나라는 2003년 1월 최초로 일본과의 투자협정이 발효되었고 현재 2,676개 BIT협정에서 ISD를 채택했다. 또한 발효중인 FTA 가운데 한-EU FTA를 제외한 7개 FTA의 BIT 조항에 ISD를 채용하고 있으며 FTA 이외에도 전 세계 국가들과 85건의 BIT를 체결하여 이들과의 협정문에서 ISD를 채택하고 있다.

구분	유럽	미주	아시아	중동-아프리카	계
BIT 체결현황	32건	15건	16건	22건	85건
FTA 현황	EU(2011.7) EFTA(2006.9)	미국(2010.12) 페루(2011.8) 칠레(2004.4)	ASEAN(2009.9) 인도(2010.1) 싱가포르(2006.3)	·	8건

2. 국제투자분쟁해결기구

1) 투자분쟁해결국제센터(International Center for Settlement of Investment Dispute)

투자분쟁해결국제센터(이하 ICSID라 한다)는 국제투자분쟁해결기구이다. 투자분쟁을 해결하기 위해 설치되어 규정에 따라 체약국과 타방체약국 국민 간의 투자분쟁의 조정과 중재를 위한 시설을 제공하는데 목적이 있다.

2) ICSID의 조직

ICSID는 운영이사회와 사무국을 두고, 조정인단과 중재인단을 둔다.

(1) 운영이사회

운영이사회는 각 체약국의 대표 1인으로 구성된다. 대표대리는 대표가 회의에 결석하거나 또는 직무를 수행할 수 없는 경우 대표의 자격을 갖으며 별도의 지명이 없는 경우에는 각 체약국이 국제복흥개발은행(이하 세계은행이라 한다)에 임명하는 위원과 대리 위원은 직권상 당해 체약국의 대표 및 대표대리가 된다.

운영이사회는 워싱턴 협약의 다른 규정에 의하여 운영이사회의 부여된 권한과 기능을 침해함이 없이, 센터의 행정규칙과 재정규칙을 채택하고, 조정 및 중재의 개시를 위한 절차규칙을 채택하고, 조정 및 중재절차를 위한 규칙을 채택하고, 세계은행의 행정적 시설과 용역을 이용하기 위한 약정을 승인하고, 사무국장 및 사무차장의 복무조건을 결정하고, 센터의 연간 수입, 지출 예산을 채택하며, 센터의 화동에 관한 연간보고서를 승인하는 업무를 한다.

운영이사회는 연차회의와 이사회가 결정하거나 의장이 소집하는 경우, 또는 이사회 재적5인 이상의 요구에 의하여 사무국장이 소집하는 회의를 개최한다. 운영이사회의 각 이사는 1표의 투표권을 가지며, 달리 규정한 경우를 제외하고는 이사회에 회부되는 모든 안건은 과반수 투표로 이를 결정하고 운영이사회의 회의 정족수는 그 구성원의 과반수로 한다.

운영이사회는, 동 이사회 이사 2/3 이상의 찬성 표결로, 의장이 이사회를 소집하지 않고 동 이사회의 표결을 구할 수 있는 절차를 제정할 수 있다. 이러한 표결은 위 절차에 의하여 지정된 기간 내에 이사회의 과반수 이사가 투표를 한 경우에 한하여 유효한 것으로 간주한다.

(2) 사무국

사무국에는 1명의 사무국장과 1명 또는 그 이상의 사무차장 및 직원을 두는데 사무국장과 사무차장은 운영이사회가 의장의 지명에 의하여 동 이사회 재적 2/3 이상의 표결로, 6년을 초과하지 아니하는 임기로 선출되고 재선될 수 있다. 의장은 운영이사회 이사와 협의 후 해당 직위에 1인 또는 그 이상의 후보를 제안하여야 한다.

사무국장과 사무차장의 직무는 여타의 정치적 기능의 행사와 양립할 수 없고, 사무국장이나 사무차장은 운영이사회의 승인 없이는 겸직이 금지되며 다른 직업에 종사하지 못한다. 사무국장이 결석하거나 권한을 행사할 수 없을 때 또는 사무총장 직에 공석이 생긴 경우 사무차장이 이를 대행한다.

사무국장은 센터의 법률상 대표이자 수석직원이며, 워싱턴 협약과 운영이사회가 채택한 규칙에 따라 직원의 임명을 포함한 센터의 운영에 대하여 책임을 진다. 사무국장은 등록관으로써의 역할을 수행하며 본 협약에 따라 내려진 중재판정을 인증하고 그 사본을 인증할 권한을 가진다.

(3) 조정인단 및 중재인단

조정인단과 중재인단은 워싱턴 협약에서 규정한 바에 따라 지명된 자로서 당해 단(Panel)에 복무할 의사를 가진 적격자로 구성된다. 체약국은 각 Panel에 4명의 중재인 및 조정인을 지명하는데 동 후보자가 자국민임은 묻지 않는다. 또 의장은 각 Panel에 10명을 지명하고 의장에 의해 지명된 자는 각각 다른 국적을 가져야 한다. 각 Panel에 지명된 자는 덕망이 높고, 법률, 상사, 산업 및 재정 분야에 전문지식을 갖고, 중립적 판결을 내릴 수 있는 자여야 한다. 중재인단에 지명되는 중재인의 경우 법률분야의 전민지식이 특별히 요구된다. 의장은 각 Panel에 복무할 자를 지명함에 있어서 이들이 전 세계의 주요한 법제도의 경제체제를 대표한다는 중요성을 함께 고려해야 한다.

Panel 위원의 임기는 6년이며 재임될 수 있다. Panel 위원의 사망하거나 사직을 했을 경우에는 그 위원을 지명한 당국은 당해 위원의 잔여 임기동안 복무할 다른 자를 지명할 권한을 가지고, Panel 위원은 그 후임자가 지명될 때까지 계속 복무한다.

1인의 위원은 양 Panel에 복무할 수 있는데 1인의 위원이 1이상의 체약국에 의해 또는 1이상의 체약국과 의장에 의하여 동일한 Panel에 지명된 경우, 당해 의원은 최초로 그를 지명한 기관에 의해 지명된 것으로 간주하고 지명 기관이 그의 소속 국가인 경우 당해국에 의하여 지명된 것으로 간주한다. 또 모든 지명은 사무국장에게 통지되어야 하며 통지가 접수된 날로부터 효력이 발생한다.

(4) 센터의 관할권

ICSID의 관할권은 분쟁당사자가 센터에 회부할 것을 서면상으로 등의한 분쟁으로서 체약국(또는 당해 체약국에 의하여 센터에 지정된 등 체약국의 하부조직이나 기관)과 타방체약국 국민간의 투자로부터 직접적으로 발생하는 모든 법률상 분쟁에 미친다. 그러한 동의를 한 경우에는 어떠한 당사자도 이를 일방적으로 철회할 수 없다.

워싱턴 협약에 따른 당사자의 중재합의는 달리 규정한 바가 없으면, 다른 어떠한 구제수단도 배제한 것으로 간주된다. 체약국은 협약에 따른 중재에 동의하는 조건으로, 국내의 행정적 또는 사법적 구제수단의 완료를 요구할 수 있다.

3. I.S.D 중재실무

1) I.S.D 중재청구 자격

제소자를 ISD에서는 분쟁투자자(disputing investor)라고 하며 "상대국 투자자"나 "현지법인을 소유하거나 통제(owns or controls directly or indirectly)하는 상대국 기업"으로 그 국적이 BIT 체결국일 경우에 청구 주체의 자격이 인정된다. 제3국임에도 불구하고 형식적 법인설립 등으로 투자협정의 보호를 받으려는 경우에는 청구 자격이 부인된다.

2) I.S.D 중재신청

(1) 신청절차

BIT 협정 위반으로 인한 투자자의 손실이나 손해가 발생하면 서로 우호적인 해결에 도달하기 위해 협의 및 협상을 통해 가능한 합의에 도달하도록 한다. 이러한 협의는 서면으로 이루어져야 한다. 국제, 국내 중재 중 선택할 때 중재절차가 법원절차와 동시에 진행되거나 중복되어 사용되는 경우 서로 상충되는 결정이 내려질 가능성에 대비하여 택일방식과 포기방식이 채택되어 사용되고 있다. 택일방식(falk-in-the-road approach)은 투자자가 한 가지 분쟁해결 절차를 선택하도록 하고 일단 절차가 시작되었으면 다른 절차를 선택하지 못하도록 하는 것이고 포기방식(waiver approach)은 투자자가 일단 국내 법원에 제소한 경우에도 이를 취소하고 국내절차로 이행할 수 있으나 국제중재로 이행하는 경우 국내절차는 포기한다는 서면을 제출해야 하는 것이다. 중재제기 의사통보를 할 때에는 중재에 대한 청구제기 최소 90일 전에 분쟁회부 의사를 밝히고 분쟁 당사국의 의무위반 주장 및 적용대상 투자와 관련하여 초래된 손실 또는 손해의 요약을 보고해야 한다. 중재제기는 협정위반을 알았거나 문제발생 사실을 인지 한 후 BIT 협정에 따라 정해진 기간 내에 제기할 수 있다.

(2) 중재신청 방법

중재를 신청하고자 하는 체약국이나 체약국 국민은 서면으로 이와 같은 취지의 요청서를 사무국장에게 제출하여야 하며 사무국장은 동 요청서의 사본을 상대방에게 송부하여야 한다. 요청서에는 분쟁의 본안, 당사자의 신원, 조정 및 중재절차개시규칙에 따른 중재회부 합의 등에 관한 정보가 포함되어야 한다. 사무국장은 요청서에 포함된 정보에 의하여 당해 분쟁이 명백히 센터의 관할권 밖이라고 판단하는 경우가 아닌 한 동 요청서를 등록하여야 하고 당사자에게 등록이나 등록의 거부 사실을 즉시 통지하여야 한다.

(2) 중재기관의 선택과 중재규칙

중재에 회부될 경우 투자자는 이용 가능한 중재규칙 중에서 선택할 권리가 있다. ISD에 적용되는 규칙은 투자자의 국가와 피소국가 양국이 모두 국제투자분쟁해결센터(ICSID)의 회원인 경우는 ICSID Rules of Procedure for Arbitration proceedings(ICSID 중재절차규칙), 양국 중 하나의 국가가 ICSID의 회원인 경우에는 ICSID Additional facility Rules (ICSID 추가절차규칙), 또는 UNICITRAL Arbitration Rules(유엔국제법위원회 중재규칙)이 있고 그 밖의 분쟁당사자가 동의하는 중재기구와 원칙으로는 ICC의 ICA(International Curt of Arbitration), LCIA(London Curt of International Arbitration), 미국중재협회 AAA의 ICDR(International Center for Dispute Resolution)이 및 당사자가 동의에 따라 상사중재원, 각 지역의 상공회의소의 중재를 따를 수 있다.

3) 중재판정부의 구성

(1) 중재인 수 및 선정방법

판정부는 당사자가 합의하는 1인 또는 홀수의 중재인으로 구성된다. 당사자가 중재인의 수와 선정방법에 관하여 합의하지 아니한 경우 판정부는 각 당사자가 선정하는 각 1인의 중재인과 의장중재인이 될 자로서 당사자의 합의로 선정한 제3 중재인을 포함하여 모두 3인의 중재인으로 구성된다.

사무국장이 요청서의 등록통지를 발송한 후 90일 이내에 또는 당사자가 합의하는 기타 기간 내에 판정부가 구성되지 아니하면 의장은 일방당사자의 요청에 의하여 아직 선정되지 아니한 중재인 또는 중재인들을 선정하여야 한다. 본조에 따라 의장이 선정하는 중재인은 분쟁

당사자인 체약국의 국민이거나 또는 그 소속국민이 분쟁당사자인 체약국의 국민이어서는 안 된다.

판정부의 과반수는 분쟁당사자인 체약국 및 그 소속 국민이 분쟁당사자인 체약국 이외의 국적을 가진 국민이어야 한다. 그러나 본조의 상기 규정은 단독중재인이거나 판정부의 모든 중재인이 당사자의 합의로 선정된 때에는 적용되지 아니한다.

(2) 중재인 및 조정인의 교체 및 부적격

조정위원회나 중재판정부가 구성되고 심리절차가 개시된 후에는 당해 위원 또는 중재인을 변경하지 않는다. 그러나 중재인이나 조정인의 사망, 능력상실, 또는 사직에 따른 결원은 규정에 따라 충원되어야 한다. 조정위원회의 위원이나 중재판정부의 중재인은 조정인단 또는 중재인단의 직을 상실한 후에도 위원 또는 중재인 자격으로 계속 직무를 수행한다. 일방당사자가 선정한 조정인 또는 중재인이 위원회나 판정부의 동의없이 사직하는 경우 의장은 그 공석을 해당 Panel로 충원해야 한다.

당사자는 중재인 또는 조정인이 워싱턴 협약에서 규정하는 부적격 사유에 해당하는 경우 당해 조정인 또는 중재인의 부적격을 조정위원회나 중재판정부에 주장할 수 있다. 조정인이나 중재인의 부적격 주장에 대한 결정은 필요한 경우 위원회나 판정부의 기타 위원이나 중재인이 내려야 한다. 다만, 이러한 기타 위원이나 중재인의 견해가 나누어지거나, 단독조정인이나 단독중재인에 대한 부적격 결정 또는 과반수 조정인이나 중재인의 부적격 결정에 대해서는 이사회 의장이 결정을 내린다. 부적격 주장에 충분한 타당성이 있다는 결정이 내려진 경우 그 결정에 관련되는 조정인이나 중재인은 규정에 따라 교체되어야 한다.

4) 중재절차

(1) 판정부의 권한

판정부는 그 자신의 권한을 결정하여야 한다. 분쟁이 센터의 관할권 밖에 있거나 또는 기타 이유로 판정부의 권한 밖에 있다는 당사자의 이의 제기는 판정부가 이를 고려하여 또한 그러한 이의를 예비문제로 취급할 것인지, 본안에 병합시킬 것인지의 여부도 판정부가 결정한다.

판정부는 당사자가 합의하는 법규칙에 따라 분쟁을 해결하여야 한다. 이러한 합의가 없는 경우, 분쟁당사국의 법(저촉법에 관한 당해 국가의 법규칙을 포함한다) 및 적용할 수 있는 국제법 원칙을 적용하여야 하며, 법의 부존재나 불명료를 이유로 판결을 거부할 수 없다. 이는 당사자가 합의하는 경우 형평과 선의 원칙에 따라 분쟁을 결정할 판정부의 권한을 침해해서는 안 된다.

당사자가 달리 합의하는 경우를 제외하고 중재절차의 어느 단계에서라도 판정부는 당사자에게 문서나 기타 증거의 제출을 요구할 수 있으며 분쟁과 관련되는 현장을 조사하고 판정부가 적절하다고 판단하는 장소에서 조사를 실시할 수 있다.

(2) 일방당사자의 불참이나 답변거부

일방 당사자의 불참이나 답변 거부는 상대방의 주장에 대한 자백으로 간주되지 않는다. 상대방이 불참하거나 진술하지 않는 경우에도 당사자는 판정부가 당해 청구를 다루고 판정을 내릴 것을 요청할 수 있다. 판정부는 판정을 내리기 전에 불참한 당사자에게 이를 통고하고 유예기간을 주어야 한다. 다만, 당해 당사자에게 그러한 의사가 없음을 판정부가 인지한 경우에는 그렇지 않다.

(3) 추가신청이나 반대신청

당사자가 달리 합의하는 경우를 제외하고 일방당사자의 요청이 있으면 판정부는 분쟁의 본안으로부터 직접적으로 발생한 추가신청이구나 반대신청을 함께 다루어야 한다. 다만, 이러한 청구는 당사자가 합의한 범위 내의 것이고 당사자의 그러한 합의는 ICSID의 관할권 내에 있어야 한다.

5) 중재판정

(1) 판정의 방법

판정부는 모든 중재인의 다수결에 의하여 결정한다. 중재판정은 서면으로 작성되어야 하며 중재인이 이에 서명하여야 하고, 판정은 판정부에 제출된 모든 청구를 다루어야 하며 또한 판정의 근거가 되는 이유를 명시하여야 한다. 중재인은 중재판정에 대한 소수의견 또는 반대의견을 첨부할 수 있다. 또 ICSID는 당사자 동의 없이는 판정문을 발급할 수 없다.

사무국장은 판정문의 인증 등본을 신속히 당사자에게 송부한다. 판정은 그 판정문의 인증 등본이 송부되는 날에 내려진 것으로 간주된다. 판정이 내려진 날로부터 45일 이내에 일방 당사자의 요청이 있으면 판정부는 상대방 당사자에게 이를 통고한 후 판정에서 누락된 사항을 결정할 수 있고, 또한 판정문상의 어떠한 오기, 오산 또는 기타 이에 유사한 오류를 정정하여야 한다. 판정부의 이러한 결정은 판정의 일부를 구성하며 판정문과 동일한 방법으로 당사자에게 통고되어야 한다.

(2) 판정의 해석, 수정 및 유예

판정문의 해석 또는 범위에 관하여 당사자 간에 다툼이 있는 경우 당사자는 사무국장 앞으로 신청서를 제출하여 판정의 해석을 요청할 수 있다. 위 신청서는 판정을 내린 판정부에 제출해야 하며 그것이 불가능한 경우에는 규정에 따라 새로운 판정부가 구성되어야 한다. 판정부는 필요한 경우에는 위 결정이 있을 때까지 판정의 집행을 유예할 수 있다.

당사자가 판정에 결정적으로 영향을 미칠 수 있는 사실을 발견한 경우 사무국장 앞으로 신청서를 제출하여 판정문의 수정을 요청할 수 있다. 다만, 판정이 내려졌을 당시에 이러한 사실이 판정부 및 신청인에게 알려지지 아니하였고 또한 그러한 사실을 알지 못하였음에 과실이 없어야 한다. 신청은 이러한 사실을 발견한 날로부터 30일 이내에 이루어져야 하고 어떠한 경우에도 판정이 내려진 날로부터 3년 이내에 제기되어야 한다. 신청서는 판정을 내린 판정부에 제출되어야 하며 그것이 불가능한 경우에는 협약의 규정에 따라 새로운 판정부가 구성되어야 한다.

판정부는 필요하다고 인정되는 경우 그 결정을 내릴 때까지 판정의 집행을 유예할 수 있다. 신청인이 신청서상에서 판정집행의 유예를 요청할 경우 집행은 판정부가 이러한 요청에 대한 결정을 내릴 때까지 잠정적으로 유예되어야 한다.

(3) 판정의 무효

당사자는 판정부가 적절한 방법으로 구성되지 않은 경우나 판정부가 명백히 그 권한을 유월한 경우, 중재인에게 부정이 있는 경우, 절차규칙으로부터 중대한 일탈이 있는 경우, 혹은 판정문에 판정의 이유를 명시하지 않는 경우에는 사무국장에게 신청서를 제출하여 판정의 무효를 요청할 수 있다.

판정의 무효 신청은 판정이 내려진 날로부터 120일 이내에 이루어져야 한다. 다만, 판정부의 부정을 이유로 한 무효 신청은 그러한 부정을 발견한 날로부터 120일 이내에, 그리고 어떠한 경우라 할지라도 판정이 내려진 날로부터 3년 이내에 해야 한다.

신청서를 접수하면 의장은 즉시 3인으로 구성된 특별위원회를 중재인단으로부터 선정하여야 한다. 판정을 내린 판정부의 중재인은 동 위원회에서 제외되며, 분쟁당사국이나 분쟁당사자의 소속 국가 국민이어서도 안 되며, 이들 국가에 의해 중재인단에 지명되지 않았어야 하고 또는 동일한 분쟁의 조정인으로 활동한 사실이 없어야 한다.

위원회는 필요한 경우 결정을 내릴 때까지 판정의 집행을 유예할 수 있다. 신청인이 신청서상에서 판정집행의 유예를 요청한 경우 집행은 위원회가 이러한 요청에 대한 결정을 내릴 때까지 잠정적으로 유예되어야 한다.

6) 판정의 승인과 집행

판정은 당사자를 구속하며 협약에서 규정된 바를 제외하고는 어떠한 항소나 또는 기타구제수단의 대상이 되지 않는다. 각 당사자는 협약의 관계조항에 따라 집행이 유예된 경우를 제외하고는 판정 내용을 이행해야 한다.

각 체약국은 협약에 따라 내려진 판정을 구속력 있는 것으로 승인하고 이를 당해 국가 법원의 최종판결과 같이 취급하여 동 국가 내에서 이러한 판정에 따른 금전상의 의무를 집행해야 한다. 연방헌법을 가진 체약국은 연방법원을 통하여 당해 판정을 집행해야 하며 또한 동 법원은 이를 주 법원의 최종판결과 동등하게 다루어야 한다.

체약국의 영역 안에서 승인이나 집행을 구하는 당사자는 당해 국가가 이러한 목적을 위하여 지정한 법원이나 기타 당국에 사무국장이 인증한 판정서의 등본을 제출하여야 한다. 각 체약국은 승인과 집행 목적을 위한 관계 법원이나 관련 당국의 지정 및 그 변경 사항을 사무국장에게 통고하여야 한다. 판정의 집행은 그 집행이 요구된 국가에서 발효 중인 판결의 집행에 관한 법률에 의하여 규율되어야 한다.

7) 중재비용 및 중재장소

당사자가 ICSID의 이용에 대해 부담해야 할 비용은 운영이사회가 채택한 규정에 따라 사무국장이 이를 결정해야 한다. 위원이나 중재인의 수당과 경비는 위원회 및 판정부가 운영이사회가 정하는 범위 내에서 또는 사무국장과 합의한 후에 결정해야 한다. 당사자는 중재인의 수당과 경비에 관하여 판정부와 사전에 합의할 수 있다.

조정 및 중재절차는 당사자가 합의하는 경우, '상설중재법원(Permanent Court of Arbitration)의 소재지 또는 센터가 절차 수행을 위하여 약정한 기타 기관의 소재지'나 '조정위원회나 중재판정부가 사무국장과 협의한 후 승인한 기타 장소'에서 행해질 수 있다. 이 경우를 제외하고는 센터의 소재지에서 수행되어야 한다.

워싱턴 협약의 해석이나 적용에 관하여 체약국 간에 발생해 당사국 간에 교섭에 의해 해결되지 아니한 분쟁은 당해 국가가 다른 해결방법에 합의한 경우를 제외하고는 일방당사자의 신청에 의하여 국제사법재판소(International Court of Justice)에 회부되어야 한다.

4. 한미 F.T.A상 I.S.D 채택 내용

1) I.S.D제도의 채택

한미 FTA에서는 투자분쟁 해결수단으로 중재를 선택하고 있으며 협정문 제11장 '투자분야' 부문에서 ISD에 대해 규정하고 제11장 제2절 "투자자와 국가 간 분쟁해결"이라는 제목을 두고 관련내용을 명시하고 있다.

2) I.S.D제도의 청구사유

기본적으로 여타 BIT협정상의 ISD제도의 동일한 형태의 합의부분 위반(투자협정상의 일정한 의무를 위반)으로 투자의 경영 · 영업 · 매각 · 처분과 관련하여, 협정상의 내국민대우, 최혜국 대우, 투자에 대한 일반적 대우, 고위경영진 및 이사회 구성 제한 금지, 송금, 수용 및 보상, 그리고 손실보상 등의 의무 위반으로 손실(loss) 또는 손해(damage)가 야기된 경우이다.

한미 FTA에서는 '투자인가(Investment authorization)와 투자계약(Investment agreement)상의 의무위반 조항은 타 ISD보다 포괄적이라 할 수 있다.

투자인가(Investment authorization)위반은 투자인가는 외국인이 당 국가에 투자할 수 있도록 허가하는 것을 말하는 것으로, 한미 FTA상에서는 한미 양국이 외국인투자인가 기관을 가지고 있지 않는 것을 전제로 ISD대상에서 제외시키고 있다. (투자인가위반사항에 대해 협정문에서는 열거하고 있지 않음)

투자계약(Investment agreement)위반은 '우산조항'이라고 알려진 투자계약위반은 외국인투자자가 중앙정부와 천연자연채굴, 공공서비스 제공, 인프라구축 등과 관련하여 체결하는 서면계약을 말하며, 지자체나 공기업은 제외된다. 즉, 국가와 투자자간의 계약체결에 의해 이루어지는 사업에 있어 투자계약사항이나 투자의도와는 동 떨어진 사건이 발생할 경우에 중재신청 가능하다.

직접수용과 동일한 효과를 갖는 조치인 간접수용(Indirect expropriation)은 금지한다.

수용이란 정부가 민간기업 등의 재산권을 박탈하는 것을 일컬으며 간접수용(Indirect expropriation)이란 공공의 목적을 위한 정책으로 인해 투자자의 자산가치가 하락하였을 경우 이를 수용으로 보고 중재신청이 가능하다. 단, 보건, 안전, 환경 등의 공공정책과 조세정책, 부동산 가격 안정화 등의 정책은 극히 예외적인 상황으로 극도로 심하거나 불균형적인 조치를 제외하고 한미 FTA ISD 대상에서 제외하고 있다. 그리고, 한미 FTA 부속서 11-B에는 간접수용이 성립되기 위해서는 다음의 사항을 종합적으로 적용하여 판단해야 함을 명시하고 있다.

① 정부의 규제가 기업에 미치는 부정적 효과가 클 것
② 투자기업이 애초에 가졌던 합리적 기대를 저해하는 애용의 규제가 행해졌을 경우
③ 투자기업이 공공의 이익을 위한 감내해야 하는 정도를 벗어난 특별화생 강요
④ 정당한 공공복지목적을 위해 취하는 비차별적 규제나 극도로 심각하고 불비례적인 규제

간접수용 해당 의무위반 및 손실 또는 손해를 분쟁자가 알았거나 합리적으로 알 수 있었던 날로부터 3년이 경과하지 않은 경우에 중재신청 가능하다.

3) 중재의 투명성

피청구국은 자료 공개 의무에 따라 의사통보 및 중재통보 변론서, 이유서, 준비서면, 제3자의 입장제출, 중재판정부의 심리 의사록/속기록, 중재판정부의 명령, 판정과 결정 등의 자료를 공개하여야 한다. 중재판정부는 심리 시 보호정보로 지정된 사항을 제외하고 대중에게 공개하여 심리를 수행한다. 분쟁당사자는 보호정보를 지정하여 공개로부터 보호할 수 있다.

4) 중재판정

재판부는 양 당사자에게 판정문의 초안을 송부하여 사전에 검토를

하도록 허용할 수 있으며 당사자는 이를 토대로 초안에 대안 의견 제출이 가능하다. 중재판정은 특정 당해분야와 양 당사자 간에만 구속력을 가진다.

부 록

1. 한국의 중재법
2. 대한상사중재원 국내중재규칙
3. 대한상사중재원 국제중재규칙
4. UNICTRAL MODEL ARBITRATION LAW
5. 외국중재판정의 승인과 집행에 관한 UN 협약
6. 워싱턴 협약

1. 한국의 중재법

법률제1767호(1966年 3월16일 공포)
법률제2537호(1973年 2월17일 개정)
법률제6083호(1999年12월31일 개정)
법률제6465호(2001年 4월 7일 개정)
법률제6626호(2002年 1월26일 개정)

제1장 총 칙

제 1 조 (목적)

이 법은 중재에 의하여 사법상의 분쟁을 적정·공평·신속하게 해결함을 목적으로 한다.

제 2 조 (적용범위)

이 법은 제21조의 규정에 의한 중재지가 대한민국안인 경우에 이를 적용한다. 다만, 제9조 및 제10조의 규정은 중재지가 아직 정하여지지 아니하였거나 대한민국안이 아닌 경우에도 적용하며, 제37조 및 제39조의 규정은 중재지가 대한민국안이 아닌 경우에도 적용한다.

② 이 법은 중재절차를 인정하지 아니하거나 이 법의 중재절차와는 다른 절차에 의하여 중재에 회부할 수 있도록 정한 법률과 대한민국에서 발효중인 조약에 대하여는 영향을 미치지 아니한다.

제 3 조 (정의)

이 법에서 사용하는 용어의 정의는 다음과 같다.

1. "중재"라 함은 당사자간의 합의로 사법상의 분쟁을 법원의 재판에 의하지 아니하고 중재인의 판정에 의하여 해결하는 절차를 말한다.
2. "중재합의"라 함은 계약상의 분쟁인지의 여부에 관계없이 일정한 법률관계에 관하여 당사자간에 이미 발생하였거나 장래 발생할 수 있는 분쟁의 전부 또는 일부를 중재에 의하여 해결하도록 하는 당사자간의 합의를 말한다.
3. "중재판정부"라 함은 중재절차를 진행하고 중재판정을 내리는 단독중재인 또는 다수의 중재인으로 구성되는 중재인단을 말한다.

제 4 조 (서면의 통지)

① 당사자간에 다른 합의가 없는 경우에 서면의 통지는 수신인 본인에게 서면을 직접 교부하는 방법에 의한다.

② 제1항의 규정에 의한 직접 교부의 방법에 의할 수 없는 경우에는 서면이 수신인의 주소·영업소 또는 우편연락장소에 정당하게 전달된 때에 수신인에게 통지된 것으로 본다.

③ 제2항의 규정을 적용함에 있어서 적절한 조회를 하였음에도 수신인의 주소·영업소 또는 우편연락장소를 알 수 없는 경우에는 최후로 알려진 수신인의 주소·영업소 또는 우편연락장소로 등기우편 기타 발송을 증명할 수 있는 우편방법에 의하여 서면이 발송된 때에 수신인에게 통지된 것으로 본다.

④ 제1항 내지 제3항의 규정은 법원이 행하는 송달에는 이를 적용하지 아니한다.

제 5 조 (이의신청권의 상실)

당사자가 이 법의 임의규정 또는 중재절차에 관한 당사자간의 합의에 위반한 사실을 알고도 지체없이 이의를 제기하지 아니하거나 정하여진 이의제기기간내에 이의를 제기하지 아니하고 중재절차가 진행된 때에는 그 이의신청권을 상실한다.

제 6 조 (법원의 관여)

법원은 이 법이 정한 경우를 제외하고는 이 법에 관한 사항에 관여할 수 없다.

제 7 조 (관할법원)

① 다음 각호의 사항에 대하여는 중재합의에서 지정한 지방법원 또는 지원 (이하 이 조에서 "법원"이라 한다)이, 그 지정이 없는 경우에는 중재지를 관할하는 법원이 관할하며, 중재지가 아직 정하여지지 아니한 경우에는 피신청인의 주소 또는 영업소를 관할하는 법원이, 주소 또는 영업소를 알 수 없는 경우에는 거소를 관할하는 법원이, 거소도 알 수 없는 경우에는 최후로 알려진 주소 또는 영업소를 관할하는 법원이 관할한다.

1. 제12조제3항 및 동조제4항의 규정에 의한 중재인의 선정
2. 제14조제3항의 규정에 의한 중재인의 기피신청에 대한 법원의 기피결정
3. 제15조제2항의 규정에 의한 중재인의 권한종료신청에 대한 법원의 권한종료결정
4. 제17조제6항의 규정에 의한 중재판정부의 권한심사신청에 대한 법원의 권한심사
5. 제27조제3항의 규정에 의한 감정인의 기피신청에 대한 법원의 기피결정

② 제28조의 규정에 의한 증거조사는 증거조사가 행하여지는 지역을 관할하는 법원이 관할한다.

③ 다음 각호의 사항에 대하여는 중재합의에서 지정한 법원이, 그 지정이 없는 경우

에는 중재지를 관할하는 법원이 관할한다.

1. 제32조제4항의 규정에 의한 중재판정원본의 보관
2. 제36조제1항의 규정에 의한 중재판정취소의 소

④ 제37조 내지 제39조의 규정에 의한 중재판정의 승인과 집행청구의 소는 다음 각호의 1에 해당하는 법원이 관할한다.

1. 중재합의에서 지정한 법원
2. 중재지를 관할하는 법원
3. 피고소유의 재산소재지를 관할하는 법원
4. 피고의 주소 또는 영업소, 주소 또는 영업소를 알 수 없는 경우에는 거소, 거소도 알 수 없는 경우에는 최후로 알려진 주소 또는 영업소를 관할하는 법원

제 2 장 중재합의

제 8 조 (중재합의의 방식)

① 중재합의는 독립된 합의 또는 계약중 중재조항의 형식으로 할 수 있다.

② 중재합의는 서면으로 하여야 한다.

③ 다음 각호의 1에 해당하는 경우에는 이를 서면에 의한 중재합의로 본다.

1. 당사자들이 서명한 문서에 중재합의가 포함되어 있는 경우
2. 서신 · 전보 · 전신 및 모사전송 기타 통신수단에 의하여 교환된 문서에 중재합의가 포함되어 있는 경우
3. 일방 당사자가 당사자간에 교환된 문서의 내용에 중재합의가 있는 것을 주장하고 상대방 당사자가 이를 다투지 아니하는 경우

④ 계약이 중재조항을 포함한 문서를 인용하고 있는 경우에는 중재합의가 있는 것으로 본다. 다만, 그 계약이 서면으로 작성되고 중재조항을 그 계약의 일부로 하고 있는 경우에 한한다.

제 9 조 (중재합의와 법원에의 제소)

① 중재합의의 대상인 분쟁에 관하여 소가 제기된 경우에 피고가 중재합의존재의 항변을 하는 때에는 법원은 그 소를 각하하여야 한다. 다만, 중재합의가 불존재 · 무효이거나 효력을 상실하였거나 그 이행이 불가능한 경우에는 그러하지 아니하다.

② 피고는 제1항의 항변을 본안에 관한 최초의 변론을 할 때까지 하여야 한다.

③ 제1항의 소가 법원에 계속중인 경우에도 중재판정부는 중재절차를 개시 또는 진행하거나 중재판정을 내릴 수 있다.

제 10 조 (중재합의와 법원의 보전처분)

중재합의의 당사자는 중재절차의 개시전 또는 진행중에 법원에 보전처분을 신청할 수 있다.

제 3 장 중재판정부

제 11 조 (중재인의 수)

① 중재인의 수는 당사자간의 합의로 정한다.

② 제1항의 합의가 없는 경우에는 중재인의 수는 3인으로 한다.

제 12 조 (중재인의 선정)

① 당사자간에 다른 합의가 없는 경우에 중재인은 국적에 관계없이 선정될 수 있다.

② 중재인의 선정절차는 당사자간의 합의로 정한다.

③ 제2항의 합의가 없는 경우에는 다음 각호의 1에서 정하는 방법에 따라 중재인을 선정한다.

1. 단독중재인에 의한 중재의 경우: 일방 당사자가 상대방 당사자로부터 중재인의 선정을 요구받은 후 30일 이내에 당사자들이 중재인의 선정에 관하여 합의하지 못한 때에는 일방 당사자의 신청에 의하여 법원이 중재인을 선정한다.

2. 3인의 중재인에 의한 중재의 경우: 각 당사자는 각 1인의 중재인을 선정하고, 이에 따라 선정된 2인의 중재인들이 합의하여 나머지 1인의 중재인을 선정한다. 이 경우 일방 당사자가 상대방 당사자로부터 중재인의 선정을 요구받은 후 30일 이내에 중재인을 선정하지 아니하거나 선정된 2인의 중재인들이 선정된 후 30일 이내에 나머지 1인의 중재인을 선정하지 못한 때에는 일방 당사자의 신청에 의하여 법원이 그 중재인을 선정한다.

④ 제2항의 합의가 있더라도 다음 각호의 1에 해당하는 때에는 당사자의 신청에 의하여 법원이 중재인을 선정한다.

1. 일방 당사자가 합의된 절차에 따라 중재인을 선정하지 아니하는 때
2. 양당사자 또는 중재인들이 합의된 절차에 따라 중재인을 선정하지 못한 때
3. 중재인의 선정을 위임받은 기관 기타 제3자가 중재인을 선정할 수 없는 때

⑤ 제3항 및 제4항의 규정에 의한 법원의 결정에 대하여는 항고할 수 없다.

제 13 조 (중재인에 대한 기피사유)

① 중재인이 되어 달라고 요청받은 자 또는 선정된 중재인은 자신의 공정성이나 독립성에 관하여 의심을 야기할 수 있는 사유가 있는 때에는 지체없이 이를 당사자들에게 고지하여야 한다.

② 중재인은 제1항의 사유가 있거나 당사자들이 합의한 중재인의 자격을 갖추지 못한 사유가 있는 때에 한하여 기피될 수 있다. 다만, 당사자는 자신이 선정하였거나 선정절차에 참여하여 선정한 중재인에 대하여는 선정후에 알게 된 사유에 한하여 기피신청을 할 수 있다.

제 14 조 (중재인에 대한 기피절차)

① 중재인에 대한 기피절차는 당사자간의 합의로 정한다.

② 제1항의 합의가 없는 경우에 중재인을 기피하고자 하는 당사자는 중재판정부가 구성된 날 또는 제13조제2항의 사유를 안 날부터 15일 이내에 중재판정부에 서면으로 기피신청을 하여야 한다. 이 경우 기피신청을 받은 중재인이 사임하지 아니하거나 상대방 당사자가 기피신청에 동의하지 아니하면 중재판정부는 그 기피신청에 대한 결정을 하여야 한다.

③ 제1항 및 제2항의 규정에 의한 기피신청이 받아들여지지 아니하는 경우에는 기피신청을 한 당사자는 그 결과의 통지를 받은 날부터 30일이내에 법원에 해당 중재인에 대한 기피신청을 할 수 있다. 이 경우 기피신청이 법원에 계속중인 때에도 중재판정부는 중재절차를 진행하거나 중재판정을 내릴 수 있다.

④ 제3항의 규정에 의한 기피신청에 대한 법원의 기피결정에 대하여는 항고할 수 없다.

제 15 조 (중재인의 직무불이행으로 인한 권한종료)

① 중재인이 법률상 또는 사실상의 사유로 직무를 수행할 수 없거나 정당한 사유없이 직무수행을 지체하는 경우에는 그 중재인의 사임 또는 당사자간의 합의에 의하여 중재인의 권한은 종료된다.

② 제1항의 규정에 의한 중재인의 권한종료여부에 관하여 다툼이 있는 경우에 당사자는 법원에 이에 대한 결정을 신청할 수 있다.

③ 제2항의 규정에 의한 권한종료신청에 대한 법원의 권한종료결정에 대하여는 항고할 수 없다.

제 16 조 (보궐중재인의 선정)

중재인의 권한이 종료되어 중재인을 다시 선정하는 경우 그 선정절차는 대체되는 중재인의 선정에 적용된 절차에 의한다.

제 17 조 (중재판정부의 판정권한에 관한 결정)

① 중재판정부는 자신의 권한 및 이와 관련된 중재합의의 존부 또는 유효성에 대한 이의에 대하여 결정할 수 있다. 이 경우 중재합의가 중재조항의 형식으로 되어 있는 때에는 계약중 다른 조항의 효력은 중재조항의 효력에 영향을 미치지 아니한다.

② 중재판정부의 권한에 관한 이의는 본안에 관한 답변서를 제출할 때까지 제기되어야 한다. 이 경우 당사자는 자신이 중재인을 선정하였거나 선정절차에 참여하였더라도 이의를 제기할 수 있다.
③ 중재판정부가 중재절차의 진행중에 그 권한의 범위를 벗어났다는 이의는 그 사유가 중재절차에서 다루어지는 즉시 제기하여야 한다.
④ 중재판정부는 제2항 및 제3항의 규정에 의한 이의가 동항에 규정된 시기보다 늦게 제기되었더라도 그 지연에 정당한 이유가 있다고 인정하는 경우에는 이를 받아들일 수 있다.
⑤ 중재판정부는 제2항 및 제3항의 규정에 의한 이의에 대하여 선결문제로서 결정하거나 본안에 관한 중재판정에서 함께 판단할 수 있다.
⑥ 중재판정부가 제5항의 규정에 의하여 선결문제로서 그 권한이 있다고 결정한 경우에 이의당사자는 당해 결정의 통지를 받은 날부터 30일 이내에 법원에 중재판정부의 권한에 대한 심사를 신청할 수 있다.
⑦ 중재판정부는 제6항의 규정에 의한 신청으로 재판이 계속중인 경우에도 중재절차를 진행하거나 중재판정을 내릴 수 있다.
⑧ 제6항의 규정에 의한 권한심사신청에 대한 법원의 권한심사에 대하여는 항고할 수 없다.

제 18 조 (임시적 처분)
① 당사자간에 다른 합의가 없는 경우에 중재판정부는 일방 당사자의 신청에 따라 결정으로 분쟁의 대상에 관하여 필요하다고 인정하는 임시적 처분을 내릴 수 있다. 이 경우 중재판정부는 피신청인에게 임시적 처분에 갈음하여 제공할 담보의 금액을 정할 수 있다.
② 중재판정부는 임시적 처분의 신청인에게 적절한 담보를 제공할 것을 명할 수 있다.

제 4 장 중재절차

제 19 조 (당사자에 대한 동등한 대우)
양당사자는 중재절차에서 동등한 대우를 받아야 하고, 자신의 사안에 대하여 변론할 수 있는 충분한 기회를 가져야 한다.

제 20 조 (중재절차)
① 이 법의 강행규정에 반하지 아니하는 한 당사자들은 중재절차에 관하여 합의할 수 있다.

② 제1항의 합의가 없는 경우에는 중재판정부가 이 법의 규정에 따라 적절한 방식으로 중재절차를 진행할 수 있다. 이 경우 중재판정부는 증거의 능력, 관련성 및 증명력에 관하여 판단할 권한을 가진다.

제 21 조 (중재지)

① 중재지는 당사자간의 합의로 정한다.

② 제1항의 합의가 없는 경우에 중재판정부는 당사자의 편의와 당해 사건에 관한 제반 사정을 고려하여 중재지를 정한다.

③ 당사자간에 다른 합의가 없는 경우에 중재판정부는 제1항 및 제2항의 규정에 의한 중재지외의 적절한 장소에서 중재인들간의 협의, 증인·감정인 및 당사자 본인에 대한 신문, 물건·장소의 검증 또는 문서의 열람을 할 수 있다.

제 22 조 (중재절차의 개시)

① 당사자간에 다른 합의가 없는 경우에 중재절차는 피신청인이 중재요청서를 수령한 날부터 개시된다.

② 제1항의 중재요청서에는 당사자, 분쟁의 대상 및 중재합의의 내용을 기재하여야 한다.

제 23 조 (언어)

① 중재절차에서 사용될 언어는 당사자간의 합의에 의하고, 합의가 없는 경우에는 중재판정부가 지정하며, 중재판정부의 지정이 없는 경우에는 한국어로 한다.

② 제1항의 언어는 달리 정함이 없는 한 당사자의 준비서면, 구술심리, 중재판정부의 중재판정 및 결정 기타 의사표현에 사용된다.

③ 중재판정부는 필요하다고 인정하는 경우에는 서증과 함께 제1항의 언어로 작성된 번역문을 제출할 것을 당사자에게 명할 수 있다.

제 24 조 (신청서와 답변서)

① 신청인은 당사자들이 합의하였거나 중재판정부가 정한 기간내에 신청취지와 신청원인사실을 기재한 신청서를 중재판정부에 제출하고, 피신청인은 이에 대하여 답변하여야 한다.

② 당사자는 신청서 또는 답변서에 중요하다고 인정하는 서류를 첨부하거나 장래 사용할 증거방법을 표시할 수 있다.

③ 당사자간에 다른 합의가 없는 경우에 당사자는 중재절차의 진행 중에 자신의 신청이나 공격방어방법을 변경 또는 보완할 수 있다. 다만, 중재판정부가 변경 또는 보완에 의하여 절차가 현저히 지연될 우려가 있다고 인정하는 경우에는 그러하지 아니

하다.

제 25 조 (심리)

① 당사자간에 다른 합의가 없는 경우 중재판정부는 구술심리를 할 것인지 또는 서면만에 의한 심리를 할 것인지의 여부를 결정한다. 다만, 당사자들이 구술심 리를 하지 아니하기로 합의한 경우를 제외하고는 중재판정부는 일방 당사자의 신청에 따라 적절한 단계에서 구술심리를 하여야 한다.

② 중재판정부는 구술심리기일 또는 그 밖의 증거조사기일에 관하여 사전에 충분한 시간을 두고 당사자에게 통지하여야 한다.

③ 일방 당사자가 중재판정부에 제출하는 준비서면·서류 기타 자료는 상대방 당사자에게 고지되어야 한다.

④ 중재판정부가 판정에서 기초로 삼으려는 감정서 또는 서증은 양당사자에게 고지되어야 한다.

제 26 조 (일방 당사자의 해태)

① 신청인이 제24조제1항의 규정에 의하여 신청서를 제출하지 아니하는 경우에 중재판정부는 중재절차를 종료하여야 한다.

② 피신청인이 제24조제1항의 답변서를 제출하지 아니하는 경우에 중재판정부는 이를 신청인의 주장에 대한 자백으로 간주하지 아니하고 중재절차를 계속 진행하여야 한다.

③ 일방 당사자가 구술심리에 출석하지 아니하거나 정하여진 기간내에 서증을 제출하지 아니하는 경우에 중재판정부는 중재절차를 계속 진행하여 제출된 증거를 기초로 중재판정을 내릴 수 있다.

④ 제1항 내지 제3항의 규정은 당사자간에 다른 합의가 있거나 중재판정부가 상당한 이유가 있다고 인정하는 경우에는 이를 적용하지 아니한다.

제 27 조 (감정인)

① 당사자간에 다른 합의가 없는 경우에 중재판정부는 특정 쟁점에 대한 감정을 위하여 감정인을 지정할 수 있다. 이 경우 중재판정부는 당사자로 하여금 감정인에게 필요한 정보를 제공하고 감정인의 조사를 위하여 관련 문서와 물건 등을 제출하거나 그에 대한 접근을 허용하도록 할 수 있다.

② 당사자간에 다른 합의가 없는 경우에 중재판정부는 직권으로 또는 당사자의 신청에 의하여 감정인을 구술심리기일에 출석하여 당사자의 질문에 답변하도록 할 수 있다.

③ 제13조 및 제14조의 규정은 중재판정부가 지정한 감정인에 관하여 이를 준용한다.

제 28 조 (증거조사에 관한 법원의 협조)

① 중재판정부는 직권으로 또는 당사자의 신청에 의하여 법원에 증거조사를 촉탁할 수 있다.

② 제1항의 경우에 중재판정부는 조서에 기재할 사항 기타 증거조사가 필요한 사항을 서면으로 지정할 수 있다.

③ 수탁법원은 증거조사를 마친 후 증인신문조서등본·검증조서등본 등 증거조사에 관한 기록을 지체없이 중재판정부에 송부하여야 한다.

④ 중재판정부는 증거조사에 필요한 비용을 수탁법원에 납부하여야 한다.

제 5 장 중재판정

제 29 조 (분쟁의 실체에 적용될 법)

① 중재판정부는 당사자들이 지정한 법에 따라 판정을 내려야 한다. 특정 국가의 법 또는 법체계가 지정된 경우에 달리 명시되지 아니하는 한 그 국가의 국제사법이 아닌 분쟁의 실체에 적용될 법을 지정한 것으로 본다.

② 제1항의 지정이 없는 경우에 중재판정부는 분쟁의 대상과 가장 밀접한 관련이 있는 국가의 법을 적용하여야 한다.

③ 중재판정부는 당사자들이 명시적으로 권한을 부여하는 경우에 한하여 형평과 선에 따라 판정을 내릴 수 있다.

④ 중재판정부는 계약에서 정한 바에 따라 판단하고 해당 거래에 적용될 수 있는 상관습을 고려하여야 한다.

제 30 조 (중재판정부의 의사결정)

당사자간에 다른 합의가 없는 경우에 3인 이상의 중재인으로 구성된 중재판정부의 의사결정은 과반수의 결의에 의한다. 다만, 중재절차는 당사자간의 합의가 있거나 중재인 전원이 권한을 부여하는 경우에는 절차를 주재하는 중재인이 단독으로 이를 결정할 수 있다.

제 31 조 (화해)

① 중재절차의 진행중에 당사자들이 화해에 이른 경우에 중재판정부는 그 절차를 종료한다. 이 경우 중재판정부는 당사자들의 요구에 의하여 그 화해내용을 중재판정의 형식으로 기재할 수 있다.

② 제1항의 규정에 의한 화해내용을 기재한 중재판정은 제32조의 규정에 따라 작성되어야 하며, 중재판정임이 명시되어야 한다.

③ 화해중재판정은 당해 사건의 본안에 관한 중재판정과 동일한 효력을 가진다.

제 32 조 (중재판정의 형식과 내용)

① 중재판정은 서면으로 작성하여야 하며, 중재인 전원이 서명하여야 한다. 다만, 3인 이상의 중재인으로 구성된 중재판정부의 경우에 과반수에 미달하는 일부 중재인에게 서명할 수 없는 사유가 있는 때에는 다른 중재인이 그 사유를 기재하고 서명하여야 한다.

② 중재판정에는 그 판정의 근거가 되는 이유를 기재하여야 한다. 다만, 당사자간에 합의가 있거나 제31조의 규정에 의한 화해중재판정인 경우에는 그러하지 아니하다.

③ 중재판정에는 작성일자와 중재지를 기재하여야 한다. 이 경우 중재판정은 당해 일자와 장소에서 내려진 것으로 본다.

④ 제1항 내지 제3항의 규정에 따라 작성·서명된 중재판정의 정본은 제4조제1항 내지 제3항의 규정에 의하여 각 당사자에게 송부하고, 중재판정의 원본은 그 송부사실을 증명하는 서면을 첨부하여 관할법원에 송부·보관한다.

제 33 조 (중재절차의 종료)

① 중재절차는 종국판정 또는 제2항의 규정에 의한 중재판정부의 결정에 의하여 종료된다.

② 중재판정부는 다음 각호의 1에 해당하는 때에는 중재절차의 종료결정을 하여야 한다.

1. 신청인이 중재신청을 철회하는 경우. 다만, 피신청인이 이에 동의하지 아니하고 중재판정부가 피신청인에게 분쟁의 최종적 해결을 구할 정당한 이익이 있다고 인정하는 경우에는 그러하지 아니하다.
2. 당사자들이 중재절차의 종료에 합의하는 경우
3. 중재판정부가 중재절차를 속행하는 것이 불필요하거나 불가능하다고 인정하는 경우

③ 중재판정부의 권한은 제34조의 경우를 제외하고는 중재절차의 종료와 함께 종결된다.

제 34 조 (중재판정의 정정·해석 및 추가판정)

① 당사자들이 달리 기간을 정하지 아니하는 한 각 당사자는 중재판정의 정본을 받은 날부터 30일 이내에 다음 각호의 1에 규정된 정정·해석 또는 추가판정을 중재판정부에 신청할 수 있다.

1. 중재판정의 오산·오기 기타 이에 유사한 오류의 정정
2. 당사자간의 합의가 있는 경우에 중재판정의 일부 또는 특정쟁점에 대한 해석
3. 중재절차에서 주장되었으나 중재판정에 포함되지 아니한 청구에 관한 추가판정. 다만, 당사자간에 다른 합의가 있는 때에는 그러하지 아니하다.

② 제1항의 신청을 하는 경우에 신청인은 상대방 당사자에게 그 취지를 통지하여야 한다.
③ 중재판정부는 제1항제1호 및 제2호의 신청에 대하여는 신청을 받은 날부터 30日 이내에, 동항 제3호의 신청에 대하여는 신청을 받은 날부터 60일 이내에 이를 판단하여야 한다. 이 경우 제1항 제2호의 해석은 중재판정의 일부를 구성한다.
④ 중재판정부는 판정일부터 30일 이내에 직권으로 제1항제1호의 정정을 할 수 있다.
⑤ 중재판정부는 필요하다고 인정하는 때에는 제3항의 기간을 연장할 수 있다.
⑥ 제32조의 규정은 중재판정의 정정·해석 또는 추가판정의 형식에 관하여 이를 준용한다.

제 6 장 중재판정의 효력 및 불복

제 35 조 (중재판정의 효력)
중재판정은 당사자간에 있어서 법원의 확정판결과 동일한 효력을 가진다.

제 36 조 (중재판정취소의 소)
① 중재판정에 대한 불복은 법원에 제기하는 중재판정취소의 소에 의하여만 할 수 있다.
② 법원은 다음 각호의 1에 해당하는 때에 한하여 중재판정을 취소할 수 있다.
1. 중재판정의 취소를 구하는 당사자가 다음 각목의 1에 해당하는 사유를 증명하는 경우
가. 중재합의의 당사자가 그 준거법에 의하여 중재합의 당시 무능력자이었던 사실 또는 중재합의가 당사자들이 지정한 법에 의하여 무효이거나 그러한 지정이 없는 경우에는 대한민국의 법에 의하여 무효인 사실
나. 중재판정의 취소를 구하는 당사자가 중재인의 선정 또는 중재절차에 관하여 적절한 통지를 받지 못하였거나 기타의 사유로 인하여 본안에 관한 변론을 할 수 없었던 사실
다. 중재판정이 중재합의의 대상이 아닌 분쟁을 다룬 사실 또는 중재판정이 중재합의의 범위를 벗어난 사항을 다룬 사실. 다만, 중재판정이 중재합의의 대상에 관한 부분과 대상이 아닌 부분으로 분리될 수 있는 경우에는 대상이 아닌 중재판정부분만을 취소할 수 있다.
라. 중재판정부의 구성 또는 중재절차가 이 법의 강행규정에 반하지 아니하는 당사자간의 합의에 따르지 아니하거나 그러한 합의가 없는 경우에는 이 법에 따르지 아니하였다는 사실
2. 법원이 직권으로 다음 각목의 1에 해당하는 사유가 있다고 인정하는 경우

가. 중재판정의 대상이 된 분쟁이 대한민국의 법에 따라 중재로 해결될 수 없는 때
나. 중재판정의 승인 또는 집행이 대한민국의 선량한 풍속 기타 사회질서에 위배되는 때

③ 중재판정취소의 소는 중재판정의 취소를 구하는 당사자가 중재판정의 정본을 받은 날부터 또는 제34조의 규정에 의한 정정·해석 또는 추가판정의 정본을 받은 날부터 3월 이내에 제기하여야 한다.

④ 당해 중재판정에 관하여 대한민국의 법원에서 내려진 승인 또는 집행판결이 확정된 후에는 중재판정취소의 소를 제기할 수 없다.

제 7 장 중재판정의 승인과 집행

제 37 조 (중재판정의 승인과 집행)

① 중재판정의 승인 또는 집행은 법원의 승인 또는 집행판결에 의한다.

② 중재판정의 승인 또는 집행을 신청하는 당사자는 다음 각호의 서류를 제출하여야 한다. 다만, 중재판정 또는 중재합의가 외국어로 작성되어 있는 경우에는 정당하게 인증된 한국어의 번역문을 첨부하여야 한다.

1. 중재판정의 정본 또는 정당하게 인증된 그 등본
2. 중재합의의 원본 또는 정당하게 인증된 그 등본

제 38 조 (국내중재판정)

대한민국내에서 내려진 중재판정은 제36조제2항의 사유가 없는 한 승인 또는 집행되어야 한다.

제 39 조 (외국중재판정)

① 외국중재판정의승인및집행에관한협약의 적용을 받는 외국중재판정의 승인 또는 집행은 동 협약에 의한다.

② 민사소송법 제217조, 민사집행법 제26조제1항 및 제27조의 규정은 외국중재판정의승인및집행에관한협약의 적용을 받지 아니하는 외국중재판정의 승인 또는 집행에 관하여 이를 준용한다.

제8장 보　칙

제 40 조 (상사중재기관에 대한 보조)

정부는 이 법에 의하여 국내외 상사분쟁을 공정·신속하게 해결하고 국제거래질서를 확립하기 위하여 산업자원부장관이 지정하는 상사중재를 행하는 사단법인에 대하여 필요한 경비의 전부 또는 일부를 보조할 수 있다.

제 41 조 (중재규칙의 제정 및 승인)

제40조의 규정에 의하여 상사중재기관으로 지정받은 사단법인이 중재규칙을 제정하거나 변경하는 때에는 대법원장의 승인을 얻어야 한다.

부　칙

① (시행일) 이 법은 공포한 날부터 시행한다.

② (중재진행중인 사건에 대한 경과조치) 이 법 시행전에 중재절차가 진행중인 사건에 대하여는 종전의 규정에 의한다.

③ (상사중재기관지정 등에 따른 경과조치) 이 법 시행당시의 사단법인 대한상사중재원은 제40조의 개정규정에 의한 상사중재를 행하는 사단법인으로 지정된 것으로 보며, 사단법인 대한상사중재원의 상사중재규칙은 제41조의 개정규정에 의한 대법원장의 승인을 얻은 것으로 본다.

2. 대한상사중재원 국내중재규칙

2011. 6. 29. 대법원 승인(2011. 9. 1. 발효)

제1장 총 칙

제 1 조 목적

이 규칙은 사단법인 대한상사중재원(이하 중재원이라 한다)이 중재법에 의하여 국내중재를 공정·신속하게 하기 위한 절차를 규정함을 목적으로 한다.

제 2 조 정의

국내중재(이하 중재라 한다)란 국내에 주된 영업소나 주소를 두고 있는 당사자간의 중재로서, 중재원 국제중재규칙에서 정한 '국제중재'에 해당하지 아니하는 중재를 말한다.

제 3 조 적용범위

이 규칙은 다음 각 호의 어느 하나에 적용한다. 이 경우 이 규칙은 중재합의의 일부를 구성한다. 다만, 당사자들이 서면으로 수정한 사항은 그에 따른다.

1. 당사자들이 이 규칙에 따라 중재를 진행하기로 서면으로 합의한 경우
2. 당사자들이 분쟁을 중재원의 중재에 의해 해결하기로 서면으로 합의한 경우로서 해당 중재가 국내중재인 경우

제 4 조 사무국

① 중재원은 중재에 관한 사무를 처리하기 위하여 중재원의 본부 또는 지부에 사무국을 둔다.

② 사무국의 조직 및 그 직능과 운영은 중재원이 별도로 정한다.

제 5 조 중재인명부

중재원은 중재인명부를 작성·유지하며, 사무국에서 중재인을 선정하는 경우에는 이 규칙이 정하는 바에 의하여 이 중재인명부 중에서 선정한다.

제 6 조 중재판정부

① 당사자간의 분쟁해결을 위하여 이 규칙에 의해 선정된 1인 또는 수인의 중재인은

중재판정부를 구성한다.

② 중재판정부의 사무소는 중재원의 본부 또는 지부에 둔다.

제 7 조 중재서기

① 중재원은 각 중재사건의 사무를 처리하기 위하여 그 사무국의 직원중에서 1인 또는 수인의 중재서기(이하 서기라 한다)를 지명한다.

② 서기는 지정된 중재사건에 관하여 이 규칙이 정하는 직무를 수행한다.

제 8 조 중재의 대리

당사자는 이 규칙에 의한 절차의 대리를 변호사 또는 상당하다고 인정되는 자로 하여금 하게 할 수 있다. 그러나 중재판정부가 대리인이 중재절차 대리에 부적당하다고 판단하는 경우 동 대리인을 거부할 수 있다.

제 9 조 비공개

중재절차는 공개하지 아니한다.

제2장 중재의 신청

제 10 조 신청

① 이 규칙에 의한 중재를 신청하고자 하는 자는 중재원의 사무국에 중재신청서와 함께 제8장 소정의 중재비용 및 다음과 같은 서면을 제출하여야 한다.

1. 중재의 합의를 인증하는 서면
2. 대리인이 있는 경우 위임장

② 중재신청서에는 다음 사항을 기재하여야 한다.

1. 당사자의 성명 및 주소(법인인 경우에는 그 대표자의 성명 및 주소를 함께 기재한다)
2. 대리인이 있는 경우에는 그 성명 및 주소
3. 중재신청의 취지
4. 중재신청의 이유 및 입증방법

제 11 조 신청의 접수 및 통지

① 사무국은 중재의 신청서를 제출받음과 동시에 당해 신청이 제10조의 규정에 적합한 것인지의 여부를 확인하고 적합한 경우에는 이를 접수한다.

② 사무국이 중재의 신청을 접수하였을 때에는 쌍방 당사자에게 이를 접수하였다는 뜻을 통지한다. 이 경우에 피신청인에게는 중재신청서 1부를 첨부하여야 한다.

제 12 조 답변

① 피신청인은 제11조 제2항의 규정에 의한 통지의 수령일(이하 기준일이라 한다)로부터 15일 이내에 그 통지를 한 사무국에 다음의 서류를 제출하여 답변할 수 있다.

1. 답변서
2. 답변의 이유를 증명하는 서증이 있는 경우에는 그 서증의 원본 또는 사본
3. 대리인이 답변하는 경우에는 그 위임장

② 제1항 제1호의 답변서에는 다음 사항을 기재하여야 한다.

1. 피신청인과 상대방의 성명 및 주소(당사자가 법인인 경우에는 법인의 명칭 및 주소 이외에 그 대표자의 성명 및 주소를 병기한다)
2. 대리인이 있는 경우에는 그 성명 및 주소
3. 답변의 취지
4. 답변의 이유 및 입증방법

③ 사무국은 답변서를 제출받음과 동시에 그 답변이 제2항의 규정에 적합한 것인지의 여부를 확인하고 적합한 경우에는 이를 접수한다.

④ 사무국이 답변을 접수하였을 때는 쌍방 당사자에게 이를 접수하였다는 뜻을 통지한다. 이 경우에는 신청인에게는 답변서 1부를 첨부하여야 한다.

⑤ 제1항의 기간 내에 답변서의 제출이 없는 경우에는 신청인이 주장하는 청구의 기각을 구하는 것으로 본다.

제 13 조 제출서류의 부수

제10조 제1항 및 제12조 제1항(이상의 규정을 제14조 제3항 및 제16조 제3항에서 준용하는 경우를 포함한다)의 규정에 의하여 당사자가 제출하는 서류의 부수는 그 서류가 위임장인 경우를 제외하고는 5부(원본을 제출하였을 경우에는 그 원본을 포함하여 5부)로 한다. 다만, 사무국은 필요에 따라 제출서류의 부수를 가감할 수 있다.

제 14 조 반대신청

① 피신청인은 중재절차 중 반대신청을 할 수 있다. 다만, 중재판정부는 반대신청이 시기에 늦어 상대방의 이익을 해하거나, 절차의 완결을 지연하게 하는 것으로 인정하는 경우에는 직권 또는 상대방의 신청에 의하여 이를 허가하지 아니할 수 있다.

② 피신청인의 반대신청은 신청인의 중재신청과 병합심리한다.

③ 반대신청 그 접수 및 통지와 반대신청에 대한 답변에 관하여는 제10조 내지 제13조의 규정을 준용한다.

제 15 조 중재판정부에 의한 반대신청의 요구

중재판정부가 답변의 취지 또는 이유가 반대신청의 내용을 포함하고 있다고 판단할

경우 중재판정부는 피신청인에게 그 부분에 대하여 제14조의 규정에 의한 반대신청을 할 것인지의 여부를 명확히 하도록 요구할 수 있다.

제 16 조 신청 및 답변의 변경 또는 보완

① 신청서 또는 답변서의 제출 후에 당사자의 일방 또는 쌍방이 신청을 변경하거나 신청의 보완을 하는 경우에는 이를 서면으로 작성하여 사무국에 제출하여야 한다.

② 중재절차 진행 중에 신청과 답변을 변경하거나 신청의 보완을 하고자 할 때에는 중재판정부의 허가를 받아야 한다. 다만, 중재판정부는 그 변경 또는 보완이 시기에 늦어 상대방의 이익을 해하거나, 절차의 완결을 지연하게 하는 것으로 인정하는 경우에는 직권 또는 상대방의 신청에 의하여 이를 허가하지 아니할 수 있다.

③ 제1항의 변경에 관하여는 제10조 내지 제13조의 규정을 준용한다.

제 17 조 중재장소의 결정

중재를 실시할 장소는, 당사자간에 별도의 약정이 없는 한, 당해 사건에 관한 당사자의 편의, 증거조사 방법 등을 고려하여 사무국이 정한다.

제 18 조 조정에 의한 해결

① 기준일로부터 15일 이내에 당사자 쌍방의 조정요청이 있는 경우 사무국은 중재절차를 개시하기 전에 분쟁을 조정에 회부한다.

② 사무국은 중재인명부 중에서 1인 또는 3인을 조정인으로 선정한다. 조정의 절차와 방법은 조정인이 정한다.

③ 조정이 성립하면 그 조정인은 당사자의 합의에 의하여 선정된 중재인으로 보며 조정의 결과는 제53조의 화해에 의거한 판정의 방식으로 처리되는 동시에 판정과 동일한 효력을 가진다.

④ 조정인이 선정된 날로부터 30일 이내에 조정이 성립되지 아니하는 경우에는 그 조정절차는 종료되며, 즉시 이 규칙에 의한 중재인의 선정 및 중재절차가 개시된다. 그러나 당사자는 합의에 의하여 위 기간을 연장할 수 있다.

⑤ 조정절차의 비용은, 당사자간 별도의 합의가 없는 한, 당사자 각자 부담으로 한다

⑥ 제8장 소정의 중재비용에 관한 규정은 각각 조정의 경우에 이를 준용하며, 본조 제4항에 의거 중재로 계속된 때에는 조정비용은 중재비용의 일부로 본다.

제 3 장 중재인의 선정

제 19 조 중재인의 자격

중재의 결과에 관하여 법률적 또는 경제적 이해관계가 있는 자는 중재인이 될 수 없

다. 그러나 당사자가 중재인에게 위와 같은 사정이 있음을 알면서도 서면으로 그 중재인을 선정하기로 합의한 경우에는 그러하지 아니하다.

제 20 조 당사자의 합의에 의한 선정

① 당사자의 합의에 의하여 중재인(의장으로 행동할 의장중재인을 포함한다. 이하 같다)을 선정하거나 또는 중재인의 선정방법을 정하였을 경우에는 이에 따라서 중재인이 선정된다.

② 법 제12조 제2항의 당사자의 합의로 중재인을 선정하는 경우에는 다음 각 호에서 정하는 방법에 따라 중재인을 선정한다.

1. 당사자가 중재인을 직접 선정하였을 경우에는 기준일로부터 15일 이내에 그 중재인의 성명, 주소 및 직업을 기재한 서면에 중재인 취임수락서를 첨부하여 사무국에 제출하여야 한다.
2. 사무국은 중재인을 선정하고자 하는 당사자의 요구가 있으면 중재원의 중재인명부를 제시하여야 한다.
3. 당사자의 합의에서 중재인 선정기간을 정하고서도 당사자가 그 기간 내에 선정을 하지 아니하는 경우에는 사무국이 중재인을 선정한다.
4. 당사자의 합의에서 중재인 선정기간을 정하지 아니하였을 경우에는 사무국은 즉시 당사자에게 중재인을 선정하도록 통지하고 통지의 수령 후 15일 이내에 선정하지 아니하는 경우에는 사무국이 중재인을 선정한다.
5. 당사자의 합의에 의하여 당사자가 선정한 중재인이 다른 중재인을 선정하도록 되어 있는 경우, 당사자 사이에 그 다른 중재인의 선정기간의 정함이 없거나, 그 정함이 있는 경우에도 그 선정기간내 다른 중재인이 선정되지 아니하는 경우에는, 사무국은 당사자가 선정한 중재인에게 다른 중재인을 선정하도록 통지하고 통지의 수령후 15일 이내에 당사자가 선정한 중재인이 다른 중재인을 선정하지 아니하는 때에는 사무국이 그 중재인을 선정한다.

③ 제1항에 따라 당사자가 중재인을 선정하지 아니하거나 선정방법을 정하지 아니한 경우에는 제21조를 준용하여 사무국이 선정한다.

제 21 조 사무국에 의한 선정

① 사무국은 중재신청이 접수되면 제18조의 규정에 의한 조정의 가망이 없거나 조정이 성립되지 아니하였을 경우 지체없이 중재인명부 중에서 중재인후보자 수인을 선택하고 그 명단을 당사자 쌍방에게 송부하여야 한다.

② 각 당사자는 제1항의 명단의 수령일로부터 15일 이내에 후보자명 위에 의장중재인과 중재인을 각각 구별하여 선정의 희망순위를 표시하기 위한 번호를 붙여서 이를 사무국에 반송하여야 한다. 위의 기간 내에 그 명단을 반송하지 아니하는 경우에는

그 명단에 기재된 후보자 전원에 대하여 동일순위로 지명한 것으로 보고, 반송된 명단 중 동일순위로 지명된 2인 이상의 후보자나 희망순위 표시가 없는 후보자나 말소된 후보자에 대하여는 상대방의 희망순위를 참작하여 중재원이 희망순위를 조정한다. 희망순위의 조정은 동일순위로 지명된 2인 이상의 후보자, 희망순위 표시가 없는 후보자, 말소된 후보자 순으로 조정한다.

③ 사무국은 제2항에서 지명된 후보자의 순위에 따라 중재인의 취임수락서를 받아야 한다. 다만, 희망순위가 동일한 후보자가 복수일 때에는 사무국이 그 복수 후보자 중에서 중재인을 선정한다.

④ 당사자 쌍방이 지명한 중재인이 취임수락을 거절하거나 또는 다른 이유로 직무를 행할 수가 없는 경우에는 이미 제출된 명단에서 순위에 따라 지명된 중재인으로부터 취임수락을 받는다. 그러나 이미 제출된 명단에서 선정할 수 없으면 본조에서 정하는 방법에 따라 중재인을 다시 선정하여야 한다.

⑤ 사무국은 중재인에게 취임수락을 요청할 때에는 이 규칙 제25조의 요건에 관하여 중재인의 주의를 환기시켜야 하며, 이 규칙 1부를 첨부하여야 한다.

제 22 조　중재인선정의 제한

당사자의 국적이나 거주하는 국가가 다른 경우 사무국이 중재인을 선정함에 있어서는 단독중재인이나 의장중재인은 당사자의 어느 일방의 요구가 있으면 당사자의 어느 편에도 속하지 아니하는 제3국인 중에서 선정하여야 한다. 다만, 제3국인 선정요청은 동규칙 제21조 제2항의 중재인 후보자명단 반송시까지에 한한다.

제 23 조　중재인의 수

중재합의에서 중재인의 수를 정하였을 경우에는 그 수에 따르고, 그 수를 정하지 아니하였을 경우에는 중재인의 수는 사무국이 1인 또는 3인으로 정한다.

제 24 조　중재인선정의 통지

이 규칙에 의하여 중재인 전원이 선정되었을 경우에는 사무국은 쌍방 당사자 및 중재인 모두에게 지체없이 중재인 전원의 성명, 주소 및 직업을 서면으로 통지하여야 한다.

제 25 조　중재인의 부적격 고지

① 선정의 통지를 받은 중재인은 그 자신의 공정성 또는 독립성에 관하여 정당한 의문을 야기시킬 수 있는 사유가 있을 때에는 지체 없이 서면으로 이를 모두 사무국에 고지하여야 한다.

② 사무국이 제1항의 고지를 접수하였을 때에는 즉시 이를 중재판정부와 당사자에게

통지하여야 하며 중재인을 기피하고자 하는 당사자는 중재판정부가 구성된 날로부터 또는 중재인에 대한 기피사유를 안 날로부터 15일 이내에 서면으로 중재판정부에 대한 기피신청을 해야 한다. 그러나 당사자가 위 기간 내에 이의를 제기하지 아니하였을 경우에는 다시 그 사정을 이유로 그 중재인의 자격에 대하여 이의를 제기할 수 없다.

③ 당사자의 일방이 고지 받은 사정을 이유로 그 사정이 있는 중재인을 선정함에 대하여 이의를 제기함으로써 발생되는 중재인의 결원은 제26조에서 정하는 방법으로 보충된다.

제 26 조 중재인의 보궐

① 중재인이 사임, 사망 또는 기타의 사유로 인하여 결원이 되었을 경우에는 그 중재인을 당사자가 선정한 경우에는 당사자가 그 중재인 선정의 방식에 따라 이에 대신할 중재인을 새로 선정 통지하여야 하고, 그 중재인을 사무국이 선정한 경우에는 제21조 제3항 및 제4항의 방식에 따라 선정 통지하여야 한다.

② 제1항의 경우에는 당사자간에 따로 합의가 있는 경우를 제외하고 양당사자 또는 중재판정부가 신 중재인에게 종전의 심리 결과를 진술 또는 설명하여 신 중재인이 이의를 제기하지 아니하면 절차를 속행한다. 다만, 종전 심리한 증인에 대하여 당사자가 다시 심리를 신청한 때에는 중재인은 그 심리를 하여야 한다.

제 4 장 심리절차

제 27 조 일시와 장소

① 중재심리의 일시, 장소와 방식은 중재판정부가 정한다.

② 사무국은 제1항의 결정을 심리개시 10일전까지 당사자에게 통지하여야 한다. 그러나 당사자가 위 기간을 변경하는 경우에는 그러하지 아니하다.

③ 중재판정부가 제1항의 심리의 방식을 정함에 있어서는 집중심리 등을 통하여 절차상 지연됨이 없도록 충분한 배려를 하여야 한다.

제 28 조 속기록의 작성 등

① 사무국은 당사자의 일방 또는 쌍방의 요구가 있으면 당사자의 진술이나 증언의 녹음 또는 속기록을 작성하는데 필요한 준비를 하여야 한다.

② 중재판정부의 지시에 의하여 사무국이 제1항의 준비를 할 경우의 비용은 이 규칙 제65조에 의하여 당사자가 예납한 금액에서 지급한다.

제 29 조 번역문 제출

당사자는 사무국 또는 중재판정부의 요구가 있으면, 사무국 또는 중재판정부에 제출하는 서면, 서증 또는 기타 문서의 번역문을 제출하여야 한다.

제 30 조 통역 또는 번역

① 사무국은 당사자의 일방 또는 쌍방의 요구가 있거나 중재판정부가 필요하다고 인정하여 지시하는 경우에는 통역 또는 번역에 필요한 준비를 하여야 한다.

② 중재판정부의 지시에 의하여 사무국이 제1항의 준비를 할 경우의 소요경비는 이 규칙 제65조에 의하여 당사자가 예납한 금액에서 지급한다.

제 31 조 심리에의 출석

① 당사자는 심리에 출석할 수 있다.

② 당사자 이외의 자로서 중재판정 결과에 이해관계가 있는 자는 중재판정부에 이해관계가 있음을 소명하고 중재판정부의 허가를 받아 심리에 출석할 수 있다.

③ 중재판정부는 증인의 증언 중 다른 증인의 퇴석을 요구할 수 있다.

제 32 조 심리의 연기 또는 속행

중재판정부는 상당한 이유가 있으면 직권 또는 당사자의 요구에 의하여 심리를 연기 또는 속행할 수 있다. 다만, 심리기일 연기신청은 심리기일 3일 전까지 하여야 하며 그 다음 기일은 15일 이내로 정하도록 하며, 계속하여 2회 이상 연기하지 않도록 하여야 한다.

제 33 조 중재판정부의 의사결정

중재인이 수인인 경우에는 중재판정을 포함한 모든 결정은, 당사자간에 별도의 합의가 없는 한 중재인의 과반수 결의에 의한다. 다만, 중재심리절차에 관한 사항에 관하여 다수결이 이루어지지 아니하는 경우에는 의장중재인이 정한다.

제 34 조 심리

① 중재판정부는 당사자에게 심리절차를 신속·정확하게 진행할 수 있도록 하기 위하여 사전에 주장과 증거방법 및 상대방 주장에 대한 의견을 기재한 준비서면과 답변서를 제출하게 할 수 있다.

② 중재판정부는 필요하다고 인정하는 경우 또는 당사자 쌍방의 요청이 있는 때에는, 당사자가 제출한 준비서면과 답변서를 요약하여 제출하게 하거나 중재판정부가 이를 요약한 다음 당사자의 확인을 받을 수 있다. 이 경우에 중재판정부는 요약된 쟁점에 대해서만 심리·판정할 수 있다.

제 35 조 심리절차

① 심리는 사건과 당사자의 호명으로 개시된다.

② 중재판정부는 심리를 하기 전에 분쟁의 쟁점을 설명하는 진술을 요구할 수 있다.

③ 중재를 신청한 당사자는 신청취지 및 신청이유의 진술과 동시에 증거서류를 제출하고 증인을 출석시키며 중재의 피신청인인 당사자는 항변과 동시에 증거서류를 제출하고 증인을 출석시킨다.

④ 당사자의 일방이 증거물을 제출하는 경우에는 중재판정부는 이를 증거로서 접수할 수 있다. 접수되면 서기는 번호를 붙여서 기록의 일부로 한다.

⑤ 중재판정부는 필요하다고 인정하는 경우에는 심리절차를 변경할 수 있다. 그러나 당사자 쌍방에게 증거 및 관계자료를 제출할 수 있는 공평하고 충분한 기회를 주어야 한다.

⑥ 당사자가 준비서면을 수차에 걸쳐 중복 제출함으로써, 공격·방어방법의 요지를 파악하기 어렵다고 인정한 때는 중재판정부는 심리의 종결에 앞서 요약된 준비서면의 제출을 명할 수 있다.

제 36 조 당사자의 해태

중재를 신청한 당사자가 신청취지를 특정하지 아니하거나, 신청이유 및 입증방법을 명시 또는 제출하지 아니하거나 당사자 쌍방이 주장 및 입증을 태만히 하여 중재절차의 계속적 진행이 부적절하다고 판단하는 경우에는 중재판정부는 중재절차의 종료를 결정할 수 있다.

제 37 조 당사자의 불출석

① 당사자의 일방이 정당하게 통지 또는 고지되었는데도 불구하고 출석하지 아니하거나 출석하여도 심리에 응하지 아니하는 경우에도 중재는 그대로 진행시킬 수 있다.

② 제1항의 경우에는 결석하거나 심리에 응하지 아니한 당사자가 제출한 서면 기타의 증거가 있을 때에는 이를 진술 또는 제출한 것으로 보고 출석한 당사자에게 판정에 필요한 심리를 진행할 수 있다.

③ 당사자 쌍방이 정당하게 통지 또는 고지가 되었는데도 불구하고 2회 이상 출석하지 아니하거나, 출석하여도 심리에 응하지 아니하는 경우에는 중재판정부는 중재절차의 종료를 결정할 수 있다.

제 38 조 중재신청의 철회

① 중재신청인은 중재판정에 이르기까지 중재신청의 전부 또는 일부를 서면에 의하여 철회할 수 있다. 다만, 피신청인이 답변서를 제출하거나 심리절차에서 진술한 후에는 피신청인의 동의를 얻어야 한다.

② 제1항의 경우 중재신청 철회의 서면이 발송된 날로부터 15일 이내에 상대방이 이의를 제기하지 아니한 때는 철회에 동의한 것으로 본다.

제 39 조 준비서면 및 기타 문서의 제출

① 심리시에 중재판정부에 제출하지 못하고 심리당시의 합의 또는 그 이후의 합의 및 중재판정부의 요구에 의하여 제출하는 모든 준비서면 및 기타 문서는 사무국이 접수하여 중재판정부에 송달하여야 한다. 이 경우에는 쌍방의 당사자에게 이 서류를 조사할 수 있는 기회를 주어야 한다.
② 제1항에 의한 준비서면 및 기타 문서가 중재판정부에서 정한 기간 내에 제출되지 아니한 경우에도, 중재판정부는 심리를 진행시킬 수 있다.

제 40 조 검증

중재판정부는 검증을 할 필요가 있을 경우에는 검증하기 전에 검증의 목적, 일시 및 장소를 정하여 사무국으로 하여금 이를 당사자에게 통지하도록 한다. 당사자는 검증에 입회할 수 있다.

제 41 조 임시적 처분

① 중재판정부는 당사자의 어느 일방의 신청이 있는 경우에는 당사자의 권리나 분쟁의 최종판정과는 관계없이 분쟁의 대상이 된 재산을 보호하기 위하여 필요한 조치를 당사자의 어느 일방에게 지시할 수 있다.
② 중재판정부는 임시적 처분의 신청인에게 적절한 담보를 제공할 것을 명할 수 있다.

제 42 조 증거

① 당사자는 자기의 주장을 입증할 수 있는 증거를 제출하거나 증인 또는 감정인의 임의출석을 신청할 수 있다. 다만, 중재판정부는 제출된 증거와 당사자의 주장이 서로 관련이 없다고 인정할 때는 이를 조사하지 아니할 수 있다.
② 중재판정부는 필요하다고 인정할 때는 증거의 제출이나 증인 또는 감정인의 임의의 출석을 요구할 수 있다. 그러나 중재판정부가 정한 기간 내에 증거가 제출되지 아니하거나, 증인 또는 감정인이 출석하지 않은 경우에도 중재판정부는 심리를 진행시킬 수 있다.
③ 중재판정부가 중재판정에 필요하다고 인정하는 증거의 조사를 직접 할 수 없는 것은 직권 또는 당사자의 요구에 의하여 관할법원에 이를 신청할 수 있다.
④ 모든 증거는 당사자 전원이 출석하고, 단독중재인 또는 중재인의 과반수가 출석한 자리에서 제출 조사되어야 한다. 그러나 어느 당사자가 정당한 사유 없이 출석하지

아니하거나 출석할 권리를 포기한 경우에는 그러하지 아니하다.

⑤ 중재인은 제출된 증거의 신빙성과 유용성을 자유심증으로 판단한다.

제 43 조 심리의 종결

① 중재판정부는 당사자가 주장 및 입증을 다하였다고 인정할 때는 심리의 종결을 선언하여야 한다.

② 이 규칙에서 정하는 요약준비서면 등의 제출이 요구되는 경우에는 중재판정부가 동 서류의 제출을 위하여 정한 최종기일에 심리종결이 있는 것으로 본다.

제 44 조 심리의 재개

① 중재판정부는 직권에 의하여 또는 당사자의 일방이 상당한 이유를 제시하여 신청하였을 경우에는 판정전이면 언제든지 심리를 재개할 수 있다.

② 제1항의 경우에 있어서 당사자가 중재합의에서 정한 기간 내에 판정을 할 수 없게 되면 당사자가 그 기간을 연장할 것을 합의하여야 심리를 재개할 수 있다.

③ 심리가 재개되었을 경우의 심리종결일은 그 재개된 심리가 종결된 날로 한다.

제 45 조 서면심리에 의한 절차

① 당사자는 서면에 의한 합의에 의하여 분쟁을 구술심리에 의하지 아니하고 서면심리에 의한 중재에 붙일 수 있다.

② 당사자가 절차에 관하여 따로 정하지 아니하였을 경우에는 중재는 본조와 저촉하는 규정을 제외하고는 이 규칙에 의하여 행하여진다.

③ 사무국은 아래의 절차에 따라서 필요한 문서와 증거를 제출하도록 당사자에게 통지한다.

④ 당사자는 원인사실의 진술을 포함한 쟁점에 관한 진술서에 증거를 첨부하여 사무국에 제출하여야 하며 이에는 요약서를 첨부할 수 있다.

⑤ 모든 서류는 진술서와 증거를 제출하도록 통지된 일로부터 15일 이내에 사무국이 요구하는 부수의 사본을 구비하여 제출되어야 한다.

⑥ 사무국은 일방의 당사자로부터 제출된 진술서 및 증거의 사본을 상대방에게 송부한다. 각 당사자는 상대방의 진술서 및 증거에 대하여 답변하거나 의견을 진술할 수 있다. 그러나 그 송부후 15일 이내에 당사자가 답변서 내지 의견서를 제출하지 아니한 경우에는 그 당사자는 답변 내지 의견진술의 권리를 포기한 것으로 본다.

⑦ 사무국은 모든 증거 및 서류를 이 규칙 제4장에서 정하는 바에 따라서 구성된 중재판정부에 송달한다. 중재판정부는 그 송달일로부터 10일 이내에 당사자에게 추가증거의 제출을 요구할 수 있다. 사무국은 이 요구를 당사자에게 통지하고 당사자는 통지일로부터 15일 이내에 추가증거를 제출하여야 한다.

⑧ 사무국은 당사자의 일방으로부터 제출된 추가진술서 및 증거의 사본을 상대방 당사자에게 송부한다. 각 당사자는 그 진술서 및 증거에 대하여 답변 내지 의견을 진술할 수 있다. 그러나 서류의 송부 후 15일 이내에 답변 내지 의견진술을 하지 아니하는 당사자는 답변 내지 의견을 진술하는 권리를 포기한 것으로 본다.

⑨ 본조 각항 규정에 따라서 제출된 모든 서류를 중재판정부에 송달하였을 경우에는 심리절차는 그 때 종결된 것으로 본다.

제5장 특별조항

제 46 조 이의신청권의 상실

당사자가 이 규칙의 규정 또는 요건이 지켜지지 아니한 것을 알았거나 알 수 있으면서 이에 대하여 지체 없이 이의를 제기하지 아니하고 중재절차를 진행한 경우에는 이에 대한 이의신청권을 상실한다.

제 47 조 기간의 변경

당사자는 서면에 의한 합의로 이 규칙에서 정한 기간을 변경할 수 있다. 중재판정부는 상당한 이유가 있으면 판정을 하는 기간을 제외하고는 이 규칙에서 정한 기간을 연장할 수 있다. 기간을 연장하는 경우에 중재판정부는 사무국을 통하여 그 연장기간 및 이유를 당사자에게 통지하여야 한다.

제6장 판 정

제 48 조 중재판정 등

① 판정은 신속히 하여야 한다. 중재판정부는 당사자의 합의 또는 법률의 규정 중 다른 정함이 없는 한 심리종결일로부터 30일 이내에 판정하여야 한다.

② 중재인이 수인인 경우, 중재인 일부가 중재판정에의 참여를 거부하거나, 정당한 이유 없이 중재판정합의에 불참한 경우에는 과반수에 해당하는 나머지 중재인들만의 합의로 결정한다.

③ 사무국은 중재판정에 영향을 미치지 않는 범위 내에서 중재판정의 형식에 관하여 중재판정부에 의견을 제시할 수 있다.

제 49 조 판정의 형식

① 중재판정은 다음 사항을 서면으로 작성하고 중재인이 서명하여야 한다. 다만, 당사자간에 합의가 있거나 제53조 화해중재판정의 경우에는 판정이유의 기재를 생략할 수 있다.

1. 당사자의 성명, 또는 명칭과 주소, 대리인이 있는 경우에는 그 대리인의 성명과 주소
2. 판정주문 및 판정이유
3. 작성년월일
4. 중재지

② 수인의 중재인에 의한 중재판정의 경우, 과반수에 미달하는 일부 중재인이 중재판정에 서명을 거부하거나 서명할 수 없을 때에는 다른 중재인이 그 사유를 기재하고 서명하여야 한다.

제 50 조 언어

당사자간에 다른 합의가 없는 경우에 중재절차에서 사용될 언어는 한국어로써 한다. 다만, 당사자의 일방 또는 쌍방으로부터 요구가 있거나 또는 중재인 중에서 외국의 국적을 가진 자가 있을 때는 한국어와 영어를 공용할 수 있으며 이에 따라 국문과 영문으로 작성되는 중재판정문은 모두 이를 정본으로 한다. 그러나 국문과 영문의 중재판정문에 해석상 차이가 있을 때는 한국어에 의하여 해석한다.

제 51 조 규칙의 해석 및 적용

① 개개의 분쟁사건에 대한 이 규칙의 해석 및 적용은 그 분쟁사건을 담당하는 중재판정부가 한다.

② 제1항의 경우 중재판정부를 구성하는 중재인간에 의견일치를 보지 못하는 경우에는 다수결에 의한다.

제 52 조 판정의 범위

① 중재판정부는 중재합의의 범위내에서 계약의 현실이행 뿐만 아니라 공정하고 정당한 배상이나 기타의 구제를 명할 수 있다.

② 중재판정부는 책임 있는 일방 또는 쌍방의 당사자에게 제8장 소정의 중재비용의 부담비율을 명하여야 한다.

③ 중재판정부는 상당하다고 인정되는 범위 내에서 이자, 지연손해금에 대하여 그 지급을 명할 수 있다.

제 53 조 화해중재판정

당사자가 중재절차 중에 화해를 하였을 경우에 당사자가 요구하면 중재판정부는 합의된 화해의 내용을 판정으로써 기재할 수 있다.

제 54 조 중재판정의 정정, 해석 및 추가판정

① 중재판정부는 중재판정문에서 숫자계산의 착오나 과실 기타 이와 유사한 사유로 인하여 발생한 명백한 오자 또는 오류를 발견하였을 때는 결정으로 이를 정정할 수 있다. 다만, 당해 중재판정부가 정정할 수 없는 때에는 사무국이 이를 할 수 있다.

② 중재판정부는 당사자간의 합의가 있는 경우에 중재판정의 일부 또는 특정쟁점의 해석에 대하여 당사자가 중재판정의 정본을 받은 날로부터 30일 이내에 신청하면, 신청을 받은 날로부터 30일 이내에 판단하여야 한다.

③ 중재판정부는 중재절차에서 주장되었으나 중재판정에 포함되지 아니한 청구에 대한 추가판정은 당사자의 신청을 받은 날로부터 60일 이내에 판단하여야 한다.

④ 위 제1항 내지 제3항은 중재판정의 일부를 구성한다.

제 55 조 중재판정문의 송부

① 사무국은 중재판정의 정본을 당사자 또는 대리인에게 법 제4조 제1항 내지 제3항의 규정에서 정하는 방법에 따라 송부하고, 중재판정의 원본은 그 송부사실을 증명하는 서면을 첨부하여 관할법원에 송부한다.

② 제1항에 의한 송달은 다른 사정이 없는 한 당사자가 부담하여야 할 제8장 소정의 중재비용의 전액이 사무국에 납입된 후에 행할 수 있다.

제 7 장 신속절차

제 56 조 적용범위

당사자간에 이 장의 절차에 따르기로 하는 별도의 합의가 있는 중재사건 또는 신청금액이 1억원 이하인 중재의 경우에는 이 장의 신속절차를 적용한다. 다만, 신청금액이 1억원 이하인 중재의 경우에는 중재절차 개시일 후에 1억원을 초과하는 증액은 허용하지 아니한다.

제 57 조 중재인의 선정

사무국은 당사자간에 별도의 합의가 없는 경우 이 규칙 제21조의 방법에 의하지 아니하고 중재인명부 중에서 1인의 중재인을 선정한다.

제 58 조 심리절차

① 중재판정부는 심리의 일시와 장소를 결정하며, 사무국은 이를 심리개시 3일전에 구술, 인편, 전화 또는 서면 등 적합한 방법으로 당사자에게 통지하여야 한다.

② 심리는 1회로 종결함을 원칙으로 한다. 다만, 중재판정부는 상당한 이유가 있다고 인정하는 경우에는 심리를 재개할 수 있다.

③ 피신청인은 심리종결전까지 반대신청을 할 수 있다.

제 59 조 판정기한
중재판정부는 심리종결일로부터 10일 이내에 판정하여야 한다.

제 60 조 준용
이 장에서 규정하지 않은 사항은 이 규칙의 나머지 조항을 준용한다.

제 8 장 중재비용

제 61 조 중재비용
① 중재비용은 이 규칙 제62조 내지 제64조에 규정하는 요금, 경비, 수당으로 구분한다.
② 제1항의 중재비용은 중재판정에 의하여 결정되는 부담비율에 따라 부담한다. 다만, 중재판정에서 중재비용의 전부 또는 일부를 어느 일방 당사자 또는 쌍방 당사자의 부담으로 정하지 아니하였을 경우에는 당사자 쌍방의 균등부담으로 한다.
③ 제45조의 서면심리에 의한 절차의 중재비용의 경우에도 본조 내지 제65조의 규정을 적용한다.
④ 중재비용 예납에 따라 발생할 수 있는 이자는 반환하지 아니한다.

제 62 조 요금
① 요금은 관리요금과 심리기일연기요금으로 구분하며 신청인이 예납하여야 한다. 다만, 심리기일연기요금은 그 연기가 중재판정부의 직권으로 이루어진 경우에는 부과하지 아니한다.
② 제1항의 관리요금은 이 규칙 제16조의 규정에 의한 신청의 변경으로 인하여 신청요금의 감액이 있는 경우에도 그 차액은 반환되지 아니한다.
③ 요금의 실행요율과 예납방법 또는 반환요율과 반환방법에 관하여는 부표에 의한다. 부표에서 명시되지 아니한 것은 중재원이 정하는 바에 의한다.

제 63 조 경비
① 중재인 및 서기의 소요경비, 증거, 증인, 또는 감정인의 소요경비, 검사 또는 조사경비, 녹음 또는 속기록의 작성경비, 통역 또는 번역경비, 기타 중재에 소요되는 일체의 경비는 당사자의 신청에 의한 경우에는 그 당사자가 예납한다.
② 제1항의 경비가 중재판정부 지시에 의한 것일 경우에는 당사자간에 따로 정함이 없는 한 신청인이 예납한다.

제 64 조 수당

신청인은 중재원이 정하는 중재인의 수당을 예납하여야 한다.

제 65 조 예납방법 등

① 이 규칙에 달리 정함이 없는 경우에는 중재의 신청인은 제62조 내지 제64조 소정의 중재비용을 중재의 신청과 동시에 사무국이 지정하는 통화로 예납하여야 한다.

② 제1항의 예납액이 부족될 것으로 인정되는 경우에는 사무국은 신청인에게 추가예납을 요구할 수 있다. 신청인이 제1항 및 제2항의 예납을 이행하지 아니하거나 피신청인이 이를 대납하지 아니하는 경우에는 중재판정부의 결정에 따라 중재절차의 진행을 종료할 수 있다.

③ 사무국은 심리가 종결되면 예납액의 수지계산서를 작성하고 중재판정문이 작성되었을 때는 그 정산서를 작성하여 중재판정문과 함께 송부한 후 해당 당사자에게 정산잔액을 반환한다.

부 칙

① (시행일) 이 규칙은 2011년 9월 1일부터 시행한다.

② (중재 진행 중인 사건에 대한 경과조치) 이 규칙 시행 당시에 중재절차가 진행중인 사건에 대해서는 종전의 규정을 따른다. 다만, 당사자 사이에 이 규칙에 따르기로 합의한 경우에는 합의 후의 절차에 대하여 이 규칙을 적용하되, 이 규칙 시행 전에 종전의 규정에 따라 행한 행위의 효력에는 영향을 미치지 아니한다.

③ (적용례) 이 규칙은 시행일 이후 이 규칙 제3조에서 정하는 당사자간의 중재합의가 이루어진 중재에 대하여 적용한다.

〈부 표〉

요 금 표

1. 요 금

종 별	예납자	부담자	부담비율	요 율	비고
1. 관리요금	신청인	중재판정에서 결정	중재판정에서 결정	1천만원이하, 2% (단, 최저 5만원) 1천만원 초과 5천만원이하, 20만원에 1천만원 초과액의 1.5% 가산 5천만원 초과 1억원이하, 80만원에 5천만원 초과액의 1% 가산 1억원 초과 50억원이하, 130만원에 1억원 초과액의 0.5% 가산 50억원 초과 100억원이하, 2,580만원에 50억원 초과액의 0.25% 가산 100억원 초과, 3,830만원에 100억원 초과액의 0.2% 가산 신청금액이 없는 경우, 100만원	
2. 심리기일 연기요금	상동	상동	상동	매 연기당 10만원	

(1) 관리요금은 최대 1억 5천만원을 상한액으로 한다.

(2) 사무국은 위 요율을 초과하지 않는 범위 내에서 실행요율을 조정할 수 있다.

2. 요금반환규정

① 중재신청의 접수통지가 발송되기 전에 사건의 해결 또는 철회를 서면으로 사무국에 통지하였을 경우에는 5만원을 초과하는 요금은 반환한다.

② 중재판정부의 구성이 완료되기 전에 사건의 해결 또는 철회를 서면으로 사무국에 통지하였을 경우에는 5만원을 초과하는 관리요금의 3분의 1을 제외한 나머지 요금을 반환한다.

③ 제1차 심리예정일(심리에 의하지 아니하는 절차의 요금에 대하여서는 첫 증거 및 서류가 중재인에게 송달된 일자)보다 적어도 48시간 이전에 사건의 해결 또는 철회를 서면으로 사무국에 통지하였을 경우에는 5만원을 초과하는 관리요금의 2분의 1을 제외한 나머지 요금을 반환한다.

3. 대한상사중재원 국제중재규칙

총 칙

제1조 (규칙과 기관)

① 이 규칙은 사단법인 대한상사중재원(이하 "중재원"이라 한다)의 국제중재규칙이라 하고, 중재원 국제중재규칙(이하 "이 규칙"이라 한다)이라 약칭한다.

② 이 규칙에 따라 사무국이 처리하여야 할 중재절차에 관한 사무는 중재원 사무국의 직원 중에서 지명된 중재서기가 수행한다.

③ 중재원은 자체 선정한 위원으로 구성된 국제중재위원회를 설치하여야 하며, 이 규칙 제13조 및 제14조에 관한 의사결정에 있어 적절하게 위원회의 자문을 받아야 한다.

제2조 (정 의0

이 규칙에서 사용하는 용어의 정의는 다음과 같다.

1. "중재판정부"에는 1인의 중재인으로 구성된 중재판정부와 복수의 중재인으로 구성된 중재판정부가 모두 포함된다.
2. "신청인"에는 1인 또는 복수의 신청인이 모두 포함되며, "피신청인"에는 1인 또는 복수의 피신청인이 모두 포함된다.
3. "판정"에는 잠정판정, 중간판정, 일부판정 및 종국판정이 있다.
4. "국제중재"라 함은 중재절차의 당사자들이 중재합의를 할 당시 서로 다른 국가에 영업소를 갖고 있거나, 다음 장소 중의 한 곳이 당사자들의 영업소 소재지 이외의 국가에 위치한 경우를 말한다.
   (a) 당사자간의 중재합의에 따라 정해진 중재지
   (b) 계약상 의무의 실질적인 부분이 이행되는 장소 또는 분쟁의 대상과 가장 밀접한 관련을 갖고 있는 장소

제3조 (적용범위0

① 당사자들이 서면으로 이 규칙에 따라 국제중재를 진행하기로 합의한 경우에, 이 규칙이 중재합의의 일부를 이루는 것으로 보아 이 규칙에 따라 중재를 수행하여야 한다. 다만, 당사자들은 서면으로 이 규칙의 내용을 변경할 수 있다.

② 이 규칙이 당해 중재에 적용되는 강행법규에 위배되는 경우에는 해당 강행법규가 우선한다.

제4조 (통지 및 서면제출)

① 당사자는 중재서류와 기타 서면 및 첨부서류를 제출함에 있어서 각 당사자에게 1부, 각 중재인에게 1부 및 사무국에 1부를 제공하기에 충분한 수의 사본을 제출하여야 한다. 중재판정부가 당사자에게 전달하는 모든 교신은 그 사본 1부를 사무국으로 보내야 한다.

② 사무국 및 중재판정부로부터의 모든 통지와 교신은, 수신인인 당사자 또는 그 대리인의 최후에 알려진 주소로 한다. 이러한 통지나 교신은 수령증을 받는 교부송달, 등기우편, 택배, 팩스, 텔렉스, 전신 또는 송신기록이 남는 다른 교신수단으로 할 수 있다.

③ 통지 또는 교신은 당사자 자신 또는 그 대리인이 이를 수령한 날, 위 제2항에 따라 행하여진 경우에는 이를 수령하였을 날에 이루어진 것으로 본다.

④ 중재판정부가 구성될 때까지는 당사자 상호 간, 각 당사자와 중재인 간의 모든 교신은 사무국을 경유한다. 중재판정부가 구성된 이후에는, 중재판정부가 달리 지시하지 않는 한, 구두, 서면을 불문한 모든 교신은 당사자 상호 간, 각 당사자와 중재판정부 사이에 직접 이루어진다. 서면교신의 경우에는 그 사본을 동시에 사무국에 송부한다.

⑤ 사무국이 중재판정부를 대신하여 일방 당사자에게 서면 교신을 보내는 경우에는 다른 당사자들 전원에게도 사본을 송부한다. 일방 당사자가 사무국에 교신을 보내는 경우에는 나머지 각 당사자와 각 중재인의 수만큼의 사본을 첨부한다. 사무국은 나머지 각 당사자와 중재판정부에 그 사본을 송부한다.

제5조 (기 한0

① 기한의 기산점을 정함에 있어서 통지 또는 기타 교신은 이 규칙 제4조에 따라 송달된 일자에 수령된 것으로 본다.

② 기한의 준수를 판단함에 있어서, 통지 또는 기타 교신이 이 규칙 제4조에 따라 기한만료일 또는 그 전에 발송된 경우 그 통지 또는 교신은 기한을 준수한 것으로 본다.

③ 이 규칙에 따라 기간을 산정함에 있어서는, 통지 또는 기타 교신이 도달한 익일로부터 기산한다. 그러한 기간의 말일이 수령인의 주소지 또는 영업지에서 공휴일 또는 휴무일에 해당하는 경우, 기간은 그 이후의 최초 영업일에 만료한다. 기간 중의 공휴일 또는 휴무일은 기간에 산입된다.

제6조 (일반규칙 및 해석규칙)

이 규칙에 명시적으로 규정되지 않은 모든 사항에 대하여 사무국과 중재판정부는 이 규칙의 정신에 따라 처리하여야 하며, 판정이 법률상 집행될 수 있도록 모든 노력을 다하여야 한다.

제7조 (대 리)

이 규칙에 따른 절차에서 당사자는 자신이 선정한 자로 하여금 자신을 대리하게 할 수 있다. 다만, 중재판정부가 요구하는 바에 따라 그 대리권을 증명하여야 한다.

중재개시

제8조 (중재신청)

① 이 규칙에 따라 중재를 신청하고자 하는 당사자는 사무국에 중재신청서(이하 '신청서'라 한다)를 제출하여야 한다. 사무국은 신청서의 접수사실과 접수일자를 신청인과 피신청인에게 통지하여야 한다.

② 중재절차 개시일은 어떠한 경우에나 신청서가 사무국에 접수된 일자로 한다.

③ 신청서에는 다음의 사항이 기재 또는 첨부되어야 한다.

1. 신청인의 성명, 주소, 팩스번호, 전화번호
2. 신청인에 대한 기재 - 신청인이 회사인 경우 그 설립지와 회사 형태, 개인인 경우 국적과 주된 거주지 또는 근무지
3. 중재 상대방(피신청인)의 성명, 주소, 국가번호와 지역번호를 포함하는 전화번호와 팩스번호
4. 청구의 원인이 된 분쟁의 성격과 상황에 관한 기술
5. 중재 신청취지
6. 중재절차에 관하여 당사자가 이미 합의한 사항 또는 신청인이 제안하고자 하는 사항(중재지, 중재언어, 준거법, 중재인의 수, 중재인의 자격과 성명 등)에 대한 기술
7. 중재합의에서 당사자의 중재인 선정을 요하는 경우, 신청인이 선정하는 중재인의 성명, 주소, 전화번호, 팩스번호, 이메일 주소
8. 신청인이 원용한 서면 중재조항 또는 별도의 서면 중재합의 등 관련 계약서
9. 대리인의 성명, 주소, 팩스번호, 전화번호

④ 신청인은 신청서와 함께 이 규칙 제4조에서 요구하는 수의 사본을 제출하여야 하며 제출일 당시 시행 중인 별표 I(신청요금과 관리요금에 관한 규정)에 따른 신청요금을 납입하여야 한다. 신청인이 이 요건 중 하나라도 준수하지 못하는 경우 사무국은 신청인의 요건 준수를 위한 기한을 정할 수 있으며, 신청인이 그 기한 내에 요건을 준수하지 못하는 경우에는 신청을 종결할 수 있다. 이 경우 신청인은 추후 별도의 신청서를 제출하여 동일한 신청을 할 수 있다.

⑤ 사무국은 충분한 수의 신청서 사본이 제출되고 필요한 예납이 이루어진 경우 피신청인이 답변서를 제출할 수 있도록 신청서 및 첨부서류의 사본을 피신청인에게 송

부하여야 한다.

⑥ 일방 당사자가 이 규칙에 의하여 동일 당사자 간에 계류 중인 중재의 대상인 법률관계에 관한 신청서를 제출하는 경우, 중재판정부는 일방 당사자의 요청이 있으면 새로운 신청의 성격, 중재의 단계, 기타 관련 상황을 고려하여, 계류 중인 절차에 새로운 신청서 상의 청구를 포함시킬 것인지 여부를 결정할 수 있다.

제9조 (신청에 대한 답변과 반대신청0

① 피신청인은 사무국으로부터 신청서를 수령한 날로부터 30일 이내에 다음 사항이 기재된 답변서를 제출하여야 한다.

1. 피신청인의 성명, 주소, 팩스번호, 전화번호
2. 피신청인에 대한 기재 - 피신청인이 회사인 경우 그 설립지와 회사 형태, 개인인 경우 국적과 주된 거주지 또는 근무지
3. 신청인이 신청서에 기재한 청구의 전부 또는 일부에 대한 인정여부 및 신청서에 기재된 신청취지에 대한 답변
4. 신청인의 제안 및 이 규칙 제11조와 제12조에 따른 중재인의 수와 선정에 관한 의견, 필요한 경우 중재인의 선정
5. 중재지, 준거법 및 중재언어에 대한 의견
6. 중재합의에서 당사자의 중재인 선정을 요하는 경우, 피신청인이 선정하는 중재인의 성명, 주소, 전화번호, 팩스번호, 이메일 주소
7. 대리인의 성명, 주소, 팩스번호, 전화번호

② 피신청인이, 중재인의 수 및 중재인 선정에 관한 의견 또는 이 규칙 제11조, 제12조에 따른 중재인의 선정 등의 내용을 포함하고 있는 기한연장신청서를 제출한 경우에 한하여 사무국은 답변서 제출기한을 연장할 수 있다. 피신청인이 위 사항의 기한연장신청서를 제출하지 않는 경우 답변서 제출기한은 연장되지 않는다.

③ 답변서는 이 규칙 제4조에 규정된 수의 사본을 사무국에 제출하여야 한다.

④ 피신청인의 반대신청은 답변서와 함께 제출하여야 하며(또는 중재판정부가 정황을 고려하여 그 지연이 정당하다고 판단하는 경우에는 그 이후의 중재절차에서 제출할 수 있다), 다음과 같은 사항이 기재되어야 한다. 다만, 반대신청의 원인은 신청인과 피신청인 사이의 중재합의에 기초하여야 한다.

1. 반대신청의 원인이 된 분쟁의 성질과 상황에 대한 기술
2. 반대신청취지(가능한 한도 내에서 반대청구금액 포함)

⑤ 답변의 취지 및 이유가 반대신청의 내용을 포함하고 있다고 판단할 경우 중재판정부는 피신청인에게 그 부분에 대하여 제4항의 규정에 의한 반대신청을 하는 것인지의 여부를 밝히도록 요구할 수 있다.

⑥ 답변서 제출 해태의 경우에도 피신청인은 중재절차에서 청구를 부인하거나 반대신

청을 제기할 수 있다. 그러나 중재합의에서 당사자의 중재인 선정을 요구하는 경우, 피신청인이 답변서를 제출하지 않거나 기한 내에 중재인을 선정하지 못하거나 아예 선정하지 않으면 해당 당사자의 중재인 선정권은 종국적으로 포기된 것으로 간주된다.

중재판정부

제10조 (일반 규정)

① 이 규칙에 따른 중재인들은 항상 공정성과 독립성을 유지하여야 한다.

② 중재인으로 선정된 자는 선정을 수락하기에 앞서, 자신의 공정성과 독립성에 관하여 정당한 의심을 야기할만한 사유가 있는 경우 이를 사무국에 서면으로 고지하여야 한다. 중재절차진행 중이라도 그러한 의심을 야기할만한 새로운 사유가 발생하면 중재인은 이를 당사자와 사무국에 서면으로 즉시 고지하여야 한다.

③ 중재인의 선정, 교체, 해임과 관련된 모든 사항에 대한 사무국의 결정은 종국적이며 불복할 수 없다.

제11조 (중재인의 수)

이 규칙에 따른 중재사건은 단독 중재인 또는 3인의 중재인의 심리로 결정한다. 중재인의 수에 관하여 당사자들간의 합의가 존재하지 않는 경우 단독 중재인이 선정된다. 그러나 어느 쪽 당사자라도 신청서가 상대방 당사자에게 송달된 날로부터 30일 이내에 사무국에 3인의 중재인에 의할 것을 신청하면, 사무국이 분쟁의 규모, 복잡성 및 기타 요소들을 고려하여 적절하다고 판단하는 경우에는 당사자들에게 통지하고 3인의 중재인을 지명한다.

제12조 (중재인의 선정)

① 분쟁이 단독 중재인에게 회부되는 경우, 당사자들은 피신청인이 중재신청서를 수령한 날 또는 이 규칙 제11조에 따라 사무국이 단독 중재인에 의할 것임을 결정한 날로부터 30일 이내에 합의하여 단독 중재인을 선정하여야 한다. 당사자들이 위와 같이 정해진 기간 또는 사무국이 연장을 허용한 기간 내에 합동으로 단독 중재인을 선정하지 못하는 경우에는 사무국이 단독 중재인을 선정한다.

② 분쟁이 3인 중재인에게 회부되는 경우, 신청인은 중재신청서에서 또는 사무국이 허용한 연장기간 내에 1인의 중재인을 선정하고, 피신청인은 답변서에서 또는 사무국이 허용한 연장기간 내에 1인의 중재인을 선정한다. 일방 당사자가 위 기한 내에 중재인을 선정하지 못한 경우에는 사무국이 이를 선정한다. 양 당사자에 의해 중재인 2인이 선정되면 2인의 중재인이 합의하여 제3의 중재인을 선정하고 그가 중재판정부

의 의장이 된다. 2인 중재인이 두 번째 중재인의 선정일로부터 30일 이내에 의장으로 활동할 제3의 중재인을 선정하지 못하면 사무국이 이를 선정한다.

③ 중재판정부가 3인의 중재인으로 구성되는 경우, 신청인이나 피신청인이 복수인 때에는, 복수의 신청인들 또는 복수의 피신청인들 공동으로 이 규칙 제12조 제2항에 따라 중재인을 각각 선정한다. 그러한 선정이 이루어지지 못하고 당사자들이 중재판정부의 구성 방법에 합의하지 못한 경우에는 사무국이 중재판정부를 구성하는 중재인 전원을 선정하며 그 중 1인을 의장으로 지명한다.

④ 중재인 선정시 사무국은 선정될 중재인의 경험, 일정, 국적 및 거주지를 고려하여야 한다. 당사자 일방이 요청하는 경우 사무국은 다른 특별한 사정이 없는 한, 각 당사자들과 국적이 다른 자를 단독 중재인이나 중재판정부의 의장으로 선정하여야 한다.

⑤ 이 규칙에 따라 중재인 전원이 선정된 경우, 사무국은 쌍방 당사자 및 중재인 모두에게 중재인 전원의 성명, 주소 및 직업을 서면으로 지체 없이 통지하여야 한다.

제13조 (중재인 기피)

① 중재인의 공정성과 독립성에 정당한 의심을 야기할 만한 사유가 있는 경우, 당사자는 중재인에 대하여 기피를 신청할 수 있다. 다만, 그 중재인의 선정에 참여한 당사자는 선정 이후에 알게 된 사유를 근거로 하여서만 기피를 신청할 수 있다.

② 중재인의 공정성 및 독립성 결여 또는 기타의 사유에 의한 중재인에 대한 기피신청은 그 기피의 원인이 된 사유와 사실을 기술한 서면을 사무국에 제출함으로써 이루어진다. 당해 사건의 각 중재인 및 각 당사자에게 이 서면의 사본을 전달하여야 한다.

③ 기피신청이 유효하기 위해서는, 일방 당사자가 중재인의 선정 사실을 통지 받은 날 또는 해당 당사자가 기피의 원인이 된 사유와 사실을 알게 된 날로부터 15일 이내에 기피신청을 하여야 한다.

④ 기피의 대상이 된 중재인, 상대방 당사자 및 중재판정부의 다른 구성원들은 기피신청을 수령한 날로부터 15일 이내에 기피에 대하여 서면으로 의견을 밝힐 수 있다. 그러한 의견은 사무국, 각 당사자와 각 중재인에게 통지하여야 한다.

⑤ 일방 당사자가 중재인에 대하여 기피신청을 한 경우 상대방 당사자는 기피에 동의할 수 있고, 이러한 동의가 있는 경우 중재인은 사임하여야 한다. 그러한 동의가 없는 경우에도 기피 대상인 중재인은 자진 사임할 수 있다. 다만, 위의 경우에 사임하였다고 하여 기피 이유의 타당성을 인정하는 것을 의미하지는 않는다. 상대방 당사자가 기피신청에 동의하지 않거나 기피 대상인 중재인이 사임하지 않는 경우, 사무국은 기피신청에 대한 결정을 하여야 한다.

제14조 (중재인의 교체 및 해임)

① 중재인은 사망, 사무국의 중재인 사임 수리, 사무국의 기피 결정 또는 중재의 모든 당사자가 요청하는 경우에 교체되어야 한다.

② 사무국은 중재인이 자신의 임무를 수행하지 않거나 임무수행을 부당하게 지연하는 경우 또는 법률상 또는 사실상 자신의 임무를 수행할 수 없는 경우 해당 중재인을 해임할 수 있다.

③ 중재절차 진행 중에 중재인이 교체되는 경우, 새로운 중재인은 교체된 중재인의 선정에 적용되었던 이 규칙 제12조에 규정된 방식에 따라 선정한다.

④ 중재인이 교체되는 경우, 중재판정부는 당사자들과 협의한 후 중재판정부가 재구성되기 이전의 절차를 반복할 것인지 여부 및 그 범위를 결정한다.

⑤ 중재절차가 종료된 이후에는 사무국은 사망, 사임 또는 해임된 중재인을 교체하지 않고 나머지 중재인들로 하여금 중재를 완료하도록 결정할 수 있다. 사무국은 그러한 결정을 함에 있어 나머지 중재인 및 당사자와 협의하여야 하고, 그러한 결정에 필요하다고 보는 기타의 사항을 고려할 수 있다.

중재절차

제15조 (절차일정표)

① 중재판정부는 당사자들과 협의한 후 중재 진행을 위한 잠정적인 일정표를 별도의 서면으로 작성하여 중재판정부의 구성일로부터 30일 이내에 사무국과 당사자들에게 통지하여야 한다.

② 중재판정부는 제1항의 규정에도 불구하고, 후속 절차를 준비하고 그 일정을 정하기 위하여 일반적으로 답변서 제출 이후에 준비회의를 열 수 있다.

제16조 추가서면

① 중재판정부는 당사자들이 중재신청서와 답변서(반대신청서)에 대한 추가서면을 제출하도록 재량에 따라 허가하거나 요구할 수 있고, 그러한 경우 해당서면의 제출을 위한 기간을 정하여야 한다.

② 추가서면 제출을 위하여 중재판정부가 정하는 기간은 45일을 초과할 수 없다.

③ 제1항의 규정에 따라 추가서면을 제출하는 당사자는 그 당사자가 주장의 근거로 삼는 서류로서, 이전에 제출되지 않은 주요 문서의 사본(특별히 양이 많은 경우에는 그 목록)과 관련 견본 및 서증을 첨부하여 상대방 당사자와 중재판정부에 제출하여야 한다.

제17조 (신청, 답변 및 반대신청의 변경)

당사자는 중재판정부가 절차의 지연, 상대방 당사자의 권리 침해 또는 기타 사유를 이유로 하여 수정이나 보완이 적절하지 않다고 판단하는 경우를 제외하고는, 중재절차 진행 중에 신청, 반대신청 또는 답변을 변경하거나 보완하고 이를 상대방 당사자와 사무국에 통지할 수 있다. 그러나 그 변경이나 보완이 중재합의의 범위를 벗어나는 경우에는 신청이나 반대신청을 변경하거나 보완할 수 없다.

제18조 (중재지)

① 당사자들의 합의가 없는 경우 중재지는 서울로 한다. 다만 중재판정부가 당해 사안의 모든 사정을 고려하여 다른 장소가 더 적합하다고 결정한 경우에는 예외로 한다.

② 중재판정부는 심리 및 기타 회의를 당사자들과의 협의를 거쳐 적절하다고 판단하는 어떤 장소에서도 개최할 수 있다.

③ 중재판정부의 합의는 스스로 적절하다고 판단하는 어느 장소에서도 할 수 있다.

제19조 중재판정부의 관할권에 대한 이의신청

① 중재판정부는 중재조항 또는 별도의 중재합의의 존부 및 유효성에 관한 이의를 포함하여, 중재판정부의 관할권에 대한 이의신청에 대하여 판단할 권한을 가진다.

② 중재판정부는 중재조항을 포함하는 계약의 존부나 유효성을 결정할 권한을 가진다. 중재조항은 계약의 다른 부분과는 독립된 합의로 취급한다. 중재판정부가 당해 계약이 무효라고 결정하였다고 하여 중재조항까지 무효가 되지는 않는다.

③ 중재판정부의 관할권에 대한 이의신청은 이 규칙 제9조에 따라 신청서에 대한 답변서를 제출할 때까지, 반대신청의 경우에는 반대신청에 대한 답변서를 제출할 때까지 제기하여야 한다.

④ 일반적으로 중재판정부는 관할권에 대한 이의신청을 선결문제로 판단하여야 하나, 중재절차를 진행한 후 최종판정에서 판단할 수도 있다.

제20조 (중재의 진행)

① 이 규칙의 강행규정에 반하지 아니하는 한 당사자들은 중재절차에 관하여 합의할 수 있다.

② 중재판정부는 당사자들을 동등하게 대우하고 당사자들에게 의견을 표명할 권리를 부여하며 사안에 관하여 진술할 공평한 권리를 부여하는 한, 이 규칙에 따라 적절하다고 생각되는 방식으로 중재를 진행할 수 있다.

③ 중재판정부는 절차를 분리하거나 당사자들로 하여금 사건의 전부 또는 일부의 해결과 관련된 쟁점에 대하여만 논의하도록 지시할 수 있다.

제21조 (절차에 관한 규칙)

중재판정부는 이 규칙에 따라 절차를 진행하여야 하고, 이 규칙에 규정이 없는 경우에는 당사자들이 정한 규칙에 의하며, 그러한 규칙도 없는 경우에는 중재판정부가 정한 규칙에 의한다. 이 규정은 중재에 적용될 특정 국가의 절차법을 참조하는 것과 상관없이 적용된다.

제22조 (증거)

① 당사자들이 달리 서면으로 합의하지 않는 한, 중재판정부는 절차진행 중 언제라도 당사자들에게 다음의 사항을 명할 수 있다.

1. 문서, 서증 또는 필요, 적절하다고 보는 기타 증거의 제출

2. 당사자들의 지배 하에 있고 중재의 대상과 관련이 있는 재산, 장소, 기타 물건에 대한 중재판정부, 다른 당사자, 또는 전문가의 조사 허용

② 중재판정부는 당사자가 자신의 신청, 반대신청, 답변을 뒷받침하기 위하여 제출하고자 하는 서류 및 기타 증거의 요약본을 중재판정부와 상대방 당사자에게 전달할 것을 요구할 수 있다.

③ 각 당사자는 신청, 반대신청, 항변을 뒷받침하는 사실에 대한 입증책임을 부담한다.

④ 중재판정부는 증거의 증거능력, 관련성 및 증명력에 관하여 판단할 권한을 가진다.

제23조 (전문가)

① 중재판정부는 1인 또는 수인의 전문가를 선정하여, 중재판정부가 결정하고 당사자들에게 통지하여야 하는 특정 쟁점에 관하여 보고하도록 할 수 있다. 전문가에게 위임할 사항은 중재판정부가 정하고, 당사자들에게 그 사본을 전달하여야 한다.

② 중재판정부는 전문가에게 관련 정보를 제공하거나, 관련 서류, 동산 또는 기타 재산을 전문가가 조사할 수 있게 하도록 당사자에게 명할 수 있다.

③ 중재판정부는 전문가의 보고서 수령 후 그 사본을 모든 당사자에게 송부하고 당사자들이 보고서에 대하여 의견을 표명할 수 있는 기회를 부여하여야 한다. 당사자는 전문가가 그 보고서를 작성함에 있어서 근거로 삼은 모든 서류를 검토할 수 있다.

제24조 (중재 언어)

당사자 간에 합의가 없을 때에는 중재판정부는 계약 언어를 비롯한 모든 관련 상황을 적절히 고려하여 중재 언어를 결정한다.

제25조 (준거법)

① 당사자는 분쟁의 본안에 관하여 중재판정부가 적용할 실체법 및 법원칙에 대하여 자유롭게 합의할 수 있다. 그러한 합의가 없는 경우 중재판정부는 적절하다고 판단하는 실체법이나 법원칙을 적용한다.

② 모든 사안에 있어서 중재판정부는 계약 조항 및 관련 거래관행을 고려하여야 한다.

③ 중재판정부는 당사자들이 합의하여 권한을 부여한 경우에 한하여, 선의의 중재인으로서의 권한을 가지고 형평과 선에 의하여 판단할 수 있다.

제26조 (심 리)

① 심리가 열릴 경우 중재판정부는 적절한 통지를 함으로써 중재판정부가 정한 일시와 장소에 당사자들이 출석하도록 하여야 한다.

② 중재판정부는 심리를 전적으로 관장하며 모든 당사자는 심리에 참석할 수 있다. 중재판정부 및 당사자의 승인이 없으면 해당 중재절차와 무관한 사람은 심리에 참석할 수 없다.

③ 당사자는 본인이 직접 또는 적법하게 수권된 대리인을 통하여 참석할 수 있다. 당사자는 자문을 받을 수 있다.

④ 심리는 당사자들이 달리 합의하거나 법에 달리 규정되어 있는 경우를 제외하고는 비공개로 한다. 중재판정부는 증인의 증언이 진행되는 동안 다른 증인의 퇴정을 요구할 수 있다. 중재판정부는 증인신문 방식을 결정할 수 있다.

⑤ 사무국은 중재판정부 또는 일방 당사자의 요청에 따라 녹음이나 통역, 속기록 작성, 심리를 위한 공간, 기타 중재절차의 진행을 위해 필요한 사항을 당사자의 경비부담으로 제공할 수 있다.

제27조 (절차의 종료)

① 중재판정부는 당사자들이 자신의 주장을 진술할 적절한 기회를 부여 받았다고 판단하는 경우 절차의 종료를 선언하여야 한다. 절차 종료 이후에는, 중재판정부가 요청하거나 허용하는 경우를 제외하고는 추가 서면이나 주장, 증거를 제출할 수 없다.

② 중재판정부는 판정 전에는 언제든지 재량에 따라 직권으로 또는 당사자의 신청에 의하여 심리를 재개할 수 있다.

제28조 (보전 및 임시적 처분)

① 당사자들이 달리 합의하지 않는 한, 중재판정부는 관련서류를 수령하는 즉시 당사자 일방의 신청에 의해 적절하다고 생각되는 보전 및 임시적 조치를 명할 수 있다. 중재판정부는 적절한 담보의 제공을 조건으로 그러한 조치를 명할 수 있다. 그러한 조치는 중재판정부가 적절하다고 생각하는 바에 따라 이유를 기재한 명령 또는 판정 등의 형식으로 한다.

② 중재판정부가 관련서류를 수령하기 전에 또한 적절한 상황에서는 그 이후에도, 당사자는 관할법원에 임시조치 또는 보전조치를 신청할 수 있다. 당사자 일방이 법원에

그러한 조치를 신청하거나 중재판정부가 명한 조치의 집행을 신청하더라도 중재합의 위반이나 권리포기로 간주되지 않으며, 중재판정부가 보유한 해당 권한도 유지된다. 그러한 신청의 제기 및 법원이 이에 대해 취한 모든 조치는 지체 없이 사무국에 통지되어야 하며 사무국은 이를 중재판정부에 통지하여야 한다.

제29조 (의무의 해태)

① 피신청인이 충분한 이유를 소명하지 못하고 중재판정부가 정한 기간 내에 답변서를 제출하지 못하는 경우 중재판정부는 절차의 속행을 명하여야 한다.

② 당사자 중 어느 일방이 적법하게 심리에의 출석을 요청 받았음에도 정당한 이유 없이 출석하지 않은 경우 중재판정부는 심리를 진행할 권한을 가진다.

③ 당사자가 서면증거의 제출을 적법하게 요청 받았음에도 정당한 이유 없이 정해진 기간 내에 이를 이행하지 않는 경우 중재판정부는 제출된 증거에 의거하여 판정을 내릴 수 있다.

판 정

제30조 (의사 결정)

중재인이 복수이고 특정 쟁점에 관하여 합의하지 못하는 경우, 판정 또는 결정은 중재인 과반수의 결의에 따른다. 그러한 결의가 성립되지 않는 쟁점에 대해서는 의장중재인의 결정에 따른다.

제31조 (판정의 형식과 효력)

① 판정은 서면으로 한다. 당사자들이 달리 합의하지 않는 한, 중재판정부는 판정에 그 이유를 기재하여야 한다.

② 중재판정문에는 판정일자를 기재하고, 중재판정부 전원이 서명한다. 과반수에 미달하는 일부 중재인이 중재판정문에 서명하기를 거부하거나 서명하지 못하는 경우에는 다른 중재인이 그 사유를 기재하고 서명하여야 한다. 중재판정은 중재지에서 중재판정문에 기재된 일자에 내려진 것으로 본다.

③ 모든 판정은 종국적이며 당사자들을 구속한다. 당사자들은 판정을 지체 없이 이행하여야 한다.

제32조 (잠정판정, 중간판정 및 일부판정)

① 중재판정부는 종국판정뿐만 아니라 잠정판정, 중간판정 또는 일부판정을 내릴 수 있다.

② 일부판정의 경우 중재판정부는 상이한 쟁점에 관하여 그 시점을 달리하여 판정을

내릴 수 있으며, 이는 이 규칙 제36조에서 규정한 절차에 따라 정정될 수 있다. 중재판정부가 달리 명시하지 않는 한 일부판정도 판정 즉시 개별적으로 집행할 수 있다.

제33조 (종국판정의 기한)

① 모든 당사자들이 달리 합의하지 않는 한 중재판정부는 최종서면의 제출일과 심리의 종결일 중 나중의 날짜로부터 45일 이내에 판정을 내려야 한다.

② 사무국은 중재판정부의 이유 있는 요청이 있는 경우, 또는 기한의 연장이 필요하다고 판단하는 경우에는 직권으로 종국판정의 기한을 연장할 수 있다.

제34조 (화해중재판정)

이 규칙에 따라 중재신청이 접수되고 예납금이 납입된 후에 당사자들이 화해에 이른 경우, 중재판정부는 당사자 일방의 요청에 따라 화해내용을 기재한 화해중재판정을 내릴 수 있다. 당사자들이 화해중재판정을 요구하지 않는 경우, 당사자들이 합의에 이르렀음을 확인하는 서면을 사무국에 제출함으로써 중재판정부의 임무는 종료되며 중재절차는 종결된다. 다만 당사자들은 미납된 중재비용을 납입하여야 한다.

제35조 (판정의 통지, 기탁 및 집행성)

① 판정이 내려지고, 당사자들 또는 당사자 일방이 중재비용 전액을 사무국에 납입한 경우에 사무국은 중재판정부가 서명한 중재판정문을 당사자에게 통지한다. 이 통지 이후에 당사자들은 중재판정부에 대하여 별도의 통지 또는 기탁을 요구할 권리를 상실한다.

② 중재판정부와 사무국은 중재판정에 추가적으로 요구되는 형식성을 구비할 수 있도록 당사자들을 지원하여야 한다.

제36조 (판정의 정정 및 해석)

① 중재판정부는 판정 후 30일 이내에 중재판정문의 오기, 오산, 오타 등의 오류를 직권으로 정정할 수 있다.

② 당사자들이 달리 합의하지 않는 한, 일방 당사자는 중재판정문의 수령 후 30일 이내에 사무국에 통지함으로써 중재판정부에 제1항의 오류 정정이나 판정의 해석을 요청할 수 있다. 정정이나 해석은 그 요청의 수령 후 30일 이내에 서면으로 이루어져야 한다. 그러한 정정이나 해석은 판정의 일부를 구성한다.

제37조 (추가판정)

당사자들이 달리 합의하지 않는 한, 일방 당사자는 중재판정의 수령 후 30일 이내에 상대방 당사자에 대한 통지와 함께 사무국에 대한 통지로써, 중재절차에서 제기하였으나 판정에서 판단되지 않은 청구에 대한 추가판정을 중재판정부에 신청할 수 있다. 중재판정부는 그 신청이 정당하다고 판단하는 경우 신청서 수령일로부터 60일 이내에 추가판정을 내려야 한다.

비 용

제38조 (중재비용의 납입의무)

① 중재비용은 "신청요금과 관리요금에 관한 규정(별표 I)"과 "중재인의 수당과 비용에 관한 규정(별표 II)"에 따른 신청요금, 관리요금, 중재인의 수당과 경비 및 중재절차 중에 발생하는 기타 경비로 구성된다.

② 당사자들은 연대하여 사무국에 중재비용을 납입하여야 한다.

③ 이 규칙 제17조에 따라 청구가 변경되어 중재비용이 감액되는 경우에도 관리요금은 반환하지 않는다.

제39조 (중재비용의 예납)

① 당사자들은 절차 중에 발생하는 중재비용을 충당하기 위하여, 사무국이 정한 방식과 기간에 따라 사무국이 정한 예납금을 납입하여야 한다. 예납금은 중재절차 중 언제든지 변경할 수 있다.

② 사무국은 예납금 또는 추가 예납금의 금액을 결정한다. 사무국은 각 당사자에게 예납금으로 일정액을 예치할 것을 요구하여야 한다. 당사자들이 달리 합의하지 않는 한, 예납금은 신청인과 피신청인이 균분하여 납입한다. 납입은 현금으로 한다.

③ 신청인 또는 피신청인이 수인인 경우, 그러한 수인의 당사자는 해당 신청인 또는 피신청인 모두를 위하여 연대하여 예납할 책임을 진다. 그 비용은 해당 당사자들이 달리 합의하지 않는 한 균분하여 납입한다.

④ 일방 당사자가 제1항 내지 제3항의 예납을 하지 않는 경우, 사무국은 중재판정부와 협의 후 중재절차의 중지 또는 종료를 명할 수 있다.

⑤ 일방 당사자가 예납금 중 자신의 부담부분을 납입하지 않는 경우, 상대방 당사자는 예납금 전액을 납입할 수 있다. 이 경우 전액을 납입한 당사자는 잠정판정, 중간판정 또는 일부판정을 통하여 상대방 당사자에게 그 부담부분을 지급할 것을 명하도록 중재판정부에 요청할 수 있다.

⑥ 사무국은 중재절차 종료 후, 예납금을 정산하여 이를 납입한 당사자에게 그 잔액을 반환하여야 한다.

⑦ 예납금으로부터 발생한 이자는 반환하지 않는다.

제40조 (중재비용의 분담)

① 관리요금을 포함한 중재비용은 원칙적으로 패소한 당사자의 부담으로 한다. 그러나 중재판정부는 사건의 정황을 고려하여 재량으로 그러한 비용을 당사자 사이에 분담시킬 수 있다.

② 중재판정부는 판정을 내릴 때에 중재비용을 정하여야 한다. 다만, 잠정판정, 중간판정 및 일부판정의 경우에는 비용에 관한 결정을 종국판정시까지 연기할 수 있다.

제41조 (당사자가 부담한 비용)

변호사비용이나 전문가, 통역, 증인을 위한 비용 등 중재절차 중 당사자가 부담하는 필요비용은 중재판정에서 중재판정부가 결정하는 분담비율에 따라 당사자가 부담한다. 당사자가 달리 합의하지 않는 한, 중재판정부는 그 사안의 제반 사정을 고려하여 중재절차 중 발생한 필요비용을 당사자가 분담하도록 결정한다.

기 타

제42조 (기한의 변경)

당사자들은 서면합의로 이 규칙에서 규정한 기한을 변경할 수 있다. 중재판정부는 적절하다고 판단하는 경우 판정기한을 제외하고는 이 규칙에서 정한 모든 기한을 연장할 수 있다. 중재판정부는 사무국을 통하여 기한의 연장과 그 이유를 당사자에게 통지하여야 한다.

제43조 (포 기)

이 규칙의 규정, 중재합의, 중재절차에 적용되는 다른 규칙 또는 중재판정부의 지시가 준수되지 않았음을 알면서도 그에 대하여 즉시 이의를 제기하지 않고 절차를 계속 진행한 당사자는 이의를 제기할 권리를 포기한 것으로 본다.

제44조 (면 책)

중재인과 사무국 임직원은 이 규칙에 따라 진행된 중재와 관련된 작위 또는 부작위에 대하여 고의 또는 무모한 행위에 해당되지 않는 한 책임을 지지 않는다.

제45조 (비밀유지)

① 중재절차 및 그 기록은 공개하지 아니한다.

② 중재인, 사무국 임직원, 당사자 그리고 그 대리인과 보조자는 당사자 사이에 합의되거나 법률상 또는 소송절차에서 요구되는 경우를 제외하고는 중재사건과 관련된 사실 또는 중재절차를 통하여 알게 된 사실을 공개하여서는 아니된다.

부 칙

① 이 규칙은 2007년 2월 1일부터 시행한다.

② 이 규칙 시행 전에 이미 중재절차가 개시된 사건은 중재원 중재규칙에 따라 진행한다. 다만, 당사자가 합의하는 경우 이후의 절차를 이 규칙에 따라 진행할 수 있다. 당사자들 사이에 이러한 합의가 있는 경우 중재원 중재규칙에 따라 이미 이루어진 절차는 유효하다.

별표 I 신청요금과 관리요금에 관한 규정

제1조 (신청요금)

① 신청인은 신청서를 제출할 때에 신청요금으로 100만원을 납입하여야 한다.

② 신청인이 신청요금을 납입하지 않을 경우 중재원은 중재절차를 진행하지 아니한다.

③ 신청요금은 반환하지 아니한다.

④ 전항의 규정들은 반대신청에도 적용된다.

제2조 (관리요금)

① 당사자는 아래 표와 같이 신청금액에 따른 관리요금을 사무국에 예납하여야 한다.

단계	신청금액(원)	관리요금(원)
I	10,000,000 이하	2%(최저 5만원)
II	10,000,000 초과 50,000,000 이하	200,000 + (신청금액 - 10,000,000) × 1.5%
III	50,000,000 초과 100,000,000 이하	800,000 + (신청금액 - 50,000,000) × 1.0%
IV	100,000,000 초과 5,000,000,000 이하	1,300,000 + (신청금액 - 100,000,000) × 0.5%
V	5,000,000,000 초과 10,000,000,000 이하	25,800,000 + (신청금액 - 5,000,000,000) × 0.25%
VI	10,000,000,000 초과	38,300,000 + (신청금액 - 10,000,000,000) × 0.2%
VII	금액 없는 경우	3,000,000

② 신청금액은 다음과 같이 산정한다.

1. 신청금액과 반대신청금액은 합산한다.

2. 이자에 대한 신청금액은 산입하지 않는다. 다만, 이자 신청금액이 원금 신청금액보다 많은 경우에는 이자 신청금액만을 분쟁금액 산정에 고려한다.

3. 신청금액이 명확하지 않은 경우 중재판정부는 제반 사정을 고려하여 신청금액을 결정할 수 있다.

③ 종국판정이 내려지기 전에 사건이 해결되거나 철회되는 경우, 사무국은 내부규정에 따라 관리요금의 일부를 반환한다.

별표 Ⅱ 중재인의 수당과 경비에 관한 규정

제1조 (중재인의 수당)

① 달리 합의되지 않는 한, 중재인 수당의 기본금액은 중재시간에 시간당 요율을 곱한 금액을 기초로 한다. 시간당 요율은 시간당 미화 250불에서 미화 500불의 범위 내에서 사무국이 결정한다. 사무국이 시간당 요율을 결정할 때에는 다음의 사항을 고려한다.

1. 분쟁의 성격과 분쟁금액

2. 중재인의 지위와 경험

② "중재시간"은 심리에 소요된 시간과 중재절차와 관련 문제의 준비를 위하여 합리적으로 소요되는 시간을 의미한다.

③ 중재인의 수당은 아래 표의 최소액과 최대액 사이에서 결정된다.

	신청금액(원)	중재인 수당(원)	
		최소	최대
Ⅰ	50,000,000 이하	1,000,000	2,000,000
Ⅱ	50,000,000 초과 100,000,000 이하	1,000,000 + 2% × (신청금액-50,000,000)	2,000,000 + 5% × (신청금액-50,000,000)
Ⅲ	100,000,000 초과 500,000,000 이하	2,000,000 + 1% x (신청금액-100,000,000)	4,500,000 + 3% × (신청금액-100,000,000)
Ⅳ	500,000,000 초과 1,000,000,000 이하	6,000,000 + 0.75% × (신청금액-500,000,000)	16,500,000 + 2.8% × (신청금액-500,000,000)
Ⅴ	1,000,000,000 초과 5,000,000,000 이하	9,750,000 + 0.25% × (신청금액-1,000,000,000)	30,500,000 + 1% × (신청금액-1,000,000,000)
Ⅵ	5,000,000,000 초과 10,000,000,000 이하	19,750,000 + 0.1% × (신청금액-5,000,000,000)	70,500,000 + 0.2% × (신청금액-5,000,000,000)
Ⅶ	10,000,000,000 초과 50,000,000,000 이하	24,750,000 + 0.05% × (신청금액-10,000,000,000)	80,500,000 + 0.1% × (신청금액-10,000,000,000)
Ⅷ	50,000,000,000 초과	44,750,000 + 0.02% × (신청금액-50,000,000,000)	120,500,000 + 0.07% × (신청금액-50,000,000,000)
	중재인 수당은 최대 1억 5천만원을 초과할 수 없음.		

④ 분쟁금액의 산정 시에는 별표I 제2조 2항을 준용한다.

⑤ 종국판정이 내려지기 전에 사건이 해결되거나 철회되는 경우, 사무국은 내부규정에 따라 중재인 수당을 지급한다.

제2조 (중재인의 경비)

중재인의 경비는 여행, 숙박, 식사 그리고 기타 경비를 포함하여 중재절차에 필요한 한도에서 발생한 실제 경비를 의미한다. 중재인의 경비는 절차 중에 발생하는 필요비로 정의된다.

4. UNICTRAL MODEL ARBITRATION LAW

제1장 총칙

제1조 (적용 범위)

①이 법은 당국과 타국간에 체결된 모든 합의에 순응할 것을 조건으로 하고 국제상사중재에 이를 적용한다.

②이 법의 규정은 제8조, 제9조, 제35조 및 제36조를 제외하고, 중재지가 해당국의 영역 내에 있는 경우에 한하여 적용한다.

③국제중재는 다음에 해당하는 경우이다.

1. 중재합의의 당사자가 중재합의를 체결할 당시 상이한 국가내에 영업소를 두고 있는 경우

2. 다음 장소 중 어느 한 장소가 당사자의 영업소 소재지국외에 있는 경우

(i) 중재합의에서 결정되어 있거나 또는 그에 따라 결정되는 중재지

(ii) 상거래상 의무의 실질적인 부분이 이행되어야 할 장소 또는 분쟁의 본안사항과 가장 밀접하게 연결되어 있는 장소

3. 중재합의의 본안사항이 2개국 이상과 관련되어 있다고 당사자들이 명시적으로 합의한 경우

④제3항의 적용상

1. 일방당사자가 2개 이상의 영업소를 두고 있는 경우에는 중재합의와 가장 밀접한 관계가 있는 영업소를 지칭하고

2. 일방당사자가 영업소를 두고 있지 아니하는 경우에는 상거소를 참조하는 것으로 한다.

⑤해당국가의 법령에 의하면 특정 분쟁이 중재에 회부될 수 없거나 이 법 이외의 규정에 따라서만 중재에 회부되어야 하는 경우에 이 법은 해당 국가의 타 법령에 영향을 미치지 아니한다.

제2조 (정의와 해석의 원칙)

이 법의 적용상

1. "중재"라 함은 상설중재기관에 의하여 관리되거나 아니되거나를 불문하고 모든 중재를 말한다.

2. "중재판정부"라 함은 단독 중재인 또는 수인의 중재인단을 말한다.

3. "법원"이라 함은 한 국가의 사법기관을 말한다.
4. 제28조를 제외한 이 법의 규정이 당사자로 하여금 일정한 쟁점을 자유롭게 결정하도록 허용하고 있는 경우에는, 어떤 기관을 포함한 제3자에게 당해 결정을 내릴 권한을 부여하는 당사자의 권리가 포함된다.
5. 이 법의 규정에서 당사자가 합의하였거나 합의할 수 있다고 정하거나 또는 기타 방법으로 당사자의 합의에 관하여 언급한 경우에 그러한 합의는 그 합의 속에 언급된 모든 중재규칙을 포함한다.
6. 제25조 제1호 및 제32조 제2항 제1호를 제외하고 청구에 관한 이 법의 규정은 반대청구에도 적용된다. 방어에 관한 규정은 그러한 반대청구의 항변에도 적용된다.

제3조 (서면통지의 수령)

①당사자간에 달리 합의가 없는 한
1. 모든 서면통지는 수신인에게 직접 교부되거나 수신인의 영업소, 상거소 또는 우편주소지에 전달된 경우에는 수령된 것으로 본다. 또한 그러한 주소들이 합리적인 조회의 결과토써도 발견될 수 없는 경우에는 등기우편 또는 전달하려고 한 기록을 제공할 수 있는 그 밖의 다른 수단에 의하여 수신인의 최후 영업소, 상거소, 또는 우편주소지에 발송된 경우에는 서면통지가 수령된 것으로 본다.
2. 서면통지는 1호의 방법으로 전달된 일자에 수령된 것으로 본다.
②제1항의 규정은 소송절차상의 송달에는 적용되지 아니한다.

제4조 (이의신청권의 포기)

이 법의 규정에 의하여 당사자가 그 효력을 배제할 수 있다는 규정이나 중재합의의 요건이 준수되지 아니한 사실을 알았거나 알 수 있으면서 당사자가 지체없이 또는 기한이 정해져 있는 경우에는 그 기한 내에 그러한 불이행에 대해 이의를 제기하지 아니하고 중재절차를 속행한 경우에는 자신의 이의신청권을 포기한 것으로 본다.

제5조 (법원의 관여)

이 법이 적용되는 사항에 대해서 법원은 이 법이 규정한 경우를 제외하고는 관여하여서는 아니된다.

제6조 (중재 지원 및 감독 기능을 수행하는 법원 또는 기타 기관)

제11조 제3항, 제11조 제4항, 제13조 제3항, 제14조, 제16조 제3항 및 제34조 제2항에 규정된 기능은 ... [이 모델법을 입법하는 각 국가는 법원 또는 이 기능을 수행할 수 있는 기타 기관을 명시하여야 함] ... 에 의하여 수행된다.

제 2 장 중재합의

제7조 (중재합의의 정의와 방식)

①"중재합의"는 계약에 의하거나 또는 계약에 의하지 아니한 일정한 법률관계에 관하여 당사자간에 이미 발생하였거나 장래 발생할 수 있는 모든 분쟁 또는 특정한 분쟁을 중재에 부탁하는 당사자 사이의 합의이다. 중재합의는 계약상의 중재조항의 형식이나 별도의 합의형태로 할 수 있다.

②중재합의는 서면으로 하여야 한다. 중재합의는 당사자가 서명한 서류에 포함되어 있거나 서신, 텔렉스, 전신 등 기타 중재합의를 기록한 통신 등의 교환에 포함되어 있거나 또는 신청서와 답변서의 교환 속에서 중재합의의 존재가 일방당사자에 의해서 주장되고 상대방당사자가 이를 부인하지 아니하는 경우에는 그러한 합의는 서면으로 작성한 것으로 한다. 그리고 당사자간의 계약속에서 어떤 중재조항이 포함되어 있는 서류에 대한 언급이 있는 경우에는 이를 중재합의로 의미하고 있는 것으로 해석한다. 다만 그러한 계약이 서면으로 작성되어 있어야 하며, 당해 조항이 그러한 계약의 일부를 구성하는 것으로 볼 수 있을 경우에 한한다.

제8조 (중재합의와 법원에 제소)

①중재합의의 대상이 된 사건이 법원에 제소되었을 경우로서, 일방당사자가 그 분쟁의 본안에 관한 제1차 진술서를 제출하기 이전에 이에 관한 항변을 제기하면, 법원은 그 중재합의가 무효이거나, 실효하였거나, 또는 이행불능의 상태에 있는 것으로 판단되지 아니하는 한 당사자들을 중재에 회부하여야 한다.

②제1항에서 언급한 소송이 제기된 경우에도 중재절차는 개시되거나 속행될 수 있으며 사건이 법원에 계속 중인 경우에도 중재판정이 행해질 수 있다.

제9조 (중재합의와 법원의 보전처분)

일방당사자가 중재절차 전이나 진행 중에 법원에 보전처분을 신청하거나 법원이 이러한 조치를 허여하는 것은 중재합의에 반하지 아니한다.

제 3 장 중재판정부의 구성

제10조 (중재인의 수)

①당사자는 중재인의 수를 자유로이 정할 수 있다.

②그러한 결정이 없는 경우에는 중재인의 수는 3인으로 한다.

제11조 (중재인의 선정)

①당사자가 달리 합의하지 않는 한 누구라도 자신의 국적을 이유로 중재인으로서 활동하는데 배제되지 아니한다.

②본조 제4항과 제5항의 제한하에 당사자는 중재인의 선정절차를 자유로이 합의할 수 있다.

③그러한 합의가 없는 경우에

1. 3인 중재에서 각 당사자는 1인의 중재인을 선정하고 이에 따라 선정된 2인의 중재인이 제3의 중재인을 선정한다. 일방당사자가 상대방으로 부터 중재인 선정을 요구받은 후 30일 이내에 중재인을 선정하지 않거나 2인의 중재인이 그 선정된 후 30일 이내에 제3의 중재인을 선정하지 못하였을 경우에는 일방당사자의 요청에 따라 제6조에 규정된 법원이나 기타 기관이 중재인을 선정한다.

2. 단독중재의 경우에 당사자가 중재인 선정을 합의하지 못한 때에는 일방당사자의 요청이 있으면 제6조에 규정된 법원이나 기타 기관이 중재인을 선정한다.

④ 당사자가 합의한 중재인 선정절차에 따라

1. 일방당사자가 그 절차에서 요구하는 대로 이행하지 아니하거나,

2. 양당사자나 2인의 중재인이 그 절차에서 기대되는 합의에 이를 수 없거나,

3. 일정 기관을 포함한 제3자가 그 절차에서 위임된 기능을 수행할 수 없는 때에 당사자는 선정절차 합의내용속에 그 선정을 보전하는 그밖의 다른 조치가 없는 한 제6조에 규정된 법원이나 기타 기관에 필요한 처분을 취할 것을 요청할 수 있다.

⑤본조 제3항과 제4항에 따라 제6조에 규정된 법원이나 기타 기관에 위임된 사항에 관한 결정에 대하여는 항고할 수 없다. 중재인을 선정할 때 법원이나 기타 기관은 당사자들의 합의에서 요구하는 중재인의 자격을 고려하여야 하며 또한 독립적이며 공정한 중재인의 선정을 보장하는데 적절한지도 고려하여야 한다. 단독중재인이나 제3의 중재인의 경우에는 당사자들의 국적 이외의 국적을 가진 중재인을 선정하는 것이 바람직한 지도 고려하여야 한다.

제12조 (중재인기피의 사유)

①중재인으로 직무수행의 요청을 받은 자는 그 자신의 공정성이나 독립성에 관하여 당연시되는 의심을 야기할 수 있는 모든 사정을 고지하여야 한다. 중재인은 중재인으로 선정된 때로부터 그리고 중재절차의 종료시 까지 그러한 사정을 당사자에게 지체없이 고지하여야 한다. 다만, 중재인이 그러한 사정을 이미 통지한 당사자에게 대하여는 그러하지 아니하다.

②중재인은 그 자신의 공정성이나 독립성에 관하여 당연시되는 의심을 야기할 수 있는 사정이 존재하거나 또는 당사자가 합의한 자격을 갖추지 못한 때에 한해 기피될 수 있다. 당사자는 자신이 선정하였거나 그 선정절차에 참여한 중재인에 대하여 선정

후에 비로소 알게 된 사유에 의해서만 기피할 수 있다.

제13조 (중재인의 기피절차)

①본조 제3항의 제한하에 당사자들은 중재인 기피절차를 자유로이 합의할 수 있다.

②제1항의 합의가 없는 경우에 중재인을 기피하고자 하는 당사자는 중재판정부가 구성된 후 또는 12조 제2항의 사정을 알게된 후 15일 이내에 중재인기피사유를 진술한 서면을 중재판정부에 송부하여야 한다. 기피당한 중재인이 그 직무로부터 사퇴하지 아니하거나, 상대방당사자가 그 기피신청에 동의하지 아니하는 한 중재판정부는 그 기피신청에 관하여 결정하여야 한다.

③당사자가 합의한 절차나 본조 제2항의 절차에 따라 기피신청이 받아들여지지 아니하면,기피신청한 당사자는 그 기피거절 결정의 통지를 받은 후 30일 이내에 제6조에서 정한 법원이나 기타 기관에 기피에 대한 결정을 신청할 수 있다. 그 결정에 대하여는 항고할 수 없으며 그러한 신청이 계속 중인 경우에도 기피신청의 대상이 된 중재인을 포함한 중재판정부는 중재절차를 속행하여 판정을 내릴 수 있다.

제14조 (중재인의 불이행 또는 이행불능)

①중재인이 법률상 또는 사실상 자신의 직무를 이행할 수 없거나, 다른 사유로 인하여 적정기간에 직무를 수행하지 아니하는 경우에 그가 자진하여 사임하거나 당사자의 합의로써 중재인의 직무권한은 종료된다. 이러한 사유에 관하여 다툼이 있는 경우에 각 당사자는 제6조에 기재된 법원이나 기타 기관에 대하여 중재인의 권한종료에 관하여 결정할 것을 요청할 수 있으며 그 결정에 대하여는 항고할 수 없다.

②본조나 제13조 제2항에 따라 중재인이 자진하여 사임하거나 당사자가 중재인의 권한종료에 합의하였다 하더라도 이러한 사실이 본조나 제12조 제2항에서 언급하고 있는 기피사유의 유효성을 인정하는 것을 의미하지는 아니한다.

제15조 (보궐중재인의 선정)

제13조나 제14조에 따라 또는 기타 사유로 인하여 중재인이 자진하여 사임하거나 또는 당사자의 합의로 중재인의 권한이 취소되었거나 기타 사유로 인하여 중재인의 권한이 종료되는 경우에 보궐중재인은 대체되는 중재인의 선정에 적용되었던 규칙에 따라 선정되어야 한다.

제 4 장 중재판정부의 관할

제16조 (자신의 관할에 관한 중재판정부의 결정권한)

①중재판정부는 중재합의의 존부 또는 유효성에 관한 이의를 포함하여 자신의 관할을

결정할 권한을 가진다. 그러한 규정의 적용상 계약의 일부를 이루는 중재조항은 그 계약의 다른 조항과는 독립된 합의로 취급하여야 한다. 중재판정부에 의한 계약무효의 결정은 법률상 당연히 중재조항의 부존재 내지 무효를 의미하는 것은 아니다.

②중재판정부가 관할권을 가지고 있지 않다는 항변은 늦어도 답변서를 제출할 때까지 제기되어야 한다. 당사자의 이러한 항변은 자신이 중재인을 선정하였거나 또는 중재인의 선정에 참여하였다는 사실때문에 배제되지 아니한다. 중재판정부가 그 직무권한의 범위를 벗어났다는 항변은 그러한 권한유월이 주장되는 사항이 중재절차 진행중에 제출된 즉시 제기되어야 한다. 중재판정부는 시기에 늦게 제출된 항변에 대해서도 그 지연이 정당하다고 인정하는 경우에는 이를 허용할 수 있다.

③중재판정부는 본조 제2항의 항변에 관하여 선결문제로서 또는 본안에 관한 중재판정에서 결정할 수 있다. 중재판정부가 선결문제로서 자신의 관할권이 있음을 결정하는 경우에 당사자는 당해 결정의 통지를 받은 후 30일 이내에 제6조에 명시된 법원에 대하여 당해 사항을 결정해 줄 것을 신청할 수 있으며 그 결정에 대하여는 항고할 수 없다. 이러한 신청이 계속중인 경우에도 중재판정부는 중재절차를 속행하여 중재판정을 내릴 수 있다.

제17조 (중재판정부의 보전처분)

당사자가 달리 합의하지 않는 한 중재판정부는 일방당사자의 신청에 따라 분쟁의 본안에 관하여 필요하다고 인정하는 보전처분을 명하도록 일방당사자에게 명할 수 있다. 중재판정부는 각 당사자에게 그러한 조치와 관련하여 적절한 담보를 제공할 것을 요구할 수 있다.

제 5 장 중재절차의 진행

제18조 (당사자의 동등한 대우)

양당사자는 동등한 대우를 받아야 하며 각 당사자는 자신의 사안을 진술할 수 있는 충분한 기회를 가져야 한다.

제19조 (중재절차규칙의 결정)

①이 법의 규정에 따라 당사자는 중재판정부가 중재절차를 진행할 때 지켜야할 절차규칙에 관하여 자유로이 합의할 수 있다.

②제1항의 합의가 없는 경우에 중재판정부는 이 법의 규정에 따라 스스로 적절하다고 여기는 방식으로 중재를 진행할 수 있다. 중재판정부의 권한에는 증거의 채택 여부, 관련성, 중요성 및 그 경중을 결정할 권한이 포함된다.

제20조 (중재지)

①당사자는 중재지에 관하여 자유로이 합의할 수 있다. 그러한 합의가 없는 경우는 중재지는 중재판정부가 당사자의 편의 등을 포함한 당해사건의 사정을 고려하여 결정한다.

②본조 제1항의 규정에도 불구하고 당사자의 별도 합의가 없는 한 중재판정부는 그 구성원간의 협의를 위해서나 증인, 감정인 또는 당사자의 심문을 위하여 또는 물품, 기타 재산 또는 문서의 조사를 위하여 중재판정부가 적당하다고 여기는 장소에서 회합 할 수 있다.

제21조 (중재절차의 개시)

당사자간에 달리 합의하지 않는 한 특정한 분쟁에 관한 중재절차의 진행은 당해 분쟁을 중재에 부탁할 것을 요구한 서면이 피신청인에 의하여 수령된 일자에 개시된다.

제22조 (언 어)

①당사자는 중재절차의 진행에 사용되는 일개 또는 수개 언어에 관하여 자유로이 합의할 수 있다. 그러한 합의가 없는 경우에는 중재판정부는 중재절차에 사용되는 일개 또는 수개 언어를 결정하여야 한다. 그러한 합의 또는 결정은 그 속에 별도의 의사가 명시되어 있지 않는 한 당사자의 서면진술, 중재판정부의 심문 및 판정, 결정 또는 기타 통지에도 적용된다.

②중재판정부는 어떤 서증에 대하여서도 당사자에 의하여 합의하거나 중재판정부가 결정한 일개 또는 수개 언어로 번역한 문서를 첨부하도록 명할 수 있다.

제23조 (중재신청서 와 답변서)

①당사자가 합의하였거나 또는 중재판정부가 결정한 기간 내에 신청인은 청구의 원인사실, 쟁점사항과 신청취지를 진술하여야 하고, 피신청인은 그러한 세부사항에 대한 답변내용을 진술하여야 한다. 그러나 당사자가 그러한 진술의 필요한 사항을 달리 합의하는 경우에는 그러하지 아니하다. 당사자는 직접 관계가 있다고 보는 모든 서류를 상기 진술서에 첨부하여 제출할 수 있으며 자신이 제출하고자 하는 기타 증거에 참고자료로 추가할 수도 있다.

②당사자간에 달리 합의하지 않는 한 어느 일방 당사자가 중재절차 진행 중에 자신의 청구내용이나 답변을 수정하거나 보충할 수 있다. 다만 중재판정부가 이를 인정함으로써 야기되는 지연을 고려하여 그러한 수정을 허용하는 것이 부적절하다고 여기는 경우에는 그러하지 아니하다.

제24조 (구술심리 및 서면절차)

①당사자간에 반대의 합의를 하지 않는 한, 중재판정부는 증거의 제출이나 구술변론을 위하여 구술심문을 할 것인지 아니면 서면 및 기타 자료에 근거하여 중재절차를 진행시킬 것인지를 결정하여야 한다. 그러나 당사자간에 구술심문을 개최하지 아니한다는 별단의 합의가 없는 한, 중재판정부는 당사자 일방의 요청이 있으면 중재절차 진행 중의 적절한 단계에서 그러한 구술심문을 개최하여야 한다.

②모든 심문에 관한 통지 및 물품, 또는 기타 재산 및 문서의 조사를 위한 중재판정부의 회합의 통지는 충분한 시간적 여유를 두고 사전에 당사자들에게 발송되어야 한다.

③당사자의 일방에 의하여 중재판정부에 제출된 모든 진술서, 문서, 또는 기타 정보는 타방 당사자에게도 통지되어야 한다. 중재판정부가 그 결정상 원용하게 될지도 모르는 감정인의 모든 보고서 또는 서증도 당사자들에게 통지되어야 한다.

제25조 (일방당사자의 해태)

당사자가 달리 합의하지 않는 한 충분한 이유를 제시하지 아니하고

1. 신청인이 제23조 제1항에 의하여 청구에 관한 진술서를 제출하지 않는 경우에는 중재판정부는 중재절차를 종료하여야 한다.

2. 피신청인이 제23조 제1항에 의하여 방어에 대한 진술서를 제출하지 아니하는 경우에는 중재판정부는 그러한 해태의 사실자체가 피신청인이 신청인의 주장을 그대로 인정하는 것으로 취급함이 없이 중재절차를 속행하여야 한다.

3. 당사자의 어느 일방이 심문에 출석하지 아니하거나, 서증을 제출하지 아니하는 경우에는 중재판정부는 중재절차를 속행하고 중재판정부에 제출된 증거에 근거하여 중재판정을 내릴 수 있다.

제26조 (중재판정부가 지정한 감정인)

①당사자가 달리 합의하지 않는 한 중재판정부는,

1. 중재판정부에 의하여 결정될 특정한 쟁점에 관하여 보고할 1인 이상의 감정인을 지정할 수 있다.

2. 일방당사자로 하여금 감정인에게 관계 정보를 주거나 감정인의 조사를 위해 관련 문서의 제출, 물품 또는 기타의 재산을 조사하거나 또는 감정인이 이용할 수 있도록 명할 수 있다.

②당사자가 달리 합의하지 않는 한 당사자 일방의 요청이 있거나 중재판정부가 필요하다고 여기는 경우에는 그 감정인은 자신의 서면 또는 구두보고를 제출한 후에도 문제된 쟁점에 관하여 당사자들이 그 감정인에게 질문할 기회 및 타감정인들이 그 전문가적 증언을 할 기회를 갖는 심문에 참가하여야 한다.

제27조 (증거조사에서 법원의 협조)

중재판정부나 중재판정부의 승인을 받은 당사자는 해당국가의 관할법원에 대해 증거조사에서 협조를 요청할 수 있다. 법원은 그 권한 범위 내에서 증거조사의 규칙에 따라 그러한 요청에 응할 수 있다.

제 6 장 중재판정문의 작성과 중재절차의 종료

제28조 (분쟁의 실체에 적용할 법규)

①중재판정부는 당사자들이 분쟁의 본안에 적용하려고 선택한 법규에 따라 판정을 하여야 한다. 달리 명시하지 아니하는 한 일정한 국가의 법 또는 법률체계의 지정이 있을 때는 당해 국가의 실체법을 직접 지칭하는 것으로 해석하며, 그 국가의 국제사법 원칙을 지칭하는 것으로 해석하지 아니한다.

②당사자들에 의한 준거법의 지정이 없는 경우에는 중재판정부는 중재판정부가 적용 가능하다고 보는 국제사법 규정에 따라 결정되는 법을 적용한다.

③중재판정부는 당사자가 명시적으로 권한을 부여하는 경우에 한하여 형평과 선에 의하여 또는 우의적 중재인으로서 판정을 내려야 한다.

④전 각항의 모든 경우에 있어서 중재판정부는 계약조건에 따라 결정하여야 하며, 당해 거래에 적용가능한 상관습을 고려하여야 한다.

제29조 (중재판정부의 결정방법)

당사자들이 달리 합의하지 않는 한, 2인 이상의 중재인에 의한 중재절차진행에 있어서는 중재판정부의 모든 결정은 전 구성원중의 과반수 결의에 의한다. 그러나 중재절차의 문제는 당사자나 중재판정부 구성원 전원의 수권이 있으면 의장중재인이 결정할 수 있다.

제30조 (화해)

①중재절차 진행 중에 당사자들 자신이 분쟁을 해결하는 경우에는 중재판정부는 그 절차를 종료하여야 하며, 당사자들의 요구가 있고 중재판정부가 이의를 제기하지 않는 한 중재판정부는 그 화해를 당사자가 합의한 내용의 중재판정문의 형식으로 기록하여야 한다.

②당사자가 합의한 내용의 중재판정문은 제31조의 규정에 따라 작성되어야 하고 이를 중재판정으로 한다고 기재되어야 한다. 그러한 중재판정문은 당해 사건의 본안에 관한 다른 모든 중재판정과 동일한 지위와 효력을 가진다.

제31조 (중재판정의 형식 및 내용)

①중재판정문은 서면으로 작성되어야 하며 중재인 또는 중재인들이 이에 서명하여야 한다. 2인 이상의 중재에 있어서는 중재판정부 구성원 중의 과반수의 서명으로 충분하다. 다만 이 경우에는 서명이 생략된 이유가 기재됨을 요한다.

②중재판정문에는 그 판정의 근거가 되는 이유를 기재하여야 한다. 다만, 당사자간에 이유의 불기재에 관하여 합의하였거나 또는 그 중재판정문이 제30조에 의하여 합의된 내용의 판정인 경우에는 그러하지 아니하다.

③중재판정문에는 작성일자와 제20조 제1항에 따라 정해진 중재지를 기재하여야 한다. 중재판정문은 당해 장소에서 작성된 것으로 한다.

④중재판정문이 작성된 후 본조 제1항에 따라 중재인들이 서명한 등본은 각 당사자에게 송부되어야 한다.

제32조 (중재절차의 종료)

①중재절차는 최종판정에 의하거나 본조 제2항에 따른 중재판정부의 명령에 의하여 종료된다.

② 중재판정부는 다음의 경우에 중재절차의 종료를 명하여야 한다:

1. 신청인이 그 신청을 철회하는 경우. 다만, 피신청인이 이에 대하여 이의를 제기하고 중재판정부가 분쟁의 최종적 해결을 구하는데에 대하여 피신청인에게 적법한 이익이 있다고 인정하는 때에는 그러하지 아니하다.

2. 당사자가 중재절차의 종료를 합의하는 경우

3. 중재판정부가 그밖의 사유로 중재절차를 속행하는 것이 불필요하거나 불가능하다고 인정하는 경우

③제33조와 제34조 제4항의 규정에 따를 것을 조건으로 하고 중재판정부의 판정임무는 중재절차의 종료와 동시에 종결된다.

제33조 (중재판정문의 정정 및 해석과 추가판정)

①당사자들이 달리 정하지 않는 한 중재판정문을 수령한 날로부터 30일 이내에,

1. 일방당사자는 상대방에게 통지함과 동시에 그 판정문의 계산상 오류, 오기나 오식 또는 이와 유사한 오류를 정정해 줄 것을 중재판정부에 요청할 수 있다.

2. 당사자간에 합의가 있는 경우에 일방당사자는 상대방 당사자에게 통지함과 동시에 중재판정의 특정 사항이나 판정의 일부에 대한 해석을 중재판정부에 요청할 수 있다. 중재판정부는 그 요청이 이유가 있다고 보는 경우에는 이를 수령한 날로부터 30일 이내에 정정 또는 해석하여야 한다. 그 해석은 중재판정의 일부를 형성하는 것으로 한다.

②중재판정부는 판정일자로 부터 30일 이내에 본조 제1항 (가)호에 규정된 유형의

오류도 정정할 수 있다.

③당사자들이 달리 합의하지 않는 한, 일방당사자는 상대방에게 통지함과 동시에 중재판정문을 수령한 날로부터 30일 이내에 중재절차 중에 제출되었으나 중재판정에서 유탈된 청구부분에 관한 추가판정을 중재판정부에 요청할 수 있다. 중재판정부는 그 요청이 정당하다고 보는 경우에 60일 이내에 추가판정을 내려야 한다.

④중재판정부는 필요한 경우 본조 제1항 또는 제3항에 따라 정정, 해석 또는 추가판정의 기간을 연장할 수 있다.

⑤제31조의 규정은 중재판정문의 정정이나 해석 또는 추가판정의 경우에 이를 적용한다.

제 7 장 중재판정에 대한 불복

제34조 (중재판정에 대한 유일한 불복방법으로서 취소신청)

①중재판정에 대하여 법원에 제기하는 불복은 본조 제2항과 제3항에 따라 취소신청을 함으로써 가능하다.

②중재판정은 다음에 해당하는 경우에 한하여 제6조에 명시된 관할법원에 의해 취소될 수 있다.

1. 취소신청을 한 당사자가 다음의 사실에 대한 증거를 제출하는 경우

(i) 제7조에 규정된 중재합의의 당사자가 무능력자인 사실 또는 그 중 재합의가 당사자들이 준거법으로서 지정한 법에 의하여 무효이거나 그러한 지정이 없는 경우에는 중재판정이 내려진 국가의 법률에 의하여 무효인 사실

(ii) 취소신청을 한 당사자가 중재인의 선정 또는 중재절차에 관하여 적절한 통지를 받지 못하였거나 기타 사유로 인하여 방어할 수 가 없었다는 사실

(iii) 중재판정이 중재부탁의 내용에 예정되어 있지 아니하거나 그 범위에 속하지 아니하는 분쟁을 다루었거나 또는 중재부탁합의의 범위를 유월한 사항에 관한 결정을 포함하고 있다는 사실. 다만, 중재에 부탁된 사항에 관한 결정이 부탁되지 아니한 사항에 관한 결정으로부터 분리될 수 있는 경우에는 중재에 부탁되지 아니한 사항에 관한 결정을 포함하는 중재판정 부분에 한하여 취소될 수 있다는 사실

(iv) 중재판정부의 구성이나 중재절차가 당사자간의 합의에 따르지 아니하였다는 사실 또는 그러한 합의가 없는 경우에 이 법에 따르지 아니하였다는 사실. 다만, 그 합의는 당사자에 의해 배제될 수 없는 성격을 가진 본 법의 규정에 저촉되어서는 아니된다는 사실, 또는

2. 법원이 다음의 사실을 알았을 경우,

(i) 분쟁의 본안이 해당국의 법령상 중재로 해결할 수 없다는 사실 또는

(ii) 중재판정이 해당국의 공서양속에 저촉되는 사실

③중재판정취소의 신청인이 중재판정문을 수령한 날로부터 3개월이 경과하였거나 또는 제33조에 의하여 신청을 하였을 경우에는 당해 신청이 중재판정부에 의해 처리된 날로부터 3개월이 경과한 후에는 제기할 수 없다.

④중재판정취소신청이 있을 경우에 법원은 당사자의 신청이 있고 또한 그것이 적절한 때에는 중재판정부로 하여금 중재절차를 재개하게 하거나 중재판정부가 취소사유를 제거하는데 필요한 기타의 조치를 취할 기회를 허여하기 위하여 일정한 기간을 정하여 정지할 수 있다.

제 8 장 중재판정의 승인과 집행

제35조 (승인과 집행)

①중재판정은 그 판정이 어느 국가에서 내려졌는지 불문하고 구속력있는 것으로 승인되어야 하며 관할법원에 서면으로 신청하면 본조 및 제36조의 규정에 따라 집행되어야 한다.

②중재판정을 원용하거나 그 집행을 신청하는 당사자는 정당하게 인증된 중재판정문의 원본 또는 정당하게 증명된 등본과 제7조에서 규정한 중재합의서의 원본 또는 정당하게 증명된 등본을 제출하여야 한다. 중재판정문이나 중재합의서가 해당국의 공용어로 작성되어 있지 아니한 경우에 당사자는 정당하게 증명된 해당국의 공용어 번역본을 제출하여야 한다.

제36조 (승인 또는 집행의 거부사유)

①중재판정의 승인과 집행은 판정이 내려진 국가에 관계없이 다음의 경우에 한하여 거부할 수 있다.

1. 중재판정이 불리하게 원용되는 당사자의 신청이 있을 때 그 당사자가 다음의 사실에 대하여 승인 또는 집행을 신청한 관할법원에 증거를 제출하는 경우

(i) 제7조에 규정된 중재합의의 당사자가 무능력자인 사실 또는 그 중 재합의가 당사자들이 준거법으로서 지정한 법에 의하여 무효이거 나 그러한 지정이 없는 경우에는 중재판정이 내려진 국가의 법에 의하여 무효인 사실

(ii) 중재판정이 불리하게 원용되는 당사자가 중재인의 선정 또는 중재절차에 관하여 적절한 통지를 받지 못하였거나 기타 사유로 인하여 방어할 수 없었다는 사실

(iii) 중재판정이 중재부탁의 내용에 예정되어 있지 아니하거나 그 범위에 속하지 아니하는 분쟁을 다루었거나 또는 중재부탁합의의 범위를 유월한 사항에 관한 결정을 포함하고 있다는 사실. 다만, 중재에 부탁된 사항에 관한 결정이 부탁되지 아니한 사항에 관한 결정으로부터 분리될 수 있는 경우에는 중재에 부탁되지

아니한 사항에 관한 결정을 포함하는 중재판정 부분에 한하여 취소될 수 있다는 사실

(iv) 중재판정부의 구성이나 중재절차가 당사자간의 합의에 따르지 아니하였다는 사실 또는 그러한 합의가 없는 경우에 이 법에 따르지 아니하였다는 사실. 다만, 그 합의는 당사자에 의해 배제될 수 없는 성격을 가진 본 법의 규정에 저촉되어서는 아니된다는 사실, 또는

2. 법원이 다음의 사실을 알았을 경우,

(i) 분쟁의 본안이 해당국의 법령상 중재로 해결할 수 없다는 사실 또는

(ii) 중재판정이 해당국의 공서양속에 저촉되는 사실

②중재판정의 취소 또는 정지신청이 본조 제1항 (가)호 (5)에서 정한 법원에 제출되었을 경우에 승인 또는 집행의 청구를 받은 법원은 정당하다고 판단하는 경우에 그 결정을 연기할 수 있으며 중재판정의 승인 또는 집행을 구하는 당사자의 신청이 있으면 상대방에게 상당한 담보를 제공할 것을 명할 수 있다.

5. 외국중재판정의 승인과 집행에 관한 UN 협약

1. 협약문 전문

외국중재판정의 승인 및 집행에 관한 UN협약 (1958년 6월 10일 뉴욕에서 채택)

▶한국의 유보선언
한국은 이 협약가입에 있어서 1) 한국법상 상사관계의 분쟁에 한해서 이 협약을 적용한 것과, 2) 내국 중재판정일지라도 그 외국이 이 협약의 체약국인 경우에 한해서 이 협약을 적용할 것을 선언하였다.

제 1 조

1. 이 협약은 중재판정의 승인 및 집행의 요구를 받은 국가 이외의 국가의 영토 내에서 내려진 판정으로 서, 자연인 또는 법인간의 분쟁으로부터 발생하는 중재판정의 승인 및 집행에 적용한다. 이 협약은 또 한 그 승인 및 집행의 요구를 받은 국가에서 내국판정이라고 인정되지 아니하는 중재판정에도 적용한다

2. "중재판정"이라 함은 개개의 사건을 위하여 선정된 중재인이 내린 판정뿐만 아니라 당사자들이 부탁한 상설 중재기관이 내린 판정도 포함한다.

3. 어떠한 국가든지 이 협약에 서명, 비준 또는 가입할 때, 또는 이 제10조에 의하여 확대 적용을 통고할 때에 상호주의의 기초에서 다른 체약국의 영토 내에서 내려진 판정의 승인 및 집행에 한하여 이 협약을 적용한다고 선언할 수 있다. 또한 어떠한 국가든지 계약적 성질의 것이거나 아니거나를 불문하고 이러 한 선언을 행하는 국가의 국내법상 상사상의 것이라고 인정되는 법률관계로부터 발생하는 분쟁에 한하여 이 협약을 적용할 것이라고 선언할 수 있다.

제 2 조

1. 각 체약국은 계약적 성질의 것이거나 아니거나를 불문하고 중재에 의하여 해결이 가능한 사항에 관 한 일정한 법률관계에 관련하여 당사자간에 발생하였거나 또는 발생할 수 있는 전부 또는 일부의 분쟁을 중재에 부탁하기로 약정한 당사자간의 서면에 의한 합의를 승인하여야 한다.

2. "서면에 의한 합의"라 함은 계약문중의 중재조항 또는 당사자간에 서명되었거나,

교환된 서신이나 전보에 포함되어 있는 중재의 합의를 포함한다.

3. 당사자들이 본조에서 의미하는 합의를 한 사항에 관한 소송이 제기되었을 때에는, 체약국의 법원은, 전기 합의를 무효, 실효 또는 이행불능이라고 인정하는 경우를 제외하고, 일방 당사자의 청구에 따라서 중재에 부탁할 것을 당사자에게 명하여야 한다.

제 3 조

각 체약국은 중재판정을 다음 조항에 규정한 조건하에서 구속력 있는 것으로 승인하고 그 판정이 원용될 영토의 절차 규칙에 따라서 그것을 집행하여야 한다.

이 협약이 적용되는 중재판정의 승인 또는 집행에 있어서는 내국중재 판정의 승인 또는 집행에 있어서 부과하는 것보다 실질적으로 엄격한 조건이나 고액의 수수료 또는 과징금을 부과하여서는 아니된다.

제 4 조

1. 전조에서 언급된 승인과 집행을 얻기 위하여 승인과 집행을 신청하는 당사자는 신청서에 다음의 서 류를 제출하여야 한다.

가. 정당하게 인증된 중재판정원본 또는 정당하게 증명된 그 등본.

나. 제2조에 규정된 합의의 원본 또는 정당하게 증명된 그 등본.

2. 전기 판정이나 합의가 원용될 국가의 공용어로 작성되어 있지 아니한 경우에는, 판정의 승인과 집행을 신청하는 당사자는 그 문서의 공용어 번역문을 제출하여야 한다. 번역문은 공증인 또는 선서한 번역관, 외교관 또는 영사관에 의하여 증명되어야 한다.

제 5 조

1. 판정의 승인과 집행은 판정이 불리하게 원용되는 당사자의 청구에 의하여, 그 당사자가 판정의 승인 및 집행의 요구를 받은 국가의 권한 있는 기관에게 다음의 증거를 제출하는 경우에 한하여 거부될 수 있다.

가. 제2조에 규정된 합의의 당사자가 그들에게 적용될 법률에 의하여 무능력자 이었던가 또는 당사자들이 준거법으로서 지정한 법령에 의하여 또는 지정이 없는 경우에는 판정을 내린 국가의 법령에 의하여 전기 합의가 무효인 경우 또는,

나. 판정이 불리하게 원용되는 당사자가 중재인의 선정이나 중재절차에 관하여 적절한 통고를 받지 아니 하였거나 또는 기타 이유에 의하여 응할 수 없었을 경우 또는,

다. 판정이 중재부탁조항에 규정되어 있지 아니하거나 또는 그 조항의 범위에 속하지 아니하는 분쟁에 관한 것이거나 또는 그 판정이 중재부탁의 범위를 벗어나는 사항에 관한 규정을 포함하는 경우. 다만, 중재에 부탁한 사항에 관한 결정이 부탁하지 아니한 사항과 분리될 수 있는 경우에는 중재부탁사항에 관한 결정을 포함하는 판정의

부분은 승인되고 집행될 수 있다.

라. 중재기관의 구성이나 중재절차가 당사자간의 합의와 합치하지 아니하거나, 또는 이러한 합의가 없는 경우에는 중재를 행하는 국가의 법령에 합치하지 아니하는 경우 또는

마. 판정이 당사자에 대한 구속력을 아직 발생하지 아니하였거나 또는 판정이 내려진 국가의 권한 있 는 기관이나 또는 그 국가의 법령에 의거하여 취소 또는 정지된 경우

2. 중재판정의 승인 및 집행이 요구된 국가의 권한 있는 기관이 다음의 사항을 인정하는 경우에도 중재 판정의 승인과 집행은 거부할 수 있다.

가. 분쟁의 대상인 사항이 그 국가의 법률하에서는 중재에 의한 해결을 할 수 없는 경우, 또는

나. 판정의 승인이나 집행이 그 국가의 공공의 질서에 반하는 경우

제 6 조

판정의 취소 또는 정지를 요구하는 신청이 제5조 1항의 (마)에 규정된 권한 있는 기관에 제기되었을 경우에는, 판정의 원용이 요구된 기관은, 그것이 적절하다고 인정될 때에는 판정의 집행에 관한 판결을 연기할 수 있고, 또한 판정의 집행을 요구한 당사자의 신청에 의하여 타당사자에 대하여 적당한 보장을 제공할 것을 명할 수 있다.

제 7 조

1. 이 협약의 규정은 체약국에 의하여 체결된 중재판정의 승인 및 집행에 관한 다자 또는 양자 협정의 효력에 영향을 미치지 아니하며, 또한 어떠한 관계 당사자가 중재판정의 원용이 요구된 국가의 법령이나 조약에서 인정된 방법과 한도 내에서 그 판정을 원용할 수 있는 권리를 박탈하지도 아니한다.

2. 1923년 중재조항에 관한 제네바 의정서 및 1927년 외국중재판정의 집행에 관한 제네바 협약은 체약국 간에 있어 이 협약에 의한 구속을 받게 되는 때부터 그 구속을 받는 한도 내에서 효력을 종료한다.

제 8 조

1. 이 협약은 국제연합회원국, 현재 또는 장래의 국제연합 전문기구의 회원국, 현재 또는 장래의 국제사법재판소규정의 당사국, 또는 국제연합총회로부터 초청장을 받은 기타 국가의 서명을 위하여 1958년 12월31일 까지 개방된다.

2. 이 협약은 비준되어야 하며 비준서는 국제연합사무국총장에게 기탁되어야 한다.

제 9 조

1. 이 협약은 제 8조에 규정된 모든 국가의 가입을 위하여 개방된다.
2. 가입은 국제연합사무총장에게 가입서를 기탁함으로써 발효한다.

제 10 조

1. 어떠한 국가든지 서명, 비준 또는 가입시에 국제관계에 있어서 책임을 지는 전부 또는 일부의 영토에 이 협약을 확대 적용할 것을 선언할 수 있다. 이러한 선언은 이 협약이 관계국가에 대하여 효력을 발생할 때 발효한다.
2. 이러한 확대적용은 그 이후 어느 때든지 국제연합사무총장 앞으로 통고함으로써 행할 수 있으며, 그 효력은 국제연합사무총장이 통고를 접수한 날로부터 90일 후 또는 관계국가에 대하여 이 협약이 효력을 발생하는 날 중의 늦은 편의 일자에 발생한다.
3. 서명, 비준 또는 가입시에 이 협약이 확대 적용되지 아니한 영토에 관하여는, 각 관계국가는 헌법상의 이유에 의하여 필요한 경우에는 이러한 영토의 정부의 동의를 얻을 것을 조건으로 하고, 이 협약을 이러한 영토에 확대 적용하기 위하여 조치를 취할 수 있는 가능성을 고려하여야 한다.

제 11 조

1. 연방국가 또는 비단일국가의 경우에는 다음의 규정이 적용된다.

가. 이 협약은 조항 중 연방정부의 입법 관할권 내에 속하는 것에 관하여는, 연방정부의 의무는 그 한도 내에서 연방국가 아닌 다른 체약국의 의무와 동일하여야 한다.

나. 이 협약의 중재조항중 주 또는 지방의 입법권의 범위 내에 있고 또한 연방의 헌법체제하에서 입법조치를 취할 의무가 없는 것에 관여하는, 연방정부는 주 또는 지방의 관계기관에 대하여 가급적 조속히 호의적 권고를 첨부하여 이러한 조항에 대한 주의를 환기 시켜야 한다.

다. 이 협약의 당사국인 연방국가는, 국제연합 사무총장을 통하여 전달된 기타 체약국의 요청이 있을 때에는, 이 협약의 어떠한 특정 규정에 관한 연방과 그 구성단위의 법령 및 관례와 아울러 입법 또는 기타 조치에 의하여 그 규정이 실시되고 있는 범위를 표시하는 설명서를 제공하여야 한다.

제 12 조

1. 이 협약은 세번째의 비준서 또는 가입서의 기탁일자로부터 90일 이후에 발효한다.
2. 세번째의 비준서 또는 가입서의 기탁일자 후에 이 협약을 비준하거나 또는 이 협약에 가입하는 국가에 대하여는 그 국가의 비준 서 또는 가입서의 기탁일로부터 90일 후에 효력을 발생한다.

제 13 조

1. 어떠한 체약국이든지 국제연합 사무총장 앞으로의 서면통고로서 이 협약을 폐기할 수 있다. 폐기는 사무총장이 통고를 접수한 일자로 부터 1년 후에 발효한다.

2. 제10조에 의하여 선언 또는 통고를 한 국가는, 그 후 어느때 든지 사무총장이 통고를 접수한 일자로 부터 1년후에 관계영토에 대한 확대 적용이 종결된다는 것을 선언할 수 있다.

3. 폐기가 발효하기 전에 시작된 판정의 승인이나 집행절차에 관여하는 이 협약이 계속하여 적용된다.

제 14 조

체약국은, 타 체약국에 대하여 이 협약을 적용하여야 할 의무가 있는 범위를 제외하고는, 이 협약을 원용할 권리를 가지지 못한다.

제 15 조

국제연합사무총장은 제8조에 규정된 국가에 대하여 다음의 사항에 관하여 통고하여야 한다.

가. 제8조에 의한 서명 또는 비준

나. 제9조에 의한 가입

다. 제 1조, 제10조 및 제11조에 의한 선언 및 통고

라. 제12조에 의하여 이 협약이 효력을 발생한 일자

마. 제13조에 의한 폐기 및 통고

제 16 조

1. 중국어, 영어, 러시아어 및 스페인어로 된 이 협약은 동등한 효력을 가지며 국제연합 기록 보관소에 기탁 보존 되어야 한다.

2. 국제연합 사무총장은 이 협약의 인증 등본을 제8조에 규정된 국가에 송부하여야 한다

6. 워싱턴 협약

국가와 타방국가 국민간의 투자분쟁의 해결에 관한 협약

전 문

체약국은, 경제발전을 위한 국제적 협력의 필요와 그에 대한 국제적인 민간투자의 역할을 고려하고, 이러한 투자와 관련하여 일방 국가와 타방체약국 국민간에 분쟁이 수시로 야기될 수 있는 가능성에 유의하고, 이러한 분쟁이 통상적으로 국내의 법적 절차에 따라야 하나 경우에 따라서는, 국제적인 해결 방법이 적절한 것임을 인정하고, 체약국과 타방 체약국 국민이 원한다면 이러한 분쟁을 회부할 수 있는 국제조정이나 국제중재의 기관의 유용성을 특히 중요시하고, 국제부흥개발은행의 주관하에 이러한 기관을 설치할 것을 희망하고, 당해 분쟁을 그 기관에 의한 조정 또는 중재에 회부한다는 당사국간의 상호 동의는 구속력있는 합의를 구성하며, 이 합의는 조정인의 어떠한 건의에 대하여서도 적절한 고려할 것과 또한 어떠한 중재판정도 준수되어야 한다는 점을 특히 요구하는 것임을 인정하고, 어떠한 체약국도 본 협약을 비준, 수락 또는 승인했다는 단순한 사실만으로 별도의 동의없이 특정 분쟁을 조정이나 중재에 회부해야 할 의무를 부담하지 아니함을 선언하며, 다음과 같이 합의하였다.

제 1 장 투자분쟁의 해결을 위한 국제센터

제1절 설치와 기구

제 1 조

(1) 투자분쟁의 해결을 위한 국제센터(이하 '센터'라 한다)를 이에 설치한다.

(2) 센터의 목적은 본 협약의 규정에 따라 체약국과 타방체약국 국민간의 투자분쟁의 조정과 중재를 위한 시설을 제공함에 있다.

제 2 조

센터의 소재지는 국제부흥개발은행(이하 세계은행이라 한다) 주사무소의 소재지로 한다. 그 소재지는 운영위원회 이사 2/3 이상의 표결로 다른 장소로 이전할 수 있다.

제 3 조

센터에는 운영이사회와 사무국을 두고, 조정인단과 중재인단을 둔다.

제 2 절 운영이사회

제 4 조

(1) 운영이사회는 각 체약국의 대표 1인으로 구성된다. 대표대리는 대표가 회의에 결석하거나 또는 직무를 수행할 수 없는 경우 대표의 자격을 갖는다.

(2) 별도의 지명이 없는 경우, 각 체약국이 세계은행에 임명하는 위원과 대리 위원은 직권상 당해 체약국의 대표 및 대표대리가 된다.

제 5 조

세계은행의 총재는 직권상 운영이사회의 의장(이하 의장이라 한다)이 되나 투표권은 갖지 아니한다. 총재가 결석하거나 직무를 수행할 수 없는 때와 총재직에 공석이 생기는 경우 총재의 대리권자가 운영이사회의 의장직을 맡는다.

제 6 조

(1) 운영이사회는 본 협약의 다른 규정에 의하여 운영이사회에 부여된 권한과 기능을 침해함이 없이,

(가) 센터의 행정규칙과 재정규칙을 채택하고,

(나) 조정 및 중재의 개시를 위한 절차규칙을 채택하고,

(다) 조정 및 중재절차를 위한 규칙(이하 조정규칙 및 중재규칙이라 한다)을 채택하고,

(라) 세계은행의 행정적 시설과 용역을 이용하기 위한 약정을 승인하고,

(마) 사무국장 및 사무차장의 복무조건을 결정하고,

(바) 센터의 연간 수입, 지출 예산을 채택하며,

(사) 센터의 활동에 관한 연간보고서를 승인한다.

상기 (가), (나), (다) 및 (바)에 규정된 결정은 운영이사회 이사 2/3 이상의 다수결로 채택한다.

(2) 운영이사회는 필요하다고 인정하는 위원회를 임명할 수 있다.

(3) 운영이사회는 본 협약의 제 규정을 이행하기 위하여 필요한 기타 권한을 행사한다.

제 7 조

(1) 운영이사회는 연차회의와 이사회가 결정하거나 의장이 소집하는 경우, 또는 이사회 재적 5인 이상의 요구에 의하여 사무국장이 소집하는 기타 회의를 개최한다.

(2) 운영이사회의 각 이사는 1표의 투표권을 가지며, 달리 규정한 경우를 제외하고는

이사회에 회부되는 모든 안건은 과반수 투표로 이를 결정한다.
(3) 운영이사회의 회의 정족수는 그 구성원의 과반수로 한다.
(4) 운영이사회는, 동 이사회 이사 2/3 이상의 찬성 표결로, 의장이 이사회를 소집하지 않고 동 이사회의 표결을 구할 수 있는 절차를 제정할 수 있다. 이러한 표결은 위 절차에 의하여 지정된 기간 내에 이사회의 과반수 이사가 투표를 한 경우에 한하여 유효한 것으로 간주한다.

제 8 조
운영이사회의 이사와 의장은 센터로부터 보수를 받지 아니하고 근무한다.

제 3 절 사무국

제 9 조
사무국에는 1명의 사무국장과 1명 또는 그 이상의 사무차장 및 직원을 둔다.

제10조
(1) 사무국장과 사무차장은 운영이사회가 의장의 지명에 의하여 동 이사회 재적 2/3 이상의 표결로, 6년을 초과하지 아니하는 임기로 선출되고 재선될 수 있다. 의장은 운영이사회 이사와 협의 후 해당 직위에 1인 또는 그 이상의 후보를 제안하여야 한다.
(2) 사무국장과 사무차장의 직무는 여타의 정치적 기능의 행사와 양립할 수 없다. 사무국장이나 사무차장은 운영이사회의 승인 없이는 겸직이 금지되며 다른 직업에 종사하지 못한다.
(3) 사무국장이 결석하거나 권한을 행사할 수 없을 때 또는 사무총장 직에 공석이 생긴 경우 사무차장이 이를 대행한다.

제11조
사무국장은 센터의 법률상 대표이자 수석직원이며, 또한 본 협약의 제 규 정과 운영이사회가 채택한 규칙에 따라 직원의 임명을 포함한 센터의 운영 에 대하여 책임을 진다. 사무국장은 등록관으로써의 역할을 수행하며 본 협약에 따라 내려진 중재판정을 인증하고 그 사본을 인증할 권한을 가진 다.

제 4 절 조정인단 및 중재인단

제12조

조정인단과 중재인단은 이하에서 규정한 바에 따라 지명된 자로서 당해 단(Panel)에 복무할 의사를 가진 적격자로 구성된다.

제13조

(1) 체약국은 각 Panel에 4명의 중재인 및 조정인을 지명한다. 동 후보자가 자국민임은 묻지 않는다.

(2) 의장은 각 Panel에 10명을 지명한다. 의장에 의해 지명된 자는 각각 다른 국적을 가져야 한다.

제14조

(1) 각 Panel에 지명된 자는 덕망이 높고, 법률, 상사, 산업 및 재정 분야에 전문지식을 갖고, 중립적 판결을 내릴 수 있는 자라야 한다. 중재인단에 지명되는 중재인의 경우 법률분야의 전문지식이 특별히 요구된다.

(2) 의장은 각 Panel에 복무할 자를 지명함에 있어서 이들이 전세계의 주요한 법제도와 경제체제를 대표한다는 중요성을 함께 고려해야 한다.

제15조

(1) Panel 위원의 임기는 6년이며 재임될 수 있다.

(2) Panel 위원의 사망이나 사직의 경우 그 위원을 지명한 당국은 당해 위원의 잔여 임기동안 복무할 다른 자를 지명할 권한을 가진다.

(3) Panel 위원은 그 후임자가 지명될 때까지 계속 복무한다.

제16조

(1) 1인의 위원은 양 Panel에 복무할 수 있다.

(2) 1인의 위원이 1이상의 체약국에 의해 또는 1이상의 체약국과 의장에 의하여 동일한 Panel에 지명된 경우, 당해 위원은 최초로 그를 지명한 기관에 의해 지명된 것으로 간주한다. 지명 기관이 그의 소속 국가인 경우는 당해국에 의하여 지명된 것으로 간주된다.

(3) 모든 지명은 사무국장에게 이를 통지하여야 하며, 통지가 접수된 날로부터 효력이 발생한다.

제 5 절 센터에 대한 재정 지원

제17조

센터의 시설이용에 대한 요금이나 기타 수입금으로 센터의 경비를 충당하지 못하는 경우, 세계은행 회원국은 각자의 분담금에 비례하여, 그리고 동 은행의 회원이 아닌 체약국의 경우는 운영이사회가 채택한 규칙에 따라 그 부족액을 부담한다.

제 6 절 지위, 면책 및 특권

제18조

센터는 완전한 국제법 인격을 가진다. 센터의 법적 권한에는 다음의 내용들이 포함된다.

(1) 계약의 체결

(2) 동산과 부동산의 취득 및 처분

(3) 소의 제기

제19조

역할 수행을 위한 범위 내에서 센터는 각 체약국의 영역 안에서 본 절에 규정된 면책과 특권을 가진다.

제20조

센터 및 그 자산은 모두 소송으로부터 면제된다. 다만, 그 면제를 포기한 때에는 그러하지 아니하다.

제21조

의장, 운영이사회 이사, 조정인이나 또는 중재인으로서 행동하는 자, 또는 제52조제3항에 따라 임명된 위원회의 위원과 사무국의 직원 및 고용원은,

(1) 센터가 이러한 면책을 포기하지 아니하는 한 직무행사로서 수행한 행위에 관하여 법적 절차로부터 면책된다.

(2) 현지 국민이 아닌 때에는 일방체약국이 타방체약국의 동등한 직급의 대표, 직원 및 고용원에 부여하는 것과 동일한 출입국제한, 외국인등록요건 및 국내노역으로부터의 면제와 환제한에 있어 동일한 편의제공 및 여행편의를 제공받는다.

제22조

제21조의 규정은 본 협약에 따라 당사자, 대리인, 법률자문관, 변호인, 증인 또는 전문가로서 절차에 참가하는 자에게 적용된다. 다만, 동조 (2)항은 소송이 진행되고 있는 곳에 체류 또는 출입하는 경우에 한해 적용된다.

제23조

(1) 센터의 문서보관소는 그 소재 여하를 불문하고 불가침이다.

(2) 공용통신에 관하여 센터는 각 체약국이 기타 국제기구에 부여하는 것보다 불리하지 않은 대우를 받는다.

제24조

(1) 센터는 그 자산 및 수입과 본 협약에 의하여 인정된 운영과 거래에 대한 모든 조세와 관세를 면세받는다. 센터는 또한 여타의 조세 또는 관세의 징수와 납부 의무로부터 면제된다.

(2) 현지 국민인 경우를 제외하고, 센터가 운영이사회의 의장이나 위원에게 지급한 소요경비, 센터가 사무국의 직원이나 고용원에게 지급한 봉급, 소요경비, 기타 수당에 대하여는 면세된다.

(3) 조세에 대한 유일한 과세권의 기초가 센터의 위치에 관한 것이거나 이러한 절차가 진행된 곳 또는 절차에 따른 경비, 수당이 지급된 곳과 관련된 경우, 본 협약 제52조제3항에 따라 임명된 조정인, 중재인 또는 위원회의 위원으로서 행동하는 자가 받은 수당이나 소요경비에 대해서는 어떠한 조세도 부과되지 아니한다.

제 2 장 센터의 관할권

제25조

(1) 센터의 관할권은 분쟁당사자가 센터에 회부할 것을 서면상으로 동의한 분쟁으로서 체약국(또는 당해 체약국에 의하여 센터에 지정된 동 체약국의 하부조직이나 기관)과 타방체약국 국민간의 투자로부터 직접적으로 발생하는 모든 법률상 분쟁에 미친다. 그러한 동의를 한 경우에는 어떠한 당사자도 이를 일방적으로 철회할 수 없다.

(2) "타방체약국 국민"이라 함은 다음의 자를 말한다.

(가) 제23조제1항 또는 제36조제3항에 따라 요청서가 등록된 일자 및 당사자가 분쟁을 조정이나 중재에 회부하기로 동의한 일자에 그러한 분쟁 당사국 이외의 체약국 국적을 가진 자연인. 다만, 전술한 일자에 분쟁당사국의 국적을 가진 자는 이에 포함되지 아니한다.

(나) 당사자가 분쟁을 조정이나 중재에 회부하기로 동의한 일자에 그러한 분쟁당사

국 이외의 체약국 국적을 가진 법인 및 상기 일자에 분쟁당사국 의 국적을 가지고, 외국인의 지배로 인하여 위 당사국이 본 협약상 다른 체약국의 국민으로 간주할 것에 합의한 법인.

(3) 체약국의 하부조직이나 기관의 동의는 체약국의 승인을 요한다. 다만, 당해 국가가 이러한 승인이 필요하지 아니하다고 통고한 경우에는 그러하지 아니하다.

(4) 체약국은 본 협약을 비준, 수락 또는 승인하는 때 또는 그 이후의 어느 때라도 센터의 관할에 속하는 것으로 고려하거나 그렇지 않은 분쟁의 유형을 센터에 통고하여야 한다. 사무국장은 이러한 통고를 모든 체약국에 즉시 통지한다. 체약국의 이러한 통고는 제1항이 요구하는 동의를 구성한다.

제26조

본 협약에 따른 당사자의 중재합의는 달리 규정한 바가 없으면, 다른 어떠한 구제수단도 배제한 것으로 간주된다. 체약국은 본 협약에 따른 중재에 동의하는 조건으로, 국내의 행정적 또는 사법적 구제수단의 완료를 요구할 수 있다.

제27조

(1) 어떠한 체약국도 자국민과 타방체약국이 본 협약에 따라 중재에 회부하기로 동의한 분쟁에 관하여 외교적 보호를 부여하거나 국제적 청구를 제기해서는 아니된다. 다만, 당해 체약국이 이러한 분쟁에 대해 내린 중재판정에 불복하거나 불이행한 경우에는 그러하지 아니하다.

(2) 제1항 상의 외교적 보호라 함은 분쟁의 해결만을 목적으로 한 비공식적 외교조치는 포함하지 아니한다.

제 3 장 조 정

제 1 절 조정 요청

제28조

(1) 조정절차를 제기하고자 하는 체약국이나 체약국의 국민은 그러한 취지의 요청서를 사무국장에게 서면으로 제출하여야 하며 사무국장은 그 사본을 타방당사자에게 송부하여야 한다.

(2) 요청서에는 분쟁의 본안, 당사자의 신원, 조정 및 중재절차개시규칙에 따른 조정 회부의 동의에 관한 자료가 포함되어야 한다.

(3) 사무국장은 요청서에 포함된 자료에 의하여 당해 분쟁이 명백히 센터의 관할권 밖이라고 인정되는 경우가 아닌 한 동 요청서를 등록하여야 하고 즉시 당사자에게

등록이나 등록의 거부를 통고하여야 한다.

제 2 절 조정위원회의 구성

제29조

(1) 조정위원회(이하 위원회라 한다)는 제28조에 따라 요청서가 등록된 후 가능한 한 조속히 구성되어야 한다.

(2) (가) 위원회는 당사자의 합의로 선정한 1인 또는 홀수의 조정인으로 구성된다.

(나) 당사자가 조정인의 수와 선정 방법에 관하여 합의하지 아니한 경우 에는, 위원회는 각 당사자가 선정하는 1인의 조정인과 그 위원회의 위원장이 될 자로서 당사자의 합의에 의하여 선정될 제3의 조정인을 포함, 모두 3인의 조정인으로 구성된다.

제30조

제28조제3항에 따라 사무국장이 요청서의 등록 통지를 발송한 후 90일 이내에 또는 당사자가 합의한 기한 내에 위원회가 구성되지 아니하면, 의장은 일방당사자의 요청에 의하여 아직 선정되지 아니한 조정인 또는 조정인들을 선정하여야 한다.

제31조

(1) 조정인은 조정인단(Panel)에 포함되어 있지 않은 자도 중에서 선정할 수 있다. 다만, 제30조에 따라 의장이 선정하는 경우에는 그러하지 아니하다.

(2) 조정인단의 외부로부터 선정된 조정인은 제14조제1항에 규정된 자격을 갖고 있어야 한다.

제 3 절 조정 절차

제32조

(1) 위원회는 그 자신의 권한을 결정하여야 한다.

(2) 분쟁이 센터의 관할권내에 있지 아니하거나 또는 기타 이유로 위원회의 권한을 벗어난다는 당사자의 이의는 위원회가 이를 고려하며 또한 그 이의를 예비문제로 다룰 것인지, 분쟁의 본안에 병합할 것인지의 여부도 위원회가 결정하여야 한다.

제33조

모든 조정절차는 본 절의 규정에 따라 수행되며 당사자가 별도 합의한 경우를 제외하고는 조정 회부 당시 발효 중인 조정규칙에 따른다. 본 절의 규정이나 조정규칙 또는 분쟁 당사자가 합의하는 기타 규칙으로 해결할 수 없는 절차상의 문제는 위원회가 이를 결정하여야 한다.

第34조

(1) 위원회는 당사자간의 분쟁 현안을 명확히 하고 양자가 수용할 수 있는 합의안을 성립시키도록 노력한다. 이를 위해 심리절차의 어느 단계에서든 당사자에게 합의 조건을 제안할 수 있다. 분쟁당사자는 위원회가 그 기능을 수행할 수 있도록 성실히 협력하여야 하며, 위원회의 권고안을 진지하게 고려해야 한다.

(2) 당사자가 합의에 이르면 위원회는 분쟁 현안과 당사자의 합의 사실을 보고서로 작성하여야 한다. 심리절차의 어느 단계에서든 당사자간에 합의 가능성이 없다고 판단되는 경우 위원회는 심리절차를 종결하고, 분쟁의 제기 사실과 당사자가 합의도달에 실패하였음을 기록한 보고서를 작성하여야 한다.

第35조

달리 합의한 경우를 제외하고 당사자는 조정심리 과정에서 타방당사자가 표명한 의견, 성명, 또는 분쟁해결을 위한 조건의 용인, 제시나 또는 위원회가 작성한 보고서나 권고안 등을 중재절차나 소송절차 또는 기타 어떠한 심리절차에서도 원용할 권리가 없다.

제 4 장 중 재

제 1 절 중재요청

第36조

(1) 중재를 신청하고자 하는 체약국이나 체약국 국민은 서면으로 이와 같은 취지의 요청서를 사무국장에게 제출하여야 하며 사무국장은 동 요청서의 사본을 상대방에게 송부하여야 한다.

(2) 요청서에는 분쟁의 본안, 당사자의 신원, 조정 및 중재절차개시규칙에 따른 중재 회부 합의 등에 관한 정보가 포함되어야 한다.

(3) 사무국장은 요청서에 포함된 정보에 의하여 당해 분쟁이 명백히 센터의 관할권 밖이라고 판단하는 경우가 아닌 한 동 요청서를 등록하여야 하고 당사자에게 등록이나 등록의 거부 사실을 즉시 통지하여야 한다.

제 2 절 판정부의 구성

제37조

(1) 중재판정부(이하 판정부라 한다)는 제36조에 따른 요청서의 등록 후 가급적 빠른 시일 내에 구성되어야 한다.

(2) (가) 판정부는 당사자가 합의하는 1인 또는 홀수의 중재인으로 구성된다.

(나) 당사자가 중재인의 수와 선정방법에 관하여 합의하지 아니한 경우 판정부는 각 당사자가 선정하는 각 1인의 중재인과 의장중재인이 될 자로서 당사자의 합의로 선정한 제3중재인을 포함하여 모두 3인의 중재인으로 구성된다.

제38조

제36조제3항에 따라 사무국장이 요청서의 등록통지를 발송한 후 90일 이내에 또는 당사자가 합의하는 기타 기간 내에 판정부가 구성되지 아니하면 의장은 일방당사자의 요청에 의하여 아직 선정되지 아니한 중재인 또는 중재인들을 선정하여야 한다. 본조에 따라 의장이 선정하는 중재인은 분쟁당사자인 체약국의 국민이거나 또는 그 소속 국민이 분쟁당사자인 체약국의 국민이어서는 아니된다.

제39조

판정부의 과반수 이상은 분쟁당사자인 체약국 및 그 소속 국민이 분쟁당사자인 체약국 이외의 국적을 가진 국민이어야 한다. 그러나 본조의 상기 규정은 단독중재인이거나 판정부의 모든 중재인이 당사자의 합의로 선정된 때에는 적용되지 아니한다.

제40조

(1) 중재인은 중재인단의 외부로부터 선정될 수 있다. 다만, 제38조에 따라 의장이 선정하는 경우에는 그러하지 아니하다.

(2) 중재인단의 외부로부터 선정되는 중재인은 제14조제1항에 규정된 자격을 가지고 있어야 한다.

제 3 절 판정부의 권한과 기능

제41조

(1) 판정부는 그 자신의 권한을 결정하여야 한다.

(2) 분쟁이 센터의 관할권 밖에 있거나, 또는 기타 이유로 판정부의 권한 밖에 있다는 당사자의 이의 제기는 판정부가 이를 고려하며 또한 그러한 이의를 예비문제로

취급할 것인지, 분쟁의 본안에 병합시킬 것인지의 여부도 판정부가 결정한다.

제42조

(1) 판정부는 당사자가 합의하는 법규칙에 따라 분쟁을 해결하여야 한다. 이러한 합의가 없는 경우, 분쟁당사국의 법(저촉법에 관한 당해 국가의 법규칙을 포함한다) 및 적용할 수 있는 국제법 원칙을 적용하여야 한다.

(2) 판정부는 법의 부존재나 불명료를 이유로 판결을 거부할 수 없다.

(3) 제1항과 제2항의 규정은, 당사자가 합의하는 경우 형평과 선의 원칙에 따라 분쟁을 결정할 판정부의 권한을 침해해서는 아니된다.

제43조

당사자가 달리 합의하는 경우를 제외하고 중재절차의 어느 단계에서라도 판정부는,

(1) 당사자에게 문서나 기타 증거의 제출을 요구할 수 있고,

(2) 분쟁과 관련되는 현장을 조사하고 판정부가 적절하다고 판단하는 장소에서 조사를 실시할 수 있다.

제44조

모든 중재절차는 본 절의 규정에 따라 수행되어야 하며 또한 당사자가 별도로 합의하는 경우를 제외하고는, 중재 회부 당시 발효 중인 중재규칙에 따라 진행되어야 한다. 본 절의 중재규칙이나 당사자가 합의한 규칙에 의해 해결할 수 없는 절차상의 문제는 판정부가 이를 결정하여야 한다.

제45조

(1) 일방당사자의 불참이나 답변 거부는 상대방의 주장에 대한 자백으로 간주되지 아니한다.

(2) 상대방이 불참하거나 진술하지 않는 경우에도 당사자는 판정부가 당해 청구를 다루고 판정을 내릴 것을 요청할 수 있다. 판정부는 판정을 내리기 전에 불참한 당사자에게 이를 통고하고 유예기간을 주어여 한다. 다만, 당해 당사자에게 그러한 의사가 없음을 판정부가 인지한 경우에는 그러하지 아니하다.

제46조

당사자가 달리 합의하는 경우를 제외하고 일방당사자의 요청이 있으면 판정부는 분쟁의 본안으로부터 직접적으로 발생한 추가청구나 반대청구를 함께 다루어야 한다. 다만, 이러한 청구는 당사자가 합의한 범위 내의 것이고 당사자의 그러한 합의는 센터의 관할권 내에 있어야 한다.

제47조

당사자가 달리 합의하는 경우를 제외하고 판정부는 필요하다고 인정하는 경우, 당사자의 권리를 보전하기 위한 잠정적 조치를 권고할 수 있다.

제 4 절 판정

제48조

(1) 판정부는 모든 중재인의 다수결에 의하여 결정한다.

(2) 중재판정은 서면으로 작성되어야 하며 중재인이 이에 서명하여야 한다.

(3) 판정은 판정부에 제출된 모든 청구를 다루어야 하고 또한 판정의 근거가 되는 이유를 명시하여야 한다.

(4) 중재인은 중재판정에 대한 소수의견 또는 반대의견을 첨부할 수 있다.

(5) 센터는 당사자의 동의 없이 판정문을 발급해서는 아니된다.

제49조

(1) 사무국장은 판정문의 인증 등본을 신속히 당사자에게 송부한다. 판정은 그 판정문의 인증 등본이 송부되는 날에 내려진 것으로 간주된다.

(2) 판정이 내려진 날로부터 45일 이내에 일방당사자의 요청이 있으면 판정부는 타방당사자에게 이를 통고한 후 판정에서 누락된 사항을 결정할 수 있고, 또한 판정문상의 어떠한 오기, 오산 또는 기타 이에 유사한 오류를 정정하여야 한다. 판정부의 이러한 결정은 판정의 일부를 구성하며 판정문와 동일한 방법으로 당사자에게 통고되어야 한다. 제51조제2항 및 제52조제2항에 규정된 기간은 결정이 내려진 날로부터 기산되어야 한다.

제 5 절 판정의 해석, 정정 및 무효

제50조

(1) 판정문의 해석 또는 범위에 관하여 당사자간에 다툼이 있는 경우 당사자는 사무국장 앞으로 신청서를 제출하여 판정의 해석을 요청할 수 있다.

(2) 위 신청서는 판정을 내린 판정부에 제출해야 하며 그것이 불가능한 경우에는 본장 제2절의 규정에 따라 새로운 판정부가 구성되어야 한다. 판정부는 필요한 경우에는 위 결정이 있을 때까지 판정의 집행을 유예할 수 있다.

제51조

(1) 당사자가 판정에 결정적으로 영향을 미칠 수 있는 사실을 발견한 경우 사무국장 앞으로 신청서를 제출하여 판정문의 수정을 요청할 수 있다. 다만, 판정이 내려졌을 당시에 이러한 사실이 판정부 및 신청인에게 알려지지 아니하였고 또한 그러한 사실을 알지 못하였음에 과실이 없어야 한다.

(2) 신청은 이러한 사실을 발견한 날로부터 30일 이내에 이루어져야 하고 어떠한 경우에도 판정이 내려진 날로부터 3년 이내에 제기되어야 한다.

(3) 신청서는 판정을 내린 판정부에 제출되어야 하며 그것이 불가능한 경우에는 본 장 제2절에 따라 새로운 판정부가 구성되어야 한다.

(4) 판정부는 필요하다고 인정되는 경우 그 결정을 내릴 때까지 판정의 집행을 유예할 수 있다. 신청인이 신청서상에서 판정집행의 유예를 요청할 경우 집행은 판정부가 이러한 요청에 대한 결정을 내릴 때까지 잠정적으로 유예되어야 한다.

제52조

(1) 당사자는 다음 각호의 1이상의 사유로 사무국장에게 신청서를 제출하여 판정의 무효를 요청할 수 있다.

(가) 판정부가 적절한 방법으로 구성되지 아니한 경우

(나) 판정부가 명백히 그 권 한을 유월 한 경우

(다) 중재인에게 부정이 있는 경우

(라) 절차규칙으로부터 중대한 일탈이 있는 경우

(마) 판정문에 판정의 이유를 명시하지 아니한 경우

(2) 신청은 판정이 내려진 날로부터 120일 이내에 이루어져야 한다. 다만, 판정부의 부정을 이유로 한 무효 신청은 그러한 부정을 발견한 날로부터 120일 이내에, 그리고 어떠한 경우라 할지라도 판정이 내려진 날로부터 3년 이내에 해야 한다.

(3) 신청서를 접수하면 의장은 즉시 3인으로 구성된 특별위원회를 중재인단으로부터 선정하여야 한다. 판정을 내린 판정부의 중재인은 동 위원회에서 제외되며, 분쟁당사국이나 분쟁당사자의 소속 국가 국민이어서도 아니되며, 이들 국가에 의해 중재인단에 지명되지 아니했어야 하고 또는 동일한 분쟁의 조정인으로 활동한 사실이 없어야 한다. 위원회는 제1항에 규정된 사유를 근거로 하여 판정의 전부 또는 일부를 무효로 할 수 있다.

(4) 제41조 내지 제45조, 제48조, 제49조, 제53조 및 제54조와 제6장 및 제7장의 규정은 동 위원회의 절차에 준용된다.

(5) 위원회는 필요한 경우 결정을 내릴 때까지 판정의 집행을 유예할 수 있다. 신청인이 신청서상에서 판정집행의 유예를 요청한 경우 집행은 위원회가 이러한 요청에 대한 결정을 내릴 때까지 잠정적으로 유예되어야 한다.

(6) 판정이 무효가 되면 당해 분쟁은 일방당사자의 요청에 따라 본 장 제2절의 규정에 따라 구성되는 새로운 판정부에 제출되어야 한다.

제 6 절 판정의 승인과 집행

第53조

(1) 판정은 당사자를 구속하며 본 협약에 규정된 바를 제외하고는 어떠한 항소나 또는 기타 구제수단의 대상이 되지 아니한다. 각 당사자는 본 협약의 관계조항에 따라 집행이 유예된 경우를 제외하고는 판정 내용을 이행해야 한다.

(2) 본 절의 적용상 판정이라 함은 제50조, 제51조 또는 제52조에 따라 이러한 판정을 해석, 수정 또는 무효케 하는 모든 결정을 포함한다.

第54조

(1) 각 체약국은 본 협약에 따라 내려진 판정을 구속력 있는 것으로 승인하고 이를 당해 국가 법원의 최종판결과 같이 취급하여, 동 국가 내에서 이러한 판정에 따른 금전상의 의무를 집행하여야 한다. 연방헌법을 가진 체약국은 연방법원을 통하여 당해 판정을 집행하여야 하며 또한 동 법원은 이를 주 법원의 최종판결과 동등하게 다루어야 한다.

(2) 체약국의 영역 안에서 승인이나 집행을 구하는 당사자는 당해 국가가 이러한 목적을 위하여 지정한 법원이나 기타 당국에 사무국장이 인증한 판정서의 등본을 제출하여야 한다. 각 체약국은 승인과 집행 목적을 위한 관계 법원이나 관련 당국의 지정 및 그 변경 사항을 사무국장에게 통고하여야 한다.

(3) 판정의 집행은 그 집행이 요구된 국가에서 발효 중인 판결의 집행에 관한 법률에 의하여 규율되어야 한다.

第55조

제54조의 어떠한 규정도 당해 국가 또는 외국의 집행면제에 관한 체약국의 법률에 영향을 미치지 않는다.

제 5 장 중재인 및 조정인의 교체 및 부적격

第56조

(1) 조정위원회나 중재판정부가 구성되고 심리절차가 개시된 후에는 당해 위원 또는 중재인을 변경하지 않는다. 그러나 중재인이나 조정인의 사망, 능력상실, 또는 사직에 따른 결원은 제3장 제2절 또는 제4장 제2절의 규정에 따라 충원되어야 한다.

(2) 조정위원회의 위원이나 또는 중재판정부의 중재인은 조정인단 또는 중재인단 의직을 상실한 후에도 위원 또는 중재인 자격으로 계속 직무를 수행한다.
(3) 일방당사자가 선정한 조정인 또는 중재인이 위원회나 판정부의 동의없이 사직하는 경우 의장은 그 공석을 해당 Panel로부터 충원해야 한다.

第57조
당사자는 중재인 또는 조정인이 제14조 제1항에서 규정하는 부적격 사유에 해당하는 경우 당해 조정인 또는 중재인의 부적격을 조정위원회나 중재판정부에 주장할 수 있다. 중재절차의 일방당사자는 또한 제4장 제2절에 따라 해당 중재인이 중재인으로 선정될 자격이 없음을 이유로 당해 중재인의 부적격을 주장할 수 있다.

第58조
조정인이나 중재인의 부적격 주장에 대한 결정은 필요한 경우 위원회나 판정부의 기타 위원이나 중재인이 내려야 한다. 다만, 이러한 기타 위원이나 중재인의 견해가 나누어지거나, 단독조정인이나 단독중재인에 대한 부적격 결정에 대해서 또는 과반수 조정인이나 중재인의 부적격 결정에 대해서는 이사회 의장이 결정을 내린다. 부적격 주장에 충분한 타당성이 있다는 결정이 내려진 경우 그 결정에 관련되는 조정인이나 중재인은 제3장 제2절, 또는 제4장 제2절의 규정에 따라 교체되어야 한다.

제 6 장 절차 비용

第59조
당사자가 센터 시설의 이용에 대해 부담해야 할 비용은 운영이사회가 채택한 규정에 따라 사무국장이 이를 결정하여야 한다.

第60조
(1) 각 위원회 및 판정부는 운영이사회가 정하는 범위 내에서 또는 사무국장과 합의한 후에 그 위원이나 중재인의 수당과 경비를 결정하여야 한다.
(2) 본 조 제1항의 규정은 당사자가 중재인의 수당과 경비에 관하여 판정부와 사전에 합의하는 것을 배제하지 아니한다.

第61조
(1) 조정절차의 경우 센터시설의 사용경비와 조정위원회 위원의 수당 및 경비는 당사자가 균등히 분담한다. 당사자는 또한 절차와 관련한 기타 경비를 부담하여야 한다.
(2) 당사자들이 달리 합의한 경우를 제외하고 판정부는 당사자의 절차 관련 부담경

비를 산정하여야 하며 또한 판정부의 경비, 중재인의 수당과 경비 및 센터시설의 이용에 따른 비용를 누가, 어떻게 부담할지 결정하여야 한다. 이러한 결정은 판정의 일부를 이룬다.

제 7 장 조정 및 중재의 장소

제62조

조정절차와 중재절차는 이하에서 달리 규정하는 경우를 제외하고는 센터의 소재지에서 수행되어야 한다.

제63조

조정 및 중재절차는 당사자가 합의하는 경우 아래의 장소에서 행하여질 수 있다.

(가) 상설중재법원(Permanent Court of Arbitration)의 소재지 또는 센터가 절차수행을 위하여 약정한 기타 기관의 소재지.

(나) 조정위원회나 중재판정부가 사무국장과 협의한 후 승인한 기타 장소.

제 8 장 체약국간의 분쟁

제64조

본 협약의 해석이나 적용에 관하여 체약국간에 발생하여 당사국간에 교섭에 의해 해결되지 아니한 분쟁은, 당해 국가가 다른 해결방법에 합의한 경우를 제외하고는 일방당사자의 신청에 의하여 국제사법재판소(International Court of Justice)에 회부되어야 한다.

제 9 장 개 정

제65조

어느 체약국이든 본 협약의 개정을 제안할 수 있다. 개정안은 이를 검토할 운영이사회의 회기 90일 전까지 사무국장에게 송부되어야 하며, 사무국장은 운영이사회의 전 구성원에게 이를 전달하여야 한다.

제66조

(1) 운영이사회가 재적 2/3 이상의 표결로 가결하면 개정안은 비준, 수락 또는 승인을 위하여 모든 체약국에 송부된다. 본 협약의 기탁기관이 모든 체약국이 그 개정을 비준, 수락 또는 승인하였다는 취지의 통고를 각 체약국에 발송한 후 30일이 경과하

면 개정안은 효력을 발생한다.

(2) 동 개정안의 효력 발생 이전에 체약국 또는 그 하부조직이나 기관 또는 그 국가의 국민이 센터의 관할권에 동의함으로써 갖게 된 본 협약상의 권리, 의무에 개정안은 영향을 미치지 아니한다.

제10장 최종 조항

제67조

본 협약은 세계은행 회원국의 서명을 위하여 개방된다. 또한 국제사법재판소(ICJ) 규정의 당사국이며 운영이사회가 그 재적위원 2/3 이상의 찬성으로 서명을 위해 영입한 여타의 국가에 대해서도 개방된다.

제68조

(1) 본 협약은 서명하는 국가의 국내 헌법상 절차에 따라 비준, 수락 또는 승인되어야 한다.

(2) 본 협약은 비준서, 수락서 또는 승인서가 20번째로 기탁된 후 30일이 지나면 효력을 발생한다. 비준서, 수락서 또는 승인서를 기탁한 국가에 대하여서는 기탁일로부터 30일 경과 후 구속력을 갖는다.

제69조

각 체약국은 당해국의 영역 내에서 본 협약의 규정이 발효되기 위해 필요한 입법적 또는 기타 필요한 조치를 취하여야 한다.

제70조

본 협약은 체약국의 모든 책임있는 국제관계 영역에 적용된다. 다만, 비준, 수락 또는 승인할 당시 본 협약의 기탁기관에 서면 통고로 배제시킨 영역에 대하여서는 그러하지 아니하다.

제71조

모든 체약국은 본 협약의 기탁기관에 서면 통고로 본 협약을 거부할 수 있다. 이러한 거부는 통고가 접수된 날로부터 6개월 후에 효력을 발생한다.

제72조

제70조 또는 제71조에 의거한 체약국의 통고는, 그러한 통고를 받기 전에 센터의 관할권에 동의함으로써 체약국 및 그 하부조직, 기관 또는 당해 국가의 국민이 갖는 본

협약상의 권리, 의무에 영향을 미치지 아니한다.

제73조

본 협약 및 그 개정안에 대한 비준서, 수락서 또는 승인서는 본 협약의 기탁기관인 세계은행에 기탁되어야 한다. 기탁기관은 협약의 인증 등본을 회원국과 협약에 서명하도록 요청받은 기타 국가에 송부하여야 한다.

제74조

기탁기관은 국제연합헌장 제102조 및 이에 관하여 총회가 채택한 규정에 따라 국제연합사무국에 본 협약을 등록하여야 한다.

제75조

기탁기관은 모든 체약국에 대하여 다음의 사항을 통고하여야 한다.

(1) 제67조에 따른 서명
(2) 제73조에 따른 비준서, 수락서 및 승인서의 기탁
(3) 제68조에 따른 본 협약의 효력발생 일자
(4) 제70조에 따른 본 협약 적용 제외 영역
(5) 제66조에 따른 본 협약 개정의 효력 발생 일자
(6) 제71조에 따른 거부

영어, 불어 및 서반아어로 동등하게 정본인 협약안을 워싱턴에서 작성하였으며, 국제부흥개발은행(IBRD)의 문서국에 이를 기탁하여야 한다. 동 은행은 아래에 서명함으로써 본 협약에 의하여 부과된 기능을 수행하는데 동의하였다.

찾아보기

◆저자 약력◆

〈김 석 철〉

- 한양대학교 상경대학 무역학과 졸업
- 한양대학교 대학원 무역학과 석사·박사 졸업(경제학 박사)
- 한국농가공산품 개발본부 근무
- 대한상사중재원 심사부 등 근무(참사, 부산지부장)
- 한국소비자보호원 근무(연구실장, 교수)
- American Arbitration Association 상사중재연수

- 한국국제상학회 이사·감사 역임
- 한국생산성학회 이사 역임
- 한국소비자학회 이사 역임
- 한국 e-비지니스학회 이사·감사 역임
- 한국보건경제학회 이사 역임
- 한국통상정보학회 부회장 역임
- 한국중재학회 회장 역임

- 대통령 직속 의료보장개혁위원회 위원 역임
- 한국소비생활연구원 부원장·자문위원 역임

- 경원대학교(現 가천대학교) 경제·경영연구소장 역임
- 경원대학교(現 가천대학교) 2부대학학장 역임
- 경원대학교(現 가천대학교) 경상대학학장 역임

- 산업자원부장관 표창
- 한국무역학회 회장 공로상 수상
- 한국중재학회 회장 공로상 수상

- (저서) 알기쉬운 무역영어, 전자무역영어, 무역계약론, 무역학개론, 대회무역법 해설
  무역클레임중재실무론 등 다수

- (現) - 가천대학교 국제통상학과 교수
  - 한국무역학회 부회장
  - 대한중재인협회 이사
  - 대한상사중재원 조정인, 중재인
  - 한국무역교육인증원 부회장
  - 경기개발연구원 편집위원
  - 한국중재학회 고문

무역클레임중재실무론

2019년 2월 20일 중판인쇄
2019년 2월 25일 중판발행

저 자 김 석 철
발행인 유 성 열
발행처 청목출판사
서울특별시 영등포구 신길로 40길 20
전화 (02) 849-6157(代) · 2820 / 833-6090~1
FAX (02) 849-0817
등록 제318-1994-000090호

파본은 바꾸어 드립니다. 값 16,000원

http : //www.chongmok.co.kr

ISBN 978-89-5565-527-8